혁명_과 웃음

김승옥의 시사만화 〈파고다 영감〉을 통해 본 4 · 19 혁명의 가을

혁명^과 웃음

천정환 · 김건우 · 이정숙 지음
퍼슨웹 기획

앨피
book

일러두기

본문 상단의 주요 사건과 날씨는 《동아일보》《경향신문》
《서울경제신문》을 참고하여 정리한 것이다.

대혁명의 가을, 그리고 겨울 또 겨울

1

그해 봄.

혁명은 강렬하고도 무척 짧았다. 그래서 그것이 어디에서, 누군가의 손으로 왔는지 아무도 몰랐다.

단단하기가 철옹성 같고 치사하기가 뱀 같던 12년간의 독재는 1960년 3월 15일에서 4월 26일까지의 시위로, 꽤 간단히, 무너졌다. 물론 그 시위는 전국적이며 전국민적인 것이었고, 기백 명 젊은이들의 목숨을 담보로 한 것이었다. 부정선거로 당선된 부통령은 일가붙이와 함께 자살했고, 추악한 노욕을 부리던 '국부國父'는 미국으로 달아났다.

그 봄, 그렇게 우리가 승리했지만 사실 혁명이 어디로 가야할지는 몰랐다. 그래서 그 혁명은 '미완의 혁명'이라 불린다. '4·19'에는 뜨겁디 뜨거운, 가난하고 찌든 민중의 열망이 겹겹이 깃들어 있었다. 그러나 그 열망이 어떻게 무엇으로 조직되어야 할지를 아는 이도 별로 없었다.

그리하여 1960년의 여름. 혁명의 과실果實은 일단 민주당의 집권과 내각책임제라는 새로운 체제를 낳았다. 하지만 민주당 정권은 혁명이 낳은 조산아일 뿐이며, 민주당 또한 지속되어야 할 변혁의 대상이라는 것을 모두가 어렴풋하게 알고 있었다. 민주당 자신조차 그 사실을 알고 있었다.

혁명이 위대한 것은 그 찰나성에도 불구하고, 혁명에 참가한 사람들의 삶뿐 아니라, 그것을 그저 지켜본 사람들의 머릿속까지 확 바꿔놓는다는 데 있다. 즉, 혁명은 인간사의 '다른 시간'이다. 순간이 영겁이 되고, 꿈이 현실이 되는 기적의 시간이다. 쳇바퀴처럼 연속되는 일상에서는 불가능했던 일들이 벌어지는 불연속의 시간이다. 그러기에 혁명은 곧 '혁명의 효과'이다. 그리고 혁명은 대저 평등이다. 못된 왕은 용상에서 끌어내려지고, 머슴은 새경을 안 받고도 자유의 몸이 된다. 사슴이 범을 단죄하고, 양이 사자를 용서한다. '4·19'에서도 그런 일들이 일어났다.

1960년 4월 19일에서 1961년 5월 16일까지의 402일간. 그것은 한국 역사상 가장 특별한 시공간이었다. 순간이 영원이 되기 위해 펼쳐진, 그런 첫발이 내디뎌진 때였다. 한국에 심어진 민주주의의 묘목은 심한 단련을 받았고, 1948년에 수립된 '대한민국'의 모든 것이 시험대에 올랐다.

여름이 지나며 '4·19'가 모든 이들의 마음에 퍼져가자 가난하고 찌든 대한민국에는 가을꽃이 활짝 피었다. 인간해방과 민중해방을 위한 상상력의 꽃이자 민주주의의 꽃 말이다. 그 가을에는 학생과 시민뿐 아니라 노동자, 장애인 같은 무지렁이들과 '등신'들도 토론하고 조직했다. 주인과 노예가 따로 없고, 압도적인 국가폭력이 비어버린, 아니 제대로 된 자리를 찾은 '아름다운 시절'이 온 것이다.

역사의 '상식'은 제2공화국의 '혼란'이 박정희 일당의 쿠데타를 불렀다고 한다. '혼란'은 나쁘다는 가치평가가 이미 담겨 있는 말이다. 심지어 어떤 자들은 그 402일이 마치 없어도 되는, 역사의 '낭비'였던 것처럼 말한다. 그러나 전혀 그렇지 않다.

무엇인가 새로 태어나서 제대로 자리를 잡기까지는 시간이 걸린다. 새 살이 돋기까지 살이 곪고 열도 난다. 그러다 까만 딱지가 앉아야 비로소 상처는 낫는다. 그런 시간의 혼란은 긍정적인 혼란이며 생산적인 진통이다. 그 시간을 참아야만 역사는 진전될 수 있다. 그 가을의 상상력과 자유는 더 높고 깊은 데로 나아가야 했다. 그러나 성큼 와버린 것은 '자유로부터의 도피'였다.

이제 길고도 깊을 겨울이었다. 가난과 시간의 부족은 가을꽃보다 훨씬 더 힘이 셌다.

민주주의와 인류의 적敵인 파시스트와 시장근본주의자들은 정당한 토론과 필수불가결한 갈등을 '혼란'이라 부르며 싫어한다. 아마 그런 토론과 갈등이 자신들의 본질을 백일하에 드러내기 때문일 것이다. 그들은 자신들이 효율과 질서를 추구한다고 '뻥끼' 친다. 그러나 그 효율과 질서는 자본과 전쟁을 위한 것이지 인간을 위한 것이 아니다.

여기 벌써 지겹게 여겨지는, 노무현정권이 있다. 노무현정권은 끝없이 기득권자들과 이른바 '보수' 세력들에게 발목을 잡힌다. 그들은 쉼 없이 노무현 정권이 좌파이며 '대한민국'의 정통성을 해친다고 공격한다. 참 가당찮은 짓이다. 노무현정권은 대한민국에서 수십 년간, 너무 서서히 자라온 '자유민주주의'가, 사실 너무 늦게 맺은 열매 중 하나에 불과하기 때문이다. 그런데도 노무현 정권은 극우 보수파에게는 견디기 어려운 암처럼 여겨진다. 극우 보수파의 히스테리는 기실 세계의 거의 모든 것을 가지고 있음에도, 과거처럼 일방적으로 세계의 전체를 가지지는 못했기 때문에 생기는 병증이다. 이는 이 땅에서 커가는 민주주의에 대한 공포에 다름 아니다. 그래서 그들 중 일부는 '강력한 지도자'를 바라며 심지어 군사 쿠데타를 선동하기도 한다. 그들은 상상할 수 있는 '자유민주주의 대한민국' 최대의 적이며, 대한민국에서 가장 낡은 정신을 가진 자들이다.

직접 비교하는 것은 억견이 될 터이지만, 1960년과 2005년 오늘은 비슷한 점이 있다. 무엇보다 우선, 민주주의와 복지에 대한 한국인의 높은 열망이 새 정권을 만들었다는 점, 그러나 그렇게 마련된 소중한 '열린 시공간'이 기실 정권 자신의 불철저함과 기득권자들의 반발로 낭비되고 있다는 점이 그렇다.

1960년의 개혁과 변혁운동은 실패로 돌아갔다. 철저한 변화에 대한 열망에 편승하여 정권을 잡은 민주당은 스스로 혁명을 유산시켰고, 정치군인들이 그것을 확인사살했다. 단호하고도 능란하게, 개혁의 과제를 실천함으로써 예상되는 반격을 막고, 절대 불가역한 민주주의의 시간과 주체를 만들어야 한다는 과제는 오늘에도 '아무리 강조해도 지나침이' 없다.

2

　1960년의 봄에서 1961년의 봄 사이 그 찰나 같던 402일들이 새로 만들어 남긴 것이 적지 않다. '현실정치'에 빨려든 '4·19'는 대부분 타락하고 그 이념조차 낡아버렸지만, 그 시간에 대한민국의 어떤 부분은 진정으로 새로 태어나서, '지금·여기'의 긍정적인 일부가 되었다. 그 유산은 아직도 향기가 있어 과히 돌볼 만하다.

　1960년에 우리가 좋아하는, 또는 우리를 키운, 이를테면 대한민국과 그 문화를 만든 부모 같은 이들, 김윤식·최인훈·임권택(1936년생)이 만 스물넷, 김우창·정진홍·김진균·신용하는 스물셋(1937년생), 백낙청·김병익(1938년생)은 스물둘. 김주영과 조동일(1939년생)은 스물하나, 박상륭·김치수(1940년생)가 딱 스물. 김지하·이문구·현기영·염무웅·임헌영(1941년생)이 열아홉에, 김현·박태순·조세희(1942년생)

는 '꼴랑' 열여덟 살짜리들이었다.

이 책을 쓴 우리는 바로 그 나이 즈음에, '1980년대'를 조금 경험했다. 그래서 우리는 혁명의 거리에서 신처럼 '번쩍' 하고 강림하여 우리 머릿속에 인화된 영원한 그 장면들을 잊지 못한다. 그것은 박태순이 두 차례, 「무너진 극장」(1968)과 「밤길의 사람들」(1988)에서 그려냈던 그 장면과 똑같은 것들이다. 지배와 억압이 중단된 자리에 인간해방과 진정한 공동체의 춤이 넘실거렸다가 아스라이 사라진 그런 장면 말이다. 그 빛을 쬔 경험은 평생을 간다. 위대한 이상과 스러진 꿈과 투쟁하는 삶과 해방의 가치를 알게 하기 때문이다. 그래서 우리는 조금 짐작한다. 왜 김현이 "나는 언제나 4·19 세대로서 사유하고, 분석하고, 해석한다. 내 나이는 1960년 이후 한 살도 더 먹지 않았다."고 말했는지를.

우리 문학사를 바꾼 천재 소설가 김승옥도 그랬다. 김승옥은 1960년에 만 열아홉 살짜리, 서울대 불문학과 1학년생이었다. 그는 4월혁명에서 가장 중요한 두 날, 4월 19일과 4월 25일의 거리시위에 참여했고 화인火印을 받았다. 그래서 김승옥은 훗날 환갑 장년이 되어, 4·19는 우리나라가 걸어온 현대사의 강퍅하고도 위대한 길의 시작점, 모든 투쟁의 샘이라는 의미를 지닌다. 그래서 그것은 "대혁명"이라고 말했다.

그날로부터 나이를 먹지 않은 것은 김승옥도 마찬가지였던 것이다.

그 402일 중의 167일, 즉 1960년 9월 1일부터 1961년 2월 14일까지. 봄의 혁명이 가을을 지나 겨울로 들던 그 시간. 대학생 김승옥은 새로 창간된 《서울경제신문》의 4컷짜리 시사만화를 그리고 있었다. 〈파고다 영감〉이 그 제목이었다. 김승옥 자신이 작성한 오래된 연보들이 이 사실을 뚜렷이 기록하고 있다. 하지만, 소설가로 공식 데뷔하자마자 '연구대상'이 된 이래, 수없이 많은 글이 김승옥 '문학'에 대해 씌어졌지만 〈파고다 영감〉에 대해서는 주목하지 않았다.

우리에게 그래서 〈파고다 영감〉은 두 가지 큰 의미로 다가왔다. 우선 이 만화는 그 자체로 독특하고 의미 깊은 역사적 한 시기의 정치사와 일상사를 동시에 보여주는 값진 자료이다. 우리는 이 만화 텍스트를 한편 한편 따라 읽으며 4·19혁명의 '콘텍스트'가 무엇인지 좀 더 깊이 알게 되었다. 혁명이 어디에서 왔으며, 어디로 사라져 갔는지? 그리고 혁명과 보통 사람들의 삶이 어떻게 얽혀들었는지?

이 만화에는 '혁명 주체'이자 김승옥과 같은 대학생·청년들의 사고방식, 반혁명 세력의 움직임, 민주당 정권의 실책과 머뭇거림, 한반도를 둘러싼 미국·일본의 힘, 그리고 이런 거대한 '현실' 속에서도 간단없이 이어지는 보통사람들의 살림살이가 모두 녹아 있다. 만화의 인물, 아이콘, 상징들은 모두 대중적인 표상으로서 당시의 인간과 세계를 생생하게 보여주고 있다.

또한 우리는 이 만화를 읽으면서, 김승옥이라는 대작가가 어떻게 어디서, 마치 땅에서 불쑥 솟듯 하늘에서 내려오듯 등장하게 되었는지를 새롭게, 좀더 깊이 알게 되었다. 가장 흔한 말로 '감수성의 혁명'이라는 단어로 총칭되는 그 전변轉變의 동력에 대해서 말이다.

뛰어난 소설가였다가 뛰어난 시나리오 작가로 변신한 김승옥이 창작 활동의 출발을 만화로 했다는 사실은 그 자체로 의미심장하다. 원론적으로도 만화는 영상언어와 문자언어의 중간에 있는 예술이다. 그리고 바로 김현이 말했던 바, 그 속에 '이야기'를 포함한 만화는 그림의 아들이자 "선으로 표현된 문학"이지 않은가. 시사만화 〈파고다 영감〉은 4·19 세대의, '4·19 문학'이다.

문학의 위상이 달라지고 그 연구방법이 혁신적으로 달라지고 있는 지금, 이 만화 텍스트는 김승옥 문학을 다시 생각하는 데에도 귀중한 자료가 될 것이다. 무려 134회나 이어져 그 자체로 장대한 하나의 이야기가 되는 이 텍스트들은 김승옥 문학 고유의 신랄하고 섬광같이 반짝이는 함축적 수사를, 그의 소설 고유의 핵심적인 모티프와 '공간'인 서울의 삶을, 또한 4·19 세대의 대표자로서 정치현실에 대한 인식을 고루 품고 있다.

만화는 대저 함축이다. 우리는 가장 압축된 '4·19 문학'인 〈파고다 영감〉을 통해 형상적 인식과 재현의 힘에 대해 다시 생각하고, '현실'이라는 콘텍스트가 어떻게 텍스트라는 또 다른 물질을 만들게 되는지를 배웠다. 현실은 텍스트를 통해 다시 태어나고, 텍스트는 다시 현실의 일부가 된다. 좁디좁은 만화의 네 칸은 기실은 무한히 넓어서 그 속에 복잡다단한 정치·경제·사회·문화의 현실이 한꺼번에 배치되어 있다.

그리고 만화는 대저 '웃음'이다. 고전적인 수사학은 어떤 고달프고 위압적인 현실이라도 가장 인간적이며 지적인 주체화의 전략인 '웃음 한방'으로 제압된다고 가르친다. 〈파고다 영감〉이 보여주는 바도 이와 다르지 않다.

그러나 1960년 가을, 그리고 겨울. 혁명은 지쳐가고 민중들의 고난도 깊어가고 있었다. 어떻게 그것을 넘어서 앞으로 나아갈 것인가.

스무 살의 김승옥과 함께 45년 전의 가을로 가보자.

2005년 가을

천정환 · 김건우 · 이정숙 識

혁명과 웃음

차례

1960년 9월

1960년 10월

1960년 11월, 12월

1961년 1월, 2월

1960년 봄부터 가을까지

3월 15일

제5대 정부통령 선거 실시.

대통령에 이승만, 부통령에 이기붕 당선.

투표율 94.3퍼센트.

민주당은 무효 선언.

마산에서 부정선거 규탄 데모가 일어나 경찰서 등이 습격당하고 80여 명이 사상당함.

돈봉투, 고무신, 부정선거의 증거들

거리로 나선 마산의 고등학생들

4월 11일

마산 데모 때 피살된 김주열의

시체 인양을 계기로 제2마산 시위 발발.

김주열의 참혹한 시신

18일

고려대학교 학생 데모.

종로4가에서 정치깡패가 습격하여 40여 명 부상.

고려대생들의 시위

19일

2만 명 이상의 학생이 모여 3 · 15 부정선거를 규탄하는 시위를 벌임.

데모대가 경무대를 습격하고 서울신문사 · 반공회관에 불을 지름.

경찰 발포로 경무대 앞 등에서 142명이 사망.

데모가 전국적으로 확산되자 서울 등 5개 도시에 비상계엄령 선포됨.

끌어내려지는 이승만 동상

24일 이승만 자유당 총재 사임. 이기붕 부통령 사임 성명.

26일 이승만 하야 성명.

하야 후 이화장
집으로 향하는 이승만

27일 이승만 대통령이 사임서를 국회에 제출하여
허정 외무부장관이 대통령권한대행을 맡음.
《경향신문》 복간.

28일 이기붕 일가 자살.

이기붕 일가의 시신을 실은 운구차

5월 1일 과도정부, 3 · 15 선거 무효 확인.

29일 이승만 하와이로 망명.

6월 15일 내각책임제 개헌안 국회 통과.

7월 29일 제5대 민 · 참의원 총선거 실시.
선거 결과 민주당이 총 219개 구 중 172석 확보.

8월 12일 민 · 참의원합동회의.
제2공화국 초대 대통령에 윤보선 선출.

민의원 선거 개표 현황

14일 김일성, 8 · 15 경축대회에서 남북연방제 창설 제의.

23일 장면 내각 성립.

장면 내각의 신임 국무위원들

1960년 9월

봄의 혁명이 있은 지 4개월,
그 가을, 민심은 '허탈'했다.

왜 그랬을까?

主要食品營養價一覽[表]

···中央化學研究所提供···

品　　　名	成　　　　分（%）			
	水分	蛋白質	脂肪質	炭水
白　米	14,0	6,5	0,9	77
七分搗米	14,1	7,0	0,9	77
三分搗米	14,2	7,2	1,4	75
玄　米	14,5	8,2	2,0	71
찹쌀	12,1	8,9	0,9	76
外　米	12,7	8,1	0,8	75
겉보리	14,1	9,9	1,7	72
납작보리	13,0	9,4	1,5	72
밀	11,2	12,9	2,7	69
밀가루	11,3	11,4	1,3	74
귀리	8,8	13,5	4,8	58
모밀	10,7	11,1	2,2	70
옥수수	14,8	9,0	3,5	63
좁쌀	14,4	11,7	4,6	65
당면	18,3	2,3	0,1	73
고구마	08,3	1,3	0,2	28
감자	77,6	1,9	0,1	19
大豆	10,5	38,5	13,5	23
팥	15,0	20,6	0,7	54
녹두	17,5	20,2	1,3	52
땅콩	8,3	31,7	43,5	16
두부	89,1	6,1	0,2	4
비지	83,4	4,3	2,9	6
된장	50,1	12,5	6,1	
고추장	55,9	8,7	3,3	15
설탕	2,9	—	—	96
참기름	—	—	99,9	
고추	20,5	9,2	12,1	30
곳추가루	93,0	1,3	0,4	1
배추	95,5	1,1	0,1	2
미나리	91,7	2,5	0,1	2
시금치	92,2	2,3	0,3	2
파	91,4	1,3	0,3	4
호박	92,1	1,3	0,2	4
도마도	95,5	1,1	0,6	2
가지	94,6	1,2	0,2	2
무우	79,7	1,6	0,3	18
오이	94,3	1,5	0,1	3
연근	95,0	1,0	0,1	
나물	80,2	4,2	1,0	
꿈지이	85,1	4,9	0,4	9
나라송이	84,8	2,6	0,5	8
고사리	10,8	13,1	1,0	48
과박	85,7	0,4	0,8	12
감	94,7	0,4	—	
잣	82,9	0,8	0,1	13
포도	57,2	7,9	31,0	
배	84,0	0,6	0,1	14
호두	86,2	0,5	—	
김	4,3	28,4	59,3	18
미역	12,1	25,8	0,7	
쇠고기	21,8	10,4	0,6	48
돼지고기	72,4	20,4	5,8	
	71,5	12,3	6,2	

도시락 배달국을 설치해서 _혁명 이후 4개월, 〈파고다 영감〉의 시작

흐려져 밤 늦게 한때 비. 최고기온 29도

• 1960년 가을의 쌀 수확은 해방 이후 최대가 될 전망이다. 그러나 경북 지방만은 가뭄 피해가 심해 25년 만의 흉작이 예상된다. 경북 지방의 세농細農층 농민들은 '헛농사를 지었다고 한탄하며 도시 방면으로 이주해 가고', '중농가에 고용되었던 다수의 머슴들도 머슴살이를 그만두고 도시 방면으로 몰려가고' 있다. 아직 농촌에는 '머슴'이 많다.

• 군수용 연탄을 횡령한 혐의로 군사재판을 받고 복역 중이던 35사단 공병대 소속 윤모 상병(25)과 정모 상병(25)이 지난 7월 2일 탈옥한 후 아직 잡히지 않고 있다.

전남 순천고 출신의 서울대 불문학과 1학년생 김승옥은 2학기가 되면서 새 아르바이트를 시작했다.

1학기까지 그는 여느 다른 시골 출신 명문대생들처럼 가정교사 아르바이트를 하면서 고학했다. 홀어머니가 생계를 꾸려나가니 집안 사정이 넉넉할 리 없었고, 김승옥에게 고학은 자연스러운 일이었다. 그는 고등학생 때부터 대학생이 되면 응당 자신이 벌어서 학교를 다녀야 된다고 생각하였다.

한데 김승옥이 구한 과외 아르바이트 자리는 그리 좋은 자리가 아니었다. 김승옥의 집처럼, 홀로 된 과부가 남편이 남겨준 얼마 안 되는 재산을 이리저리 굴려 아이들을 교육시키는 형편이었다. 조건이 좋은 가정교사 자리는 경기고 · 서울고 등 이른바 일류고 출신들과 의대 · 법대 · 상대생들이 다 차지한 데다가, "설상가상으로" 김승옥은 전라도 출신이었다.[1]

'설상가상으로' 라는 표현은 김승옥 자신의 것이다. 당시에도 서울 사람들 사이에는 은근히, 이유 없이, 괜히, 호남 사람들을 백안시하는 풍토가 있었다. 그러니까 호남인 차별은 박정희시대 이후에 시작된 게 아닌 것이다. 대학생이 과외 자리를 구하는 데에도 전라도 출신이라는 사실이 핸디캡이었다면, 상당히 심각한 정도의 차별이 아닌가. 김승옥의 친구이며 역시 호남 출신인 이청준도 소설 「굴레」(1966)에서 호남 출신 대학생들이 당하는 차별에 대해 썼다. 어느 돈 많은 신생 일간지사가 신입기자를 뽑으며 'X 지방' 출신을 철저히 배제한다는 내용이다.

대학생 시사만화가 김승옥 혹은 김이구

1960년 여름, 순천 고향 집에서 방학을 보낸 김승옥은 9월 《서울경제신문》이 창간된다는 소식을 듣게 되었다. 그는 연재만화 샘플을 그려, "연재만화가 결정되지 않았으면 본인에게 그리도록 해주시오. 본인은 직업만화가는 아니지만……"이라고 쓴 편지와 함께 문화부장 앞으로 보냈다. 그리고 뜻밖에도 곧 '계약하자' 는 답장을 받았다. 신문사가 지급하는 월급은 대학생에게는 큰 돈이었다.

당시 신문에 연재되던 네 컷 시사만화로는, 김성환의 〈고바우 영감〉(《동아일보》), 안의섭의 〈두꺼비〉(《경향신문》)가 있었다. 모두 한국 시사만화의 대표 격인 작품들이다. 그런데 《서울경제신문》의 문화부장은 이 아마추어 만화가의 어떤 점을 높이 산 것일까? 내용이 재밌고 당찼겠지만, 김승옥의 그림체는 아직 덜 정돈되어 있었다. 서울대 문리대생이라는 것이 고려됐을까?

어쨌든 그렇게 〈파고다 영감〉은 시작되었다. 김승옥은 자신의 필명을 김이구金二玖라 했다. 감옥의 죄수번호 '육사'를 필명으로 삼았던 시인 이원록 식으로, '이구'는 순천 고향 집의 번지수였다.

그날 이후, 〈파고다 영감〉은 만 열아홉 살 불문과 1학년생의 머릿속에서 빗자루로 쓸 듯 프랑스어 단어들을 싹 걷어내버렸다. 다른 만화가들이 그러하듯 김승옥은 매일 아침 신문사로 출근해서, 신문을 뒤적이며 그날의 만화 주제를 고심해서 만들어내고, 네 칸을 채워넣었다. 그렇게 하루 치 만화를 완성하고 난 뒤에도 학교 수업에는 가지 않았다. 대신 매일 오후 3시가 되면 동아일보사 근처에 있던 다방 '보래로'에서 〈고바우 영감〉의 김성환 화백을 만나 시간을 보냈다. 김승옥보다 근 열 살 가까이 많고 박학다식했던 김성환 화백은 김승옥이 서울에서 마음을 트고 사귄 첫 번째 친구이기도 했다. 훗날 김승옥은 김성환과 문학과 미술 이야기를 나눌 때 무척 행복했다고 회고했다.[2]

허탈한 민심

신문지면에 첫 등장한 〈파고다 영감〉은 취직을 부탁하러 온 한 지게꾼이 '도시락 배달국'을 설치하겠다는 기발한 아이디어를 내는 이야기이다. 이 첫 회는 〈파고다 영감〉 전체를 관류하는 '창작방법'을 보여준다. 그것은 사회상과 정치현실을 결합하여 제시하고 김승옥 특유의 기지로 풍자함으로써 웃음을 짓게 만드는 방법이다.

민의원에서 국무총리 인준을 받은 후 윤보선 대통령을 예방한 장면 총리(1960년 8월 19일). '혁명'의 과제를 수행해갈 제2공화국의 두 수장이다.

새로 출범한 정권의 수장인 장면 국무총리는 제2공화국이 이승만시대의 부패·특권과 단절했다는 것을 강조하기 위해, 혹은 청렴한 지도자로서 자신의 면모를 과시하기 위해, 점심 도시락을 싸 다니고 있었다. 그래서 이후 장면 정권은 '도시락 정권'이라고도 불렸다. 이는 마치 첫 '문민' 대통령 김영삼이 정권 초기에 칼국수를 청와대의 주요 점심 메뉴로 삼은 것과 비슷한 행동이겠다.

국정 최고책임자인 총리가 점심 도시락을 싸 다녔으니 자연히 공무원 사회에 도시락 바람이 불었을 것이다. 그것이 진정한 '청렴'의 결의인지는 알 수 없으되, 실업자가 넘쳐나던 시절, 삶이 팍팍한 이 지게꾼은 기발한 아이디어를 하나 낸다. '도시락 배달국' 같은 부서가 필요하지 않을까 하는.

〈파고다 영감〉이 첫 등장한 1960년 9월 1일은 제37회 정기국회가 개

막되는 날이기도 했다. 제2공화국 수립 이후 최초의 예산국회로서, 1961
년 정부 예산안을 심의하고 '혁명'의 과제를 수행하기 위한 여러 법안을
처리할 예정이었다. 국회 개원식에는 윤보선 대통령와 장면 총리뿐 아니
라 주한 외교사절들도 참석했다.

윤보선 대통령은 치사를 통해 "독재정권 때와 달리 실질적인 모든 권
한과 책임을 가진 국회가 막중한 책임감으로 허탈 상태에 있는 민심을
수습하는 의욕을 보여주기를 기대한다."(《동아일보》 1960년 9월 2일)고 했다.

봄의 혁명이 있은 지 4개월. 우리네 민심은 '허탈'했다는 것이다. 왜
그랬을까?

(2)

파고다영감 金二次

곧 나온다, 충주비료 _근대화의 밑거름 된 비료공장 건설기

갰다 흐렸다 밤 한때 비. 최고기온 26도

- 제8회 로마 올림픽에 출전한 복싱 밴텀급의 송순천과 미들급의 김기수는 큰 기대에도 불구하고 둘 다 판정패하여 예선 탈락했다. 김기수는 이탈리아의 니노 벤베누티에게 졌다. 그러나 그는 6년 뒤 벤베누티에게 프로권투 세계 타이틀을 빼앗아 한국 최초의 프로권투 '세계 챔피언'이 된다.

- 새 민법 시행에 따라 구청과 면사무소에서는 출생신고서에 그냥 '자子' '녀女'로만 표기하기 시작했다. 전에는 '조선민사령'에 따라 '장남' '2남' '장녀' '2녀' 같은 식으로 표기했을 뿐 아니라 '적자' '서자' 심지어 '혼인 중 출생자녀' '혼인 외 출생자녀'까지 구별했다.

1960년의 가을은 대단한 늦더위와 함께 시작되었다. 늦더위 탓인지 9월이 되었는데도 뇌염 환자가 전국적으로 1천 명에 이르고 사망자는 211명이나 되었다(《동아일보》 1960년 9월 14일). 노염老炎이 최후 발악을 하고 있었다. 그해 여름은 지칠 만큼 오래 가물었고, 늦더위가 시작되기 전에는 태풍 '칼멘'과 '텔라'가 한반도를 내습했다(《서울경제신문》 1960년 9월 1일).

　농민들은 무척 애가 탔다. 오랜 가뭄 끝에 몰아닥친 태풍 때문에 물에 잠긴 벼는 검게 변해버렸다. 그나마 '검은 벼포기'라도 세워 말려서 나락을 털어야 자식들 학비와 생활비를 마련할 수 있을 것이다. 벼를 영글게 하는 데 늦더위의 뜨거운 햇살보다 더 고마운 것이 있을까? 하지만 물에 잠겨버린 벼나마 한 알이라도 더 영글게 하려면, 당장 농약 살포가 시급했다.

비료도 큰 문제였다. 농사꾼의 걱정은 끝이 없는 법이다. 눈앞에 닥친 가을걷이도 그렇지만 이듬해 농사 밑천인 비료도 큰 골칫거리였다. 비료가 언제나 태부족이었기 때문이다. 〈파고다 영감〉은 비료를 애타게 기다리는 농민의 심정을 그리고 있다. 농민들은 '충주비료'를 그야말로 눈이 빠져라 기다리고 있다. 얼마나 애가 탔으면, 만화의 네 번째 칸에서처럼 죽은 농민의 비명碑銘에 "충주비료는 언제 나오죠?"라고 썼겠는가.

'똥지게'로는 부족하다

이제 막 창간된 경제신문의 이틀째 시사만화 주제로 등장할 만큼, '충주비료'의 건설은 사회 · 경제적으로 중요한 사안이었다. 인구의 60퍼센트가 농민이고, 농업 부문 생산액이 국민소득의 40퍼센트를 차지하던 시절이다. 벼농사는 먹고사는 것 자체가 버거웠던 당시 한국 경제를 떠받치는 중추였다. 그러니 벼농사의 수확량을 좌지우지하는 비료가 국민경제에 미치는 영향 또한 막대할 수밖에 없다.

오매불망 기다리던 '충주비료'는 1955년 9월 공장 건설에 착공했으나 1960년 9월에도 아직 시운전 단계에 있었다. 해방 이후, 국토가 양단되면서 남한의 비료 사정은 급격히 악화되었다. 총 비료 생산량의 90퍼센트를 차지하고 있던 흥남비료공장이 북한에 있었고, 남한에 있던 소규모 비료공장은 기술 부족, 원료난, 전력난 등으로 태반이 운휴 상태에 놓였기 때문이다. 빈약하던 그마저 6 · 25 때 거의 파괴되었다. 남한에는 인천의 조선화학비료주식회사와 삼보의 북삼화학공사 등 몇 개의 소규모 비료회사만이 잔존하였고, 그 회사들이 시중에 내놓는 비료는 질도 별로 좋지 않았다. 그래서 비료는 거의 전량을 외국에서 수입해야만 했다.[4]

화학비료를 대체하는 방법이 전혀 없었던 것은 아니다. 농기계 없이 손노동이 중심이던 시대, 농민들은 손수 비료를 만들어 썼다. 식물을 썩힌 퇴비나 동물의 배설물로 만든 거름이 그것이다. 거름을 만드는 방법은 가지가지다. 돼지나 소를 치는 집에서는 배설물을 퇴비간에 모아 썩혀서 거름을 만들었다. 아궁이 재를 헛간에 모았다가 봄이 오면 마당에 펴놓고 인분이나 가축의 배설물과 잘 섞어 볕에 말려 비료를 만들기도 했다. 주재료가 이렇다 보니 그 시절 농민은 누구나 '똥지게'를 졌다. 한데 이는 그나마 '재료'가 넉넉한, 농촌의 '있는 집'의 경우였다.

그마저도 없어 '똥지게'를 지기 어려운 집은, 어른 아이 할 것 없이 망태기를 들고 다니며 길가에 널브러진 소똥이나 개똥을 주워 담았다. '퇴비증산 운동'에 동원된 아이들은 학교에서 돌아오는 길에 잡초를 베어다가, 다음 날 들기 좋게 말린 것을 가지고 등교하기도 했다. 농촌에서 비료를 만드는 일은 밥을 짓는 일만큼이나 필수적인 생활의 일부였다. 84회 〈파고다 영감〉은 인분이 곧 거름이었던 시절의 사정을 잘 보여준다.(33쪽 참조)

쌀만큼 귀한 풍년표 비료

수요량을 감당할 비료공장을 짓는 것은 국가의 숙원 과제이자 전국민적 사안이었다. 대규모 설비를 갖춘 '충주비료' 공장 설립은 농민들에게는 '획기적'인 소식이 아니었겠는가. 충주비료공장 건설이 한창이던 1959년 7월 29일에는 이승만 정권의 2인자인 이기붕 국회의장이 건설 현장

충주비료공장 준공식에 참석한 윤보선 대통령과 장면 총리(1960년 4월 29일). 대규모 비료공장 건설은, 근대화 정책의 중심 사업이었다.

을 시찰했고, 1961년 4월 29일 공장 준공식에는 제2공화국의 권력자인 윤보선 대통령과 장면 국무총리가 참석했다. 정권을 초월해서 경제와 근대화정책의 중심에 대규모 비료공장 설립이 놓여 있었고, 그 대규모 비료공장이 바로 문제의 '충주비료'였다.

그런데 하루 이틀, 차일피일, 무덤에 가서도 궁금할 정도로 '충주비료' 건설에는 많은 시간이 걸렸다. 차관을 들여오고 기술 원조도 받아가며 지으려니 그럴 수밖에.* 84회 〈파고다 영감〉에서 비료공장 짓는 일을 "미국 사람도 못한 것"이라고 묘사한 것도, 그 과정이 그만큼 난항을 겪

---

* 1955년 5월, 맥그로우 · 하이드로카아본 회사와 충주비료공장 건설 예약을 체결하고 6월 23일, 발칸회사와 요소공장 특허권 사용계약을 체결하면서 '충주비료'는 준비 단계에 들어갔다. 『충비십년사』, 충주비료주식회사, 1968.

었기 때문이다.

그러나 충주비료는 곧 나온다! 1960년 9월 7일 미국에서 ICA(International Cooperation Administration)^{**} 조사단이 방문했다. 공장 건설 상황과, 공장 가동 성능보장性能保障 가능성을 조사하기 위해서였다. 그해 11월 20일 요소공장 성능보장이, 1961년 2월 24일 암모니아공장의 성능보장이 완료되었고, 드디어 1961년 4월 29일 공장 준공과 함께 '풍년표'라는 이름의 국산 비료가 출시되었다.

'보다 좋은 풍년표', '보다 싼 풍년표'라는 문구를 달고 출시된 충주비료는 단연 인기였지만 값이 너무 비싼 게 흠이었다. 당시 풍년표 비료 한 포대를 사려면 어느 정도 값을 치러야 했을까? 풍년표 비료는 정

(84)

** ICA는 미국의 대외원조정책 기구이다. 한국에 대한 미국의 대외원조정책은 3단계를 거치면서 변했다. 1단계는 ECA(경제협조처) 원조 시기로, 주로 경제적인 지원에 목적을 두었다. 한국전 이후에는 상호안전보장법(MSA)에 의해 방위 목적의 군사원조로 방향을 전환하게 된다. 한국전쟁이 끝난 1953년부터는 전후부흥을 위한 경제원조 시기로서 FOA(Foreign Operation Administration) 시기가 도래한다. FOA원조는 민간 구호 차원의 원조 성격과 군사원조적 성격을 동시에 갖는 것이었다. 1953년 8월 28일에 도입된 FOA원조는 1955년 6월 ICA로 기구를 개편한다. ICA원조는, 군사원조는 국방성에서 비군사적 원조는 국제협조처에서 분담하는 구조를 지니고 있었다. 이대근, 『해방후−1950년대의 대외경제(공업화의 사적 연구 배경)』, 삼성경제연구소, 2002 참조.

충주비료 공장을 시찰 중인 각 부 장관 및 미 경제조정관 일행
(1959년 3월 19일).

말 쌀만큼 귀했다. 비료를 얻기 위해 실제 쌀과 비료를 거의 1 대 1로 맞바꿨다. 양비糧肥교환율, 즉 쌀과 비료의 교환율은 쌀 54킬로그램 당 황산암모늄 45킬로그램들이 비료 1.16부대 꼴이었다.[*] 80킬로그램들이 쌀한 가마에 1만9,600환이었고 그 돈이면 대학 등록금의 절반을 댈 수 있었으니, 비료값은 그야말로 금값이었던 것이다.

조금 여유가 있다면 당연히 현금을 주고 사겠지만, 현금이 없으면 외상으로 사는 방법도 있었다. 농협은 공식적으로 외상판매를 실시했는데

---

[*] 이 양비교환율은 정조正租 1킬로그램당 유안硫安 1킬로그램의 비율이다. '정조'는 풍년 흉년에 관계 없이 해마다 일정한 금액으로 정한 도조賭租를 뜻하는 말이고, '유안'은 유산암모늄에서 온 말로서 황산암모늄 비료를 말한다.

1961년 '비료의 현금과 외상판매 비율'을 보면 현금판매 20.7퍼센트, 외상판매 79.3퍼센트로 외상판매가 압도적으로 많았다.[5] 열에 여덟 집은 외상으로 비료를 사다 뿌리고 수확해서 갚는 식으로 농사를 지은 것이다. 그러니 심각한 사회문제의 하나였던 농촌의 부채 문제는 나아지기 어려웠다.

그럼에도 불구하고 비료의 수요량은 해마다 크게 늘었다. 만화에서처럼 1960년에는 비료공장 하나 짓는 일에도 쩔쩔맸지만, 1963년 호남비료가 건설되면서 비료 수급 사정은 점차 개선되었고, 이로부터 불과 4년 뒤인 1967년에는 비료를 수출하기에 이르렀다.[6] '한강의 기적'이 비료 산업에서도 여지없이 이루어진 것이다.

（3）

파고다영감 金二坑

韓國男優

韓國映画는 재미없고 韓國俳優
이것도 보통 심증나는 이야기가
客側에서 努力하면서 보는 方法
外國俳優의 容貌와의 類似點을
優에限한考察一

外國

어느때
初對面한 「케네스·
무아·君도 非行風만은
이룬神族에든다. 한때
商魂上勢이되어 天下의名
優가되는듯 하다가
·19명에 歿落한金勝
晋은 伊太利의「후윤코
튼리」氏와 類似한데가많
은데 藤威에있어서는
大利人이 훨씬 더많이솝
窗이있다.

伊太利人이 助演이상

..... 「王과나」등作詞者 .....

「오스카
二世라면「
나·平門的選
랜마한 映画로
만한 映画
모르는

「음·부리
과· 나· 라」는
大 「유지
쓴사람이다.
으로는「로
의「안·
는 「노
라
는

이다.

반바지 입은 영감님 _〈파고다 영감〉의 등장인물들

한때 비 내린 후 오후부터 갬. 19~24도

• 피델 카스트로와 체 게바라의 주도로 작년(1959년) 1월에 성공한 쿠바혁명은 안정을 이뤄가고 있었다. 카스트로는 토지개혁 등의 과제를 수행한 초기의 민주주의 혁명의 성격을 차츰 사회주의 혁명으로 전환시키고 있었다. 이 일의 일환으로 10월 2일 무렵 5백만 불의 자산을 가진 미국 슈퍼마켓 기업 '미니맥스' 현지 법인이 쿠바 정부에 몰수당했다(AP통신).

• 과외 아르바이트가 필요한 서울대 법대 김군과 고려대 상과 김군의 광고가 신문에 실렸다. "當方 서울법대 상급반 재학 중 귀댁의 중·국민학교생에 책임지도함. 연락처 3-3151 김용성(오전 9시~오후 5시)" "본인은 고대 상과 2년생으로 귀댁의 자녀(소·중·고교생)를 성심껏 지도하겠습니다. 연락처 5-4890(金)"

만화는 그림과 문자 사이에 있는 기호를 표현 수단으로 사용한다. 만화를 통해 복잡한 실재는 몇 가지 특징으로 간추려져 표현되는데, 이렇게 포착된 특징이야말로 사회에 존재하는 여러 계급·계층의 인물들과 그 관계들에 대한 사회적 표상이다. 그 특징은 주로 몸으로 드러난다. 몸은 사회적 자아의 표현이기 때문이다. 몸은 타인과의 교류를 가능하게 하는 "사회적 처소"이자 "인간이 자기를 포함한 세계의 모든 존재자들과 교섭하는 어떤 존재양식"[7]이라 했던 메를로-퐁티Merleau-Ponty의 말대로, 인간은 언어와 사고를 가진 주체이기 이전에 몸을 가진 주체이다. 우리는 몸을 통해 무엇인가 표현하고 발언하고 있다. 그렇게 보여지는 몸은 두 가지 항, 즉 몸매(키의 크고 작음, 날씬함과 뚱뚱함 등)와 패션(옷과 소품, 화장 등)으로 이루어져 있다. 일정한 계급·계층, 직업과 젠더에 소속된 자들은 특유의 아비투스Habitus에 따라 서로 다른 몸매와 패션을 갖고 있으며, 그렇기에 몸매와 패션을 통한 '사회학'이 가능하다. 〈파고다 영감〉을 통해 1960년에 존재했던 인물들의 몸매와 패션을 보자.

파고다 영감

우리의 주인공 '파고다 영감'은 3회에 주인공으로 처음 등장한다. 대부분의 한국 시사만화 주인공들이 그러하듯 파고다 영감 역시 소시민이다. 한데 파고다 영감은 꽤 풍성한 콧수염을 길렀다.

1960년대 국민배우 김승호와 파고다 영감.

오늘날에는 소시민 남성들 가운데 콧수염을 기르는 이가 매우 드물다. 중·장년 남성들이 콧수염을 기르는 문화는 1960년대까지 이어졌던 듯하다. 1960년대 '국민배우'로 일컬어졌던 〈마부〉의 영화배우 김승호는 주로 소탈하고 자애로운 아버지상을 연기하였는데, 이런 아버지들 가운데 콧수염을 기른 사람들이 꽤 있었던 것이다(파고다 영감과 김승호는 닮은 데가 있다.). 김승옥의 만화에서는 정치인, '어깨'를 비롯한 꽤 많은 중년 남성이 콧수염을 기르고 있다.

77회 어깨	76회 정치인	83회 의사

젊은 여성

3회 〈파고다 영감〉에 등장한 여성은 특히 키가 아주 크고 콧대가 높고 '고데' 머리에 양장을 하고 있는 모습이 눈에 띈다. 눈도 크고 눈꼬리가 치켜 올라가 있다. 당시 영화를 봐도 키가 크고 콧대가 높은 서구적인 외모를 지닌 여성이 미인으로 인정받았음을

〈파고다 영감〉의 젊은 여성과
〈자유부인〉의 여주인공.

알 수 있다. 그러나 양장이 완전히 보편화된 것도 아니고 저렇게 콧대가 높고 키가 큰 여성이 많았을 리가 없다. 예컨대 31회에 등장한 주부나, 71회에 등장한 가난한 시골 여성은 서구적인 미인과는 거리가 멀고 치마 저고리를 입었다. 따라서 3회에 등장한 여성과 같은 이들은 뭔가 특별하고 자극적인 존재였을 것이다.

31회 주부	71회 시골 여성

장관, 국회의원, 특권층

지금은 전혀 아니지만 뚱뚱한 몸매가 부와 성공의 표상인 시대도 있었다.
바로 그러하기에 그들의 부티 나는 몸매는 부정적인 의미를 지니고 있다.
〈파고다 영감〉에서 다른 등장인물보다 거의 두 배나 되는 몸피로 묘사되
는 그들은 '나쁜 사람'들이며, 정치인과 고위관료를 포함한 특권층에 대
한 이러한 묘사방식은 〈파고다 영감〉의 정치적 태도를 보여준다.

23회에서 목이 없고 사나운 눈매를 가진 이 사람은 국회의원이다. 그
런데 그는 악의 화신이자 '원흉'인 이승만 정권의 하수인이 아니라 민주
당 정치인이다. 말 그대로 '어부지리'로 선거에 승리하고 정권을 잡은
민주당은 별로 인기가 없었다. 또한 그들은 29회나 51회에서 보는 것처
럼, 서민의 고통에 대해 "나 몰라라"하는 특권층일 뿐이었다. 29회의 장
관님은 복부비만이 심각하다.

23회 국회의원   29회 장관   51회 장관

훗날 김승옥은 1964년 대통령선거에서 윤보선이 아니라 박정희를 찍
었다고 고백했다. 왜냐? 조숙한 대학생 김승옥은 4·19 이후 집권한 민
주당을 위시한 보수세력의 한계를 알았고 그들을 전혀 신뢰하지 않았다.
김승옥은 민주당 정치인들이 이승만 정권의 하수인들보다 어떤 면에서
는 오히려 더 친미적이고 보수적이라고 생각했다. "어쩐지 미국 원조물

자를 가지고 나눠 먹고 사는 똘마니구나 싶은 느낌밖에 안 들었"고, 그들 보다는 "차라리 촌티 나는 박정희의 민족주의가 낫겠다."고 생각했던 것 이다.[8] 이는 비단 김승옥만의 생각은 아니었다. 4·19를 주도한 청년 중 의 일부는 초기 박정희 정권에 참여하기도 했고, 훗날 가장 치열한 반박 정희 투사가 되는 김지하도 5·16 군사쿠데타가 일어났을 때 '우리 편' 이 정권을 잡았다고 잠시 착각하기도 했다.[9]

한편 53회에 등장하는 고아원 원장의 몸도 장관이나 국회의원급이다. 고아원 원장들 중 일부는 치부의 수단으로 고아원을 운영하고 있었던 것이다.

53회 고아원 원장

미국인 혹은 서양인

이들은 당연히(?) 키가 멀대같이 크고 코도 크다. 24회에 등장하는 미국인 은 복색으로 보아 군인이다. 미국인(미군)은 껌인지 초콜렛인지를 거지 소 년에게 내밀거나 130회에서처럼 '양공주'를 데리고 다닌다. 이러한 미국인 의 모습이야말로 대중에게 각인된 전형이자 1950~1960년대 한미 관계의 표상일 것이다. 김승옥은 〈파고다 영감〉에서 미국과 미국인에 대해 한없이 복잡한 심경을 나타낸다.

24회 미국인

130회 미국인

대학생

〈파고다 영감〉에서 대학생은 다양한 공간에서 다양한 외양으로 나타난다. 술을 마시고 길거리에서 고성방가를 하는(해도 되는) 공동체적 문화의 주체이거나, 혁명을 이끈 주체로서 '젊은 사자' 이거나, 신생활운동에 참여한 계몽적인 청년이거나, 하숙집에서 토론하고, 안경을 끼고 선량한 눈매를 지니고 있는 것으로도 묘사된다. 아마도 김승옥 자신이 대학생이어서 다양하고 풍부한 형상화가 가능했을 것이다.

5회   23회

120회   58회

그 밖에 〈파고다 영감〉에 등장하는 인물들은 다음과 같다.

이승만

혁명으로 불명예 퇴진한 '국부國父' '이 박사'는 〈파고다 영감〉 전체에서 비교적 사실적인, 그러나 별로 안 좋은 모습으로 딱 한 번 등장한다.

58회 이승만

거지와 거지 소년

거지와 거지 소년은 김승옥 만화에서 매우 자주 등장하는 조연이다. 이들은 누더기나 거적을 걸치고 온몸이 새까만 채로 등장하여 험난한 세태를 풍자한다.

134회 거지

서민들

파고다 영감 자신이 속해 있는 계층의 가난한 이들은, 물가와 실업률이 부쩍 높아지는 1960년 겨울부터는 '못 살겠다'는 말을 입에 달고 산다.

130회 서민들

（5）

파고다영감

베일

「베일」(BELL)은 원래 「페르샤」의 女性服에 使用되었던 그것이 近世에 이르자 歐羅巴에 퍼져서 언제까지 「베일」을 어깨에 걸어놓고 다니어 먼롱으로 「베일」을 금신·온실·장하여 婦人들 가운데 다이어먼드롱으로 「베일」을 금신한다는 것이 流行이었다

婦人들의 「베일」은 一種의 交叉라고도 할수있는 脈脈에서는 「아데네」의 婦人들이 使用하였던 人운이 使用하였다

그 때문에 中世는 基督敎時代였기 때문에 身體를 남에게 보이는 것을 심어했다 이는 것은 自助되어 따라서 언젠까지 「베일」을 어깨에 걸어 (이것은 現하고는 「베일」은 一種의 「악세사리」로서 되었음은 十七·八世紀에 敬神의 마음이 예뻐다거나 웃낫다거나하는 形容詞에 되어있는 것을 流行이었다

度한 연분이 예쁘다거나 웃낫다거나하는 形容詞에 마찬가지로 남에게 얼굴을 보이는 것을 심어 웠으며 基督敎徒들도 基督敎徒와 回敎徒들도 가리우는데 쓰고있다

回敎徒들도 마찬가지로 남에게 얼굴을 보이는 것을 심어 웠으며 그 材料는 十七·八世紀에 이르러 大衆化되었은 十七·八世紀에 보이는 것을 심어 「네카치프」는 目마하여 예감으로 써 二十世紀初에 이르자 더불어 「네카치프」

「네카치프」는 그들의 「네카치프」는 널리 알려져있지만 서도 널리 알려져있지만 그것을 더욱 몸에 값싼 땀을 닦고 쓰고 예간으로 써 代用하기 나였은 「네카치프」는 二十世紀初에 이르자 더불어 그것을 더욱 「네카치프」

「베일」과 「네카치프」는 다시 女性들 間에 第二次大

이 行 무은지 라프 으우 코로 프 등의 고 마는 으우 고 「女子」 그무 에 프 나복 프 의
있 다스 는 使用 利用 하므 라라 의 하 는 文材

부럽군, 대학생들이 _1960년, 일상 속의 혁명정신

오전에는 흐리고 낮부터 차차 갬. 최고기온 29도

• 보건사회부에 따르면 전국에서 뇌염 환자가 새로 34명 발생하여, 전국적으로 뇌염 환자가 총 540명이 되었다. 그중 107명이 사망했다.

• 4일 하오 2시 15분경, 서울 시내 수도극장에서 영화를 보던 한 청년이 자극적인 장면이 계속될 순간에, 난데없이 옆자리에 앉아 있던 시내 S모 여대 가사과에 다니던 윤모 양(20)의 '궁둥이' 쪽 원피스를 칼로 찢고 난행을 하려다 경찰에 연행되었다.

만화 속에서 밤 늦게까지 술을 마시고 어깨동무를 한 채 고성방가를 하는 이들은 대학생들이다. 무리 속에 끼어 있는 안경잡이가 그들이 대학생임을 말해준다. 대학생들은 거리의 주인이며, 따라서 그들에게는 거리의 낭만을 즐길 자유가 있다. 하지만 이들도 통금은 어쩔 수 없다. 총을 멘 경찰이 대학생들에게 이제 집으로 돌아가라고 권고한다.

그런데 통금이 되고 거리에 민간인들이 사라지자 이번에는 경찰들이 어깨를 끼고 춤을 춘다. 경찰 또한 젊은이들이고 기실 대학생들이 부러운 것이다. 만화 속에서 춤을 추는 그들의 표정은, 민간인들에게는 법을 어기지 말라면서 자기들은 특권을 누리며 범법을 저지르는 그런 공무원들의 표정은 아니다. 저들의 얼굴도 그저 밝고 순수하다.

9월 5일, 제2공화국의 거리는 청년들의 거리였는가? 젊은 경찰과 대학생들의 관계는 그처럼 화해로웠는가?

대학생은 힘이 셌다

1960년 4월 19일 오후, 약 10만여 명의 군중이 서울 거리에 나섰다. 그들 중 선두는 경무대(景武臺 : 이승만 대통령의 관저, 청와대의 옛 이름) 앞길로 향했다. 시위 군중을 가로막고 경무대 앞길에 바리케이드를 친 경찰은 군중에게 돌연 일제 사격을 가했다. 이 자리에서 21명이 죽고 172명이 부상을 당했다. 희생자 중에는 수송국민학교 6학년생도 있었고, 62세의 노인도 있었고, 특히 대학생들이 많았다. 서울대학교 문리대 수학과 학생 김치호 외 6명이 이 자리에서 죽었다.

시위에 나선 대학생들은 알고 있다. 진압복을 입고 방패와 곤봉으로 무장한 경찰들이 자신들의 진정한 '적'이 아니라는 것을, 그들 또한 자신의 의지와는 무관하게 그저 '상명하복'에 따라 움직일 수밖에 없는 한 사람의 청년일 뿐이라는 것을. 그러나 그런 생각은 시위하는 쪽의 힘이 압도적으로 크고 자신감이 충만할 때나 가능하다. 시위를 벌이는 것 자체가 어렵거나, 시위를 막는 경찰이 강경대응으로 일관할 때에는, 그런 생각을 떠올릴 여유가 없다. 우리 현대사에서 시위대가 경찰들에게 꽃을 꽂아주거나 '민주경찰 동참하라.'고 '권유'했던 순간들을 생각해보라. 그때 시위대는 도덕적 명분뿐 아니라, 어쩌면 힘에서도 경찰 배후에 버티고 있는 권력보다 우월하였다.

1960년 가을. 젊은 만화가 김승옥의 눈에 포착된 제2공화국의 경찰은,

4 · 19 혁명 때 시위 대열을 선도하는 학생과 시민들(위). 상수도관을 굴리며 경무대로 육박하는 시위 대열에 밀려 후퇴하는 경찰관들(아래).

입고 있는 옷과 당장의 임무가 다를 뿐인, 같은 젊은이들이다. 경찰을 그리는 만화가의 눈은 여유롭고 낙관적이며 낭만적이기도 하다. 대학생들의 힘이 경찰보다 훨씬 컸던 것이다.

1960년 2학기 개강을 하루 앞둔 8월 31일, 1만3천 명의 서울대생이 시위를 벌였다. 이날은 2학기 등록 마감일이었는데 학생들은 등록금에 시설 확충비 등의 명목으로 포함된 2만 환이 부당하다며 등록을 거부하고, 국립대학의 시설비를 국고에서 보조하라고 요구했다. 서울대 총장은 난색을 표명했으나, 오히려 정부가 이 요구를 쉽게 받아들였다. 9월 1일 열린 국무회의에서 서울대 학생들의 요구가 타당하다고 인정하여 학생들의 요구를 전면 수용하고 이미 등록한 학생들에게는 2만 환을 돌려주기로 한 것이다. 그래서 1960년 2학기 서울대생의 등록금은 4만3천 환으로 정해졌다. 당시 경기미 한 가마의 도매가가 1만6,900환, 순금 한 돈의 소매가가 8천 환이었다.

밥상머리의 4 · 19 정신

9월 4일자 《동아일보》 석간 1면에 실린 칼럼 〈일사일언〉에서, 소설가 염상섭은 대학생인 장남이 저녁 밥상머리에서 동생들에게 '혁명정신'과 '민주경찰론'을 주입하고 있더라고 썼다. 그의 대학생 아들이 설파한 '혁명정신'과 '민주경찰론'의 소재는 일상에서 발견된 것이었다. 염상섭의 장남은 평소 문안으로 다니는 시내버스를 타기가 쉽지 않아 "식모를 먼저 보내 줄을 서게 하고" 겨우 버스를 탔는데, 그날 버스가 다른 차와 추월 경쟁을 하다 교통경관한테 걸려서 경관과 기사 사이에 실랑이가 붙었다. 그러자 출근 · 등교에 바쁜 승객들이 모두 경관을 욕했다.

염상섭의 아들은 그 조그만 사건을 다음과 같이 해석했다. "정치인들도 4 · 19 정신을 잊어버렸지만 교통순경도 정신 못 차렸어. 시민이 출근 때문에 바빠 야단인데 말이야. 순경의 완장 번호를 시경 교통계장에게 알려 혼을 내주려다 참았다."

　아주 사소한 일을 바라보는 대학생의 관점에도 '4·19 정신'이 작동하고 있었고, 공권력의 극히 미미한 집행자에 불과한 교통순경도 이 기준으로 평가될 수 있었다. 혁명은 일상 속에 들어와 있었던 것이다. 그런데 더 큰 문제는 그의 말처럼 정치인들은 벌써 "4·19 정신을 잊어버리고" 있었다는 점이다. 4·19는 정치인들의 것은 아니었기 때문이다.

（6）

파고다영감

먼저 神經과 筋肉刺戟

交流(페어)먼 心臟障害

재미있는 굿 _4·19 원흉들의 재판

오후부터 때때로 흐림. 최고기온 29도

• 관인 〈국제요리학원〉에서 9월 7일에 개강하는 한·중·양·왜倭 요리 강좌 수강생을 모집 중이다. 전 조선호텔 요리장인 박병은 씨가 직접 새로운 '비법'을 지도한다.

• 관인 〈수도무선기술학원〉에서는 '트란지스터 등의 일류기사가 되시려는' 신입·편입 학생을 모집하고 있다. 접수처는 종로 2가 YMCA 앞 〈대한음파사〉.

• '한국 유일의 대판大版 사면四面인 영화신문'이 각 도 시·군·읍·면 소재지 및 서울 시내 일대의 지사와 지국을 모집하고 있다. 희망자는 중구 초동 본사로 '직접 내사來社 또는 서면 연락 바람.'

혁명은 단죄를 필요로 한다. 혁명의 동기를 제공한 악덕의 주인들, 그리고 바리케이드 반대편에서 거리에 나선 시민·학생을 상하게 하고 죽인 자들을 '혁명적으로' 처리하는 것은 혁명 고유의 임무이다.

강령 없는, 그리고 주체 없는 혁명이었던 4·19조차 분명 그러해야 했다. 4·19의 날들에 민중을 직접 적대했던 자들, 그리고 이승만 정권이 저지른 가장 분명한 패악의 '원흉들'은 징치되어야만 했다.

최인규 내무부장관, 이성우 내무부차관, 이강학 치안국장, 최병환 지방국장, 곽영주 경무대 경무관 등의 공무원들과 신도환·임화수·이정재·유지광 같은 정치깡패들이 법정에 세워졌다. 이들은 4·19의 직접적

원인을 제공한 '3·15 부정선거 사건'과 '정치깡패 사건', 그리고 '4·19 발포명령 사건'의 당사자였다. 그리고 이승만 정권 하에서 정치적 반대자들을 탄압하기 위해 저질러진 '장면 부통령 저격 배후 사건'과 '민주당 전복음모 무고 사건', '제3세력 전복음모 사건'의 관련자인 임흥순 전 서울시장, 이익흥 전 내무부장관, 김종원 전 치안국장, 장영복 전 특정과장, 오충환 전 시경 사찰과장 등도 기소되었다.*

이들 사건을 통틀어 '6대 사건'이라 부르고, 그 관련자들 곧 민중에게 발포하고 이승만 정권의 전위대로 활동한 이들을 '원흉'이라 약칭했다. '원흉'의 모습은 이러했다.

〈파고다 영감〉　　　〈고바우 영감〉　　　〈두꺼비〉

한데 서울지방법원에 기소된 '원흉'은 모두 48명에 불과했다. 12년 학정에 비하면 너무 작은 수였고, 또한 이들을 처리하기 위한 혁명법정이 따로 만들어진 것도 아니었다. 이들은 기존의 법질서 내에서 심판을 받을 것이었다.

---

* 1956년 9월 28일 장면 부통령 저격 사건이 발생했다. 현장에서 범인 김상붕金相鵬이 체포되고 10월 1일, 배후 조종 혐의로 최훈崔勳이 구속됐다. 사건의 주모자는 자유당 간부와 내무방관, 치안국장 등이었으나 진실은 잘 밝혀지지 않고 있었다.

혁명재판소가 따로 설치되지 않았다는 것, 또는 그럴 수 없었다는 것이 처음부터 문제였다. 심판이 시작됐을 때 대통령이 물러나고 내각이 교체되었을 뿐, '구체제'는 일단 그대로였다. 그래서 혁명재판도 서울지방법원이 1심을 맡았다. 서울지법(형사1부, 재판장 장준택 부장판사)은 8월 27일부터 9월 3일까지 매일 아침 9시 30분부터 밤 11시까지 평균 10시간씩 심리審理를 진행했다. 심리는 도합 70시간이 넘게 진행되었으며, 48명의 피고들을 위해 60여 명의 변호사가 동원되었다.[10]

9월 4일부터 법정에서 관련 피고인들이 최후진술을 했고, 특히 9월 5일에는 4월 18일 고려대생 피습 사건*에 연루된 '정치깡패'들의 최후진술을 들었다. 신도환·임화수·이정재·유지광 등, 한국 정치사와 조폭사組暴史에 길이 이름을 남긴 바로 그들이었다.

가장 인상적인 최후진술을 한 피고인은 신도환(辛道煥 : 1922~2004)이다. 1958년 대구에서 무소속으로 제4대 국회의원에 당선된 뒤 자유당에 입당한 신도환은 1959년부터 대한반공청년단총본부 본부단장을 맡았는데, 그 반공청년단이 4월 18일 밤 시위에 참가했다 귀가하던 고려대 학생들을 테러하자 4월 19일 분노한 민중들이 반공청년단 건물에 몰려갔다. 신도환은 유지광·임화수 등에게 고려대 학생 습격을 지시한 혐의를 받고 있었다. 유지광 등이 범죄 사실을 시인했음에도, 신도환은 법정에서 오히려 검사를 훈계했다. "세상 사람이 다 이 박사를 욕해도 검사는

---

* 4월 18일 국회의사당 앞에서 구속된 동료 학우들의 석방과 학원 자유를 요구하며, 평화적 시위를 벌인 후 귀가하던 고려대생들이 청계천4가를 지날 때 경찰과 모의한 반공청년단이라는 정치깡패들이 무차별 테러를 가해 수십 명의 학생이 부상당한 사건이다.

종로4가 천일극장 부근에서 깡패들의 습격을 받고 쓰러져 있는 고려대생들(위). 이 사건을 주도했던 정치깡패들이 재판장으로 들어가는 모습(1960년 7월 6일, 아래).

그럴 자격이 없다."면서 "자유당 하에서 검찰이 무엇을 했는지 일말의 양심이 있다면 가슴에 손을 얹고 반성해야 한다."고 했다. 겨 묻은 개가 똥 묻은 개 나무랄 수 없다는 논리였다.

신도환뿐만이 아니었다. '원흉'들과 그들의 변호인들은 법정에서 궤변을 일삼았다. 변호인들은 "4·19 정신은 준법정신이며 법과 증거에 의

한 재판만이 4·19 정신을 구현할 것인데, 이 재판의 법리와 채증에 문제가 많다."(《동아일보》 1960년 9월 6일)고 주장했으며, 이정재의 참모였던 유지광을 제외한 피고인들은 하나같이 혐의 자체를 부인했다. 장면 부통령 저격 사건의 배후 피의자이자 혁명 당시 서울시장이었던 임흥순(별명 임대사任大蛇)은 "검사께서도 상식이 있다면 부산정치파동 때 함께 고생한 내가 어떻게 감히 동지였던 장 박사를 없애려는 음모를 꾸밀 수 있겠는지 생각해보라."(《동아일보》 1960년 9월 6일)고 읍소했다. 또한 이기붕의 수족으로 영화계를 좌지우지했던 '한국의 알 카포네' 임화수는 말끝마다 '예술'을 입에 올리며 '국가 발전'에 대한 자신의 공로를 내세웠다.

"차라리 혁명이란 말을 걷어치워라."

젊은 만화가가 이러한 혁명재판을 "재미있는 굿"이라 표현한 것은 그 재판이 갖는 근원적인 한계 때문이었을 것이다. 부정비리와 구질서의 '원흉'이자 하수인인 그들을 처리하고 혁명을 실행하는 과정이어야 할 재판은 엉성했고, 오히려 혁명을 지지부진하게 했다. 시인 김수영은 이미 1960년 5월에 "새까맣게 손때 묻은 육법전서가 / 표준이 되는 한 / 나의 손등에 장을 지져라 / 사.이육혁명은 혁명이 될 수 없다 / 차라리 혁명이란 말을 걷어치워라."(「육법전서와 혁명」 부분)라고 외쳤다.

그들을 어떻게, 어떤 방식으로 처리할 것인지는, 몸은 엎드렸지만 엄연히 세력을 갖고 있었던 기득권세력과, 목소리는 높았지만 제도를 갖지 못했던 혁명세력 간의 중요한 상쟁의 소재가 될 것이었다. 혁명특별법이 제정되어야 했다.

（7）

파고다영감　作　金二完

◇ 生産企業遂行

◇ 指導者의 任務

아세아에 있어서 現在의 生活水準을 그以上 低下시키지 않으려면 每年的으로 二％의 比率로 生産을 擴大하지 않으면 안된다 大하지않으면 안된다 그러나 그地域에 나라나 적어도 生活을 改善하자면 그 二倍인 每年 四％의 生産擴大가 하여야하는것이다

사무라이 흉내 좀 내면 어때? __1960년, 한국인의 대일감정

흐리고 때때로 비. 최고기온 25도

- 4·19 혁명 이후 8월 말까지 일본으로 가고자 여권 신청을 한 사람은 350여 명이다. 이는 혁명 이전 같은 기간보다 5배 이상 늘어난 수이다.

- 유한산업(유한킴벌리의 전신) 광고에 의하면 '인간의 고질병'인 폐결핵이 줄어 가고 있다. 가장 치명적이고 흔한 전염병이었던 폐결핵이 정복되기 시작한 것이다. 이상, 김유정, 나도향 등 일제시대 문학가들은 모두 폐결핵으로 요절했지만 이들과 비슷한 나이에 폐결핵을 앓은 김지하는 살아남았다.

해방 이후 지금까지 늘 그랬지만, 1960년 가을에도 한국인들의 일본에 대한 태도는 한마디로 복잡했다. 한국인들은 기본적으로 일본을 증오하면서도, 일본에 대해 일관성 있는 태도를 취할 수가 없다. 일본은 분명 한국보다 잘난 나라이고 비이성적인 증오는 열등감과 연관되어 있다.

해방 후 15년, 일제가 한국에 남긴 흔적은 수없이 많았다. 이승만은 제대로 일제 잔재를 청산하지 않고 그저 일본에 관한 모든 것을 '봉쇄'하였고, 불건강한 증오는 커졌지만 일제시대를 건강하게 바라볼 만한 시야는 마련되지 않았다. 그러다 이승만 정권이 일순 몰락하자 새로운 국면이 전개되었다. 일본 문화는 새롭게 또는 다시 급격히 유입되기 시작했고, 정치 · 경제의 현실은 대일 관계 정상화를 강력히 요청하고 있었다.

이승만이 재일교포 북송에 반대한 이유

전후 새 나라 일본이 한국에게 식민통치와 침략에 대해 정리하거나 사과한 적은 없었다. 그런데 남한의 원수였던 중국이나 북한과의 관계는 매끄럽게 해나가고 있었다. 한일 양국 사이에서 특히 첨예한 현안은 재일교포 북송 문제였다. 1958년부터 북한 정권은 적극적으로 재일교포 북한 송환을 추진하면서 일본과 교섭했다. 이는 나름의 '포용정책'이자 식민지시대 청산 작업의 하나였다. 1959년 2월 일본 각의에서 '재일 조선인 중 북조선 귀환 희망자 취급에 관한 건'이 의결되고, 그해 8월 13일 인도 콜카타에서 북한적십자사와 일본적십자사 간에 북송협정이 체결되었다. 그리고 1959년 12월 14일부터 북한으로 귀국하기를 희망하는 재일교포의 송환이 시작되었다. 975명의 재일교포 북송 제1진이 니가타항(新潟港)에서 '만경봉호'를 탄 이래 1967년까지 무려 8만8천 명의 재일교포가 북한으로 갔다.

남한으로서는 당연히 이에 반발할 수밖에 없었다.[11] 많은 재일동포가 북한을 선택했다는 것은, 북한 체제가 남한보다 낫다는 것을 실증하는 일이었기 때문이다. 오직 감정적으로만 '배일排日'을 외칠 뿐 모든 면에서 무능했던 이승만 정권은 학생들을 동원하여 교포 북송 반대 데모를 벌이게 하였다.

1959년 1~2월 반공과 반일 정서가 뒤범벅되어 나라 전체가 들썩였다. 2월 13일과 14일에는 전국적으로 각각 1만, 4만의 학생과 시민이 북

재일동포 북송 반대 총 궐기대회에 나선 대한반공청년단총본부. 이 대회에서 재일동포 북송 반대 전국위원회가 발족, 본격적인 반대 운동에 나섰다(1959년 2월 16일).

송 반대 데모를 벌였다. 그러나 이승만 정권의 극단적인 반북·배일정책은 오히려 외교적 고립을 초래할 따름이었다.

다시 한반도에 온 히노마루

기실 한국도 경제 개발을 위해 일본의 자본과 기술이 필요했고, 일본은 한국이라는 새로운 시장이 필요했다. 한국과 일본의 관계 '정상화'는 미국의 필요이기도 했다. 미국은 자신들의 동아시아정책에 이승만이 강하게 반대하고 나오자 곤혹스러워했다. 크게 늘어난 대외정치 재정 부담을 덜고 싶어했던 미국은, 급속히 발전하고 있던 일본이 동아시아에서 미국의 부담을 덜어주기를 바랐다. 이를 바탕으로 새 동아시아 질서를 만들고자 했던 미국에게 이승만식 외교는 당연히 방해가 되었다. 제2공화국의 출범은 이런 점에서도 새 출발일 수 있었다.

1960년 9월 6일 오전 11시 58분, 일본 외무상 고사카〔小坂〕를 단장으로 하는 사절단 6명이 전격 방한했다. 획기적인 일이었다. 고사카는 2차대전 종전 후 공식적으로 한국을 방문한 최고위 관료로서, 장면 총리와 윤보선 대통령도 예방하고 외무장관 공동성명도 발표할 예정이었다. 한일 관계는 완전히 새로운 시대를 맞을 수도 있었다.

일본 사절단이 탄 JAL 비행기는 태극기와 히노마루(일장기)를 나란히 달고 김포공항에 내렸다. 일본 비행기가 김포에 착륙한 것도 해방 이후 처음 있는 일이었다. 김포공항에는 히노마루가 게양되어 있지 않았지만, 양국 외상이 탄 승용차는 태극기와 히노마루를 나부끼며 서울 시내로 들어왔다.

여기서 기억할 만한 것은 고사카 외무상을 수행한 가쯔마다〔勝俣〕 외무차관과 이세키〔伊關〕 아세아국장의 출신 학교이다. 그들은 각각, 제국 일본이 식민지시대 이 땅에 만든 '명문' 학교, 경성제대와 대전중학 출신이었다. 그 "한국통"(사실을 보도한《경향신문》의 표현)들은 '돌아온' 일본인이었던 것이다.

사절단 행렬이 서울역 앞에 다다랐을 때 갑자기 6명의 청년이 차 앞으로 뛰어들다가 경찰의 제지를 받았고, 사절단의 숙소인 반도호텔 앞에서는 '애국청년 일동' 이라는 청년들이 "일본은 36년간의 침략행위를 사죄하라", "송북을 즉각 중지하라", "Don't make our Brother Communist

1960년 9월 6일 일본 친선사절단 일행을 접견하는 장면 총리.

Slaves" 등의 구호를 쓴 플래카드를 들고 소규모 시위를 벌이기도 했다.

그러나 방한은 성공적이었다. 정일형 외무장관과 고사카 일본 외상은 공동성명을 발표하여, 10월 하순 동경에서 예비협상을 갖고 난제를 신속히 풀어 국교 정상화를 추진하자는 데 합의했다.

일본과의 관계 정상화는 정말 복잡한 문제였다. 그것은 일본 자본과 문화가 다시 한반도로 돌아온다는 것, 또한 한국 경제가 일본 경제의 하위 파트너가 된다는 것을 의미하였다. 그러나 '주체적으로' 식민지 잔재를 청산하지 못한 한국은, 20년 만에 힘을 회복한 일본에 맞설 준비가 안 되어 있었다.

1960년 9월 7일 《동아일보》 사설은 일본에 대한 남한 사람들의 복잡한 심정을 보여주는 한 척도이다. 사설은 일본 외상의 방문을 환영한다면서 4 · 19 혁명 이후 국민들이 이승만 시대의 외교정책 전반을 재검토

할 것을 요구하고 있다고 썼다. 하지만 그러면서도 유보적인 태도를 취했다. 몇 가지 과제에 대한 해결 없이 성급히 한일 외교 정상화를 기하는 것은 성급하며, 그래서 국민의 우려가 제기되고 있다는 것이다. '필요'는 아직 '감정'을 넘기에는 덜 무르익었다는 것이다. 식민지시대의 피해에 대한 충분한 보상과 사과가 대다수 한국인들이 생각하는 선결과제였다. 그러나 이것을 어떻게 얼마나 얻어낼 수 있는지는 잘 몰랐다. 그로부터 4년 뒤, 다급했던 박정희는 정권 유지를 위해 한일 외교 정상화를 무리하게 처리함으로써 민중과 지식인의 지지를 잃게 된다.

'아메가 후레'를 흥얼이고 '오에 겐자부로'에 열광하다

이러한 정치·외교적 움직임을 후경으로 하면서, 1960년 가을 일본 문화에 대한 젊은이들의 동경은 중요한 트렌드였다. 《사상계》 제88호(1960년 11월호)의 〈국내동향〉란도 "전국에 몰아치는 일본풍"에 한 꼭지를 할애했다. 이 글에 의하면 혁명과 이승만 정권의 몰락이 "반일 절대주의를 해체하고 마치 친일주의의 부활이라고 되는 양"하다고 했다. 〈파고다 영감〉에서처럼 "전국의 다방과 빠에서는 일본 노래가 물결치고", 숙녀들은 '조오리'를 신고 거리를 활보하며, 서점마다 일본 문학작품 번역물이 붐을 이루고 있다는 것이다.

《사상계》의 필자는 "일본에 대한 우리의 감정은 정상적인 것이 아니라 열등감과 우월감, 반발감이 섞인 위험한 것"이라고 예리하게 분석하고 일본 노래를 듣는 층이 두 부류라 했다. 하나는 "금지된 것에 호기심을 느끼는 청소년층"이며, 또 한 부류는 "은근히 일본 문화에 대한 향수를 가진 중년층"이라는 것이다. 그러면서 특히 이 두 번째 부류가 "민족적 열등감과 투철하지 못한 민족의식을 가지고 있기 때문에 위험하다."고 했다. 이 '위험한 계층'이 "일본 음악 좀 들으면 어때?"라는 식의 태도를 갖고 있었던 것이다.

한데 일본 대중가요가 일반 민중들 사이에서 음성적으로 인기를 끌고 있었던 것과 달리, 일본 문학의 도입은 지식인과 대학생들 사이에 공식적으로 허용되어 있었다. 4 · 19 직후 번역되기 시작한 일본의 전후문학이 한국 작가 · 문청들에게 끼친 영향은 이만저만한 것이 아니었다.[12] 대학 2학년 때 문제작을 쓰고 신춘문예에서 '조숙한 천재'[13] 대접을 받았던 김승옥도 예외가 아니었다.

김승옥은 뒷날 회고하면서, "대학생 때부터 소설을 쓰게 된 가장 큰 동기"가 "그때 번역되기 시작한 일본 소설을 읽고 받은 충격이랄까 자극 때문"이라고 말했다. 특히 그는 동경대 불문학과를 중퇴한 일본의 대표적인 전후 작가 다자이 오사무[太宰治, 1909~1948]와 자신이 '비슷하다'고 느꼈으며, 자기 시대 이야기를 아프고 절실하게 써내려간 엔도 슈샤쿠[遠藤周作], 오에 겐자부로[大江健三郎] 등에게 큰 감동과 충격을 받았다고 했다.[14]

모순, 불공정, 갈피를 잡을 수 없는 대일감정

《사상계》의 기자는 "우리가 일본과의 국교를 정상화하자는 것은 무역과 산업기술의 측면과 일본의 정치 · 경제적인 협조이지, 퇴폐문학과 저속한 대중음악을 통한 문화적인 침투를 허용하자는 것은 아니다."라고 글을 맺었다.

'자본과 기술을 들여와야 하지만 문화는 안 된다.'는 것, 또는 일본 자본과 기술을 들여와서 경제 '자립'(?)을 달성해야 한다는 것, 이는 명백히 모순이 아닌가? 그런데 이런 모순적인 입장은 비단 《사상계》의 것만은 아니었다. 이는 이승만처럼 무조건 배일하지 않고, 일본과 뭔가를 하려 했을 때 대한민국 전체가 빠져들 수밖에 없는 모순이었다. 이 점에서는 《사상계》나 《사상계》가 반대한 박정희 정권이나 똑같았다.

일본 자본이 들어오고 공장이 서는 판인데 일본 노래 좀 들으면 어떤가? 겨우 '아메가 후레 후레(비가 내리네 내리네)' 정도인데. 그러나 이런 간단한 일본 대중가요에도 한국을 집어삼키고 말았던 '사무라이 정신'과 제국주의적 침략의 논리가 들어 있다는, 일면 맞지만 일면 분명 히스테릭하기도 한 인식이 한국인들을 지배했다. 그리고 이런 인식은 모순적인 동시에 늘 불공정했다.

일본 '대중문화'는 막아두었지만, 지식인과 기업인들은 일본에서 무엇인가를 들여오지 못해 안달이었고, 실제로 잔뜩 들여왔다. 박정희 정권은 이미자의 〈동백 아가씨〉를 왜색 노래라 하여 금지시켰지만, 정작 그 노래를 가장 좋아한 이는 박정희였다. 한때 다카기 마사오였기도 한 그는 술 한 잔 먹으면 '꼬붕'들과 어울려 일본 군가까지 부르며 즐겼다.

김대중·노무현 정권을 거치면서 일본 대중문화가 전면 개방되기까지 30여 년이 걸렸다. 바로 우리가 보고 있는 1960년대 초에 '일본 고급문화는 괜찮지만 대중문화는 안 된다.'는 모순적인 입장이 처음으로 제출된다는 점도 기억할 만하다.

한편 고사카 외상은 회담을 마치고 일본으로 귀국한 후 가진 기자회견에서 일본에 대한 한국인의 감정이 어떻더냐는 질문에 "착잡錯雜하더라"

고 잘 정리했다. 착잡은 '갈피를 잡을 수 없이 뒤섞여 어수선하다'[15]는
뜻이다.

옛다, 도로 가져가라 _지리멸렬한 민주당의 권력다툼

개갰으나 오후부터 흐림. 16~26도

• 1962년 칠레 월드컵 아시아주 예선 때문에 11월 초 일본 축구대표팀이 방한하기로 결정되었다. 너무 당연한 일처럼 보이지만 이승만 정권 때에는 어려운 일이었다.

• D. H. 로렌스 원작 영화 〈챠타레이 부인의 사랑〉이 서울 대한극장·부산 문화극장·대구 자유극장에서 상영 중이다. "미망인과 미혼자는 관람을 삼가시앞!", "야간은 혼잡하오니 주간을 이용하시앞!"《경향신문》 9월 9일자에 실린 영화광고의 당부 말씀이다.

지금 대한민국의 중·고등학교에서 가르치고 있는 국사교과서, 즉 '제7차 교육과정'의 국정 국사교과서는, 제2공화국과 5·16 군사쿠데타의 배경에 대해 다음과 같이 설명하고 있다.

"장면 내각은 사회질서를 안정시키고 국가의 안보체제를 확립하면서 경제
사회의 발전을 통하여 국력을 신장하고, 민족의 숙원인 평화통일을 앞당겨야
하는 과제를 안고 있었다. 그러나 민주당 내의 정치적 갈등과 계속되는 시위
등으로 이러한 과업은 실현되지 못하였다. 박정희를 중심으로 한 군부세력은
사회의 혼란을 구실로 군사정변을 일으켜 정권을 잡았다(1961년 5월 16일)."[16]

장면 정권은 부여된 역사적 과제를 수행하지 못한 채 '실패'로 막을 내렸고, 실패의 원인 가운데에 "민주당 내의 정치적 갈등"과 "계속되는 시위" 등이 있었다는 것이다. 결국 우리가 〈파고다 영감〉을 통해 들여다보고 있는 이 시공간에서 벌어진 "사회의 혼란"이 쿠데타의 "구실"이 되었다는 이야기이다. 짧은 문장 안에 복잡한 인과를 충분히 담아내기는 어렵겠지만 제2공화국과 5·16 쿠데타를 모두 부정적인 뉘앙스로 서술하고 있는, 국사교과서의 내용은 비교적 중립적이면서 가장 상식적인 것에 속한다.

왜 혁명은 유산될 수밖에 없었을까? 시민혁명으로 성취한 이 행복한 1960~1961년의 시공간은 왜 '무능'과 '혼란'으로 채색되어 있는 것일까? 그리고 장면 정권은 왜 그렇게 무능했을까? 혁명을 위해서는 일단 장면 정권이 지켜져야 했던 것일까? 이런 의문에 나름의 시각으로 〈파고다 영감〉은 답하고 있다.

그 밥에 그 나물, 구파와 신파

김승옥은 이 열 번째 만화에서부터 국사교과서가 말한 '민주당 내의 정치적 갈등'을 형상화하고 이를 강하게 비판하고 있다. 실제로 10회 〈파고다 영감〉은 아주 상징적이다. 파고다 영감은 1960년의 대한민국 국민을, 거지는 정치인을 대표한다. 집까지 찾아온 거지가 귀찮게 "한 푼만"을 구걸해대자 파고다 영감은 "유용하게 쓰"라고 돈을 보태준다. 그러나 황당하게도 거지는 구걸해서 받은 돈을 "도루 가져가라."며 바로 내던진다. 거지가 제멋대로 내던진 것은 국민이 준 권력이며 곧 장관직이었다. 출범한 지 불과 20일 만에 장면 정권은 개각을 해야 했다.

장면 내각의 탄생은 순전히 국민이 피를 흘려 쟁취한 4·19 혁명의 부대 효과였다. 장면 정권은 혁명의 최대 수혜자였으나 그 '거지 같은 놈' 들은 국민이 준, 그리고 자기가 그렇게 원한 권력을 지킬 정신도, 능력도 없었다. 민주당 내부의 '신파'와 '구파'의 대립 때문이었다.

신파·구파의 갈등은 1945년 해방 이래 남한 부르주아계급의 분화, 그리고 여기에 맥을 댄 한국 보수야당의 오랜 이합집산 과정을 반영한다. 남한 부르주아 정치세력은 극우세력이 절대권력을 독점하고 부르주아민주주의 자체를 부정할 때에는 단결했고, 극우세력이 약화되어 분점할 권력이 있을 때에는 필연적으로 분열해왔다. 우리에게 익숙한 양 김 (김대중·김영삼)세력이 어떻게 연합과 분열을 반복하며 남한 정치사를 수놓아왔는지를 상기해보라.

1954년 이승만이 영구집권을 위해 사사오입 개헌을 하자 보수야당은 '반反이승만' 또는 '반독재세력'의 대동단결을 기치로 내걸고 신당 결성 운동을 벌인다. 이 운동에 60여 명의 국회의원이 참여하여 만든 신당이, 바로 그 이름도 찬란한 '민주당'이다. 이 민주당이 김대중의 정치적 영

정치 협상을 위해 한 자리에 모인 민주당 신파와 구파 대표들.

향력 아래 오늘까지 명맥을 이어가고 있는 민주당의 할아버지 당임은 말할 필요도 없겠다. 이 할아비 민주당에 참여한 기존 민국당계 인사들을 '구파', 이승만-이기붕의 전횡에 반발하여 탈당한 자유당 의원과 홍사단계 의원, 그리고 제2대 국회의 원내자유당이었던 무소속 구락부계를 통칭하여 '신파'라 한다. 한민당에서 이승만에게 버림받은 인사들이 만든 당이 민국당이고, 원내자유당 또한 이승만에 의해 만들어졌으니, 사실 신파와 구파는 비슷한 뿌리를 갖고 출발했다고 볼 수 있다(조봉암, 서상일 같은 진보적인 야당인사는 이 당에 참가하지 못했다.).

그러나 구파와 신파에게도 종이 한 장 정도의 차이는 있었다. 신익희 · 조병옥 · 윤보선 등을 구심으로 하는 구파는 대체로 전라 · 충청 · 경기 지방 출신이 많고 지주계급 출신이었다. 이에 비해 장면 · 이철승 · 박순천 등을 지도자로 삼은 신파는 구파에 비해 약간 젊고 경상도와 서북지방 출신이 많은 편이었다. 또 구파에 비해 신파에는 중류층과 하류층 출신이 비교적 많고 자수성가한 관료나 기업인도 섞여 있었다. 따라서 1950~1960년대 상황에서, 구파는 좀 더 전근대적이고 봉건적인 부르주아 블록을 대표하는 세력으로, 신파는 상대적으로 업적주의적이며 기능주의적인 면을 갖고 있는 세력으로 평가된다.[17] 1960년대 야당 언론 가운데 《동아일보》는 구파를, 《경향신문》은 신파를 지지하는 편이었다.

'거지 같은 놈'들의 끝없는 내분

민주당은 4 · 19 혁명 후 치러진 제5대 국회의원 선거에서 민의원 233석 중 175석(75.1퍼센트), 참의원 57석 중 31석(53.4퍼센트)을 얻었다. 나머지 민의원 의석은 무소속 49석, 혁신계의 사회대중당 4석, 한국사회당과 통일당이 각각 1석씩 나눠 가졌다. 이승만의 정당인 자유당은 민의원에서 2석을 얻는 데 그쳤다. 혁명의 과실이 온통 민주당에 돌아간 셈이다.

"길 가다 주운 지갑"(열린우리당이 대통령 탄핵에 대한 역풍으로 2004년 총선에서 승리한 데 대한 민주노동당 노회찬 의원의 표현이다.) 앞에서 민주당의 끝없는 내분이 시작되었다. 문제는 신·구 양 파의 힘이 엇비슷하다는 데 있었다. 두 파의 팽팽한 대립은 블랙홀처럼 모든 것을 빨아들였다. '대통령 윤보선, 국무총리 장면'도 당연히 양 파 타협의 산물이었다.

내각도 권력분점 약속에 의해 꾸려졌다. 그러나 최초 조각 과정에서부터 분열은 심각했다. 장면은 신파 5명, 민주당 구파 5명과 무소속 의원 등으로 거국내각을 구성하기로 한 약속을 지키지 못했다. 구파에서는 단 1명, 교통부장관으로 정헌주만 입각했다. 구파의 배신감은 대단했다. 정헌주는 조각 발표가 나자마자 구파들에게 '배신자'로 낙인 찍혀 왕따를 당했고, 그의 집으로 구파 지지자들이 몰려가서 난동을 부렸다.

결국 구파는 분당을 결행했다. 그들은 8월 31일에 〈민주당구파동지회〉를 교섭단체로 별도 등록하고 9월 3일 원내총무에 유진산, 부총무에 김영삼·이민우를 선출했다. 다급해진 장면 총리는 5명의 구파 인사를 입각시키겠다는 타협안을 다시 냈고, 9월 7일 혼란한 와중에 내무장관 홍익표·국방장관 현석호·상공장관 이태용 등이 사표를 냈다. 그렇게 해서 정권 출범 20일 만에 개각이 단행되고 갈등은 미봉되었다.[18]

장면 정권은 아직 자리를 잡지 못한 것이다. 이 같은 혼란은 공직사회를 마비시키고 정권에 대한 국민의 신뢰를 떨어뜨렸다. 앞의 〈파고다 영감〉 10회에 이어 9월 11일 11회 만화는 이러한 사태로 촉발된 공무원들의 혼란을 그리고 있고, 9월 12일 12회 만화는 신·구파의 갈등이

8월 23일 구성된 신임 국무위원들의 합동 기자회견. 그러나 민주당 구파의 반발로 이들 중 5명이 20일 만에 사표를 제출한다.

국민의 이해 수준을 넘는 그들만의 파쟁이었음을 비판하고 있다.

혁명을 유산시킨 진짜 원흉

그런데, 민주당 내 두 파의 갈등을 지배계급 블록의 자연스런 분화로 받아들이고 그 대립을 일상적인 것으로 이해해줄 여력은 없었나? 신문은 그 대립이 야기한 '혼란'을 '혼란'이 아닌 불가피한 '경쟁'으로, 국민의 실생활과는 무연한 것으로 덮어두는 보도 자세가 필요했던 것 아닌가? 그럴 여유는 없었다. 국회에 민주당의 적은 없었다. 하지만 민주당은 관료사회와 반혁명세력, 그리고 국민의 높은 기대를 감당할 수 없었다. 산적한 '현안'의 처리는 늦었고, 공무원사회는 정권을 신뢰하지 않는 가운데 일을 제대로 하지 않고 있었다. 탁 트인 언로는 장면 정부의 무능과 정치권의 문제점을 지적하는 데 여념이 없었는데, 이는 새 정부를 무능과 불신의 상징으로 만드는 경향이 있었다. 무엇보다 민주당 자신이

민주당의 가장 큰 적이었고, 나아가 4 · 19 혁명의 적이었다. 그렇기 때문에 비록 '당내 갈등'이지만, 정치적 분란은 치명적인 한계로 작용했다.

《사상계》 1960년 9월호의 〈권두언〉은 민주당 신·구파의 싸움을 가리켜 "이 싸움처럼 대의명분이 서지 않는 것이 없다."면서 "신구가 갈리우고 노소가 갈리우고 남북이 갈리우는 이 정쟁은 흡사 이조시대의 사색당쟁을 방불케 하는 것"이라 하고 "정쟁에는 대의명분이 있어야 하는 것인데 순전히 권력욕 때문에 부질없는 정쟁만 전개하여 나라가 몇 조각으로 갈리운다 하면 어떻게 공산당을 막아낼 수 있을 것이며 어떻게 국민 대중의 정당한 욕구(민생)를 충족시킬 수 있겠는가."라고 했다.[19] 어떻게 '안보(반공)'와 '국민의 욕구'를 채울 것인가?

박정희 쿠데타세력이 들고 나온 것이 바로 이 두 가지였다.

불행히도 아무도 민주당 내부의 파쟁을 지지하지 않았으며, 이들의 갈등은 누구에게도 건전한 경쟁으로 비쳐지지 않았다. 마귀에 들린 듯 도저히 그 싸움을 멈출 수가 없었다는 점 또한 큰 문제였다. 결국 민주당이 혁명을 유산시킨 가장 큰 '원흉'이었다. 여기에 민주당에서 갈라져 나간 신민당이 포함됨은 말할 필요도 없겠다.

(13)

파고다영감 金二先

(겨울철 김치類의 營養價)

무청 진치	동치 미	깍두 기	통김 치	成　分
87,7	94,1	87	83,4	水分

無機質・B₂・C도 豊富

깍두기・무청김치・동김치의 順

「동치미」는 A가 全無

혁명을 따르자니 데모가 울고_혁명재판의 딜레마

개겠으나 오후부터 흐림. 27~17도

- 9월 10일 저녁, 배재중학에 재학 중인 열네 살의 천재 피아니스트가 YMCA 회관에서 쇼팽 탄생 150주년 기념 독주회를 열었다. 여덟 살 때부터 아버지에게 피아노를 배워 지금까지 5차례나 연주회를 연 이 열네 살 천재의 이름은 백건우이다.
- [대전발] 9월 12일 10시 40분경, 대전공고 전교생 2천 명 전원이 대전고를 포위하고 투석전을 벌였다. 경찰 2백 명이 즉각 출동했으나 사태는 진정되지 않았다. 양 교생의 패싸움은 충남 체육대회에서부터 시작되어 악화일로에 있었다.

사태는 사태 그 자체로 존재하지 않고, 사태를 수용할 주체들에 의해 변용된다. 복잡다단한 정치와 이념의 사정과 논리는, 단순하고도 선명한 단어들과 아이콘으로 쉽게 요약되고 설명된다. 이런 요약의 과정이 대중화의 과정이며, 표상의 탄생 과정이다.

특수한 시사용어들은 언어 형태로 된 대중적인 표상이다. 이 언어적 표상 속에는 복잡한 사건의 정황과 문화적 맥락이 농축되어 있고, 그것을 바라보는 사람들의 심경까지 녹아 있다. 예컨대 '차떼기당' 같은 '시사용어'를 보라. 놀라운 수사학이 아닌가. 그래서 시사용어가 만들어지고 퍼져가는 것, 그것은 바로 일종의 문학이다.

그러한 단어들 중 일부는 사회화를 거치고 역사화하면서 일반명사나 일상어가 되기도 한다. 아주 오래된 '빨갱이' '간첩' 같은 단어가 그렇다. 사회적으로 널리 퍼진 그런 단어 하나를 무력화시키는 데에는, 대단한 노력과 투쟁이 필요하다. 저널리스트나 당의 대변인들, 그리고 카피라이터들과 코미디언들은 이런 상징전쟁을 수행하는 전문가들이다.

데모, 데모, 넘쳐나는 데모들

9월 13일 13회 만화에는 1960년의 대중적 표상이었던 두 가지 낱말이 등장한다. '원흉'과 '데모'가 그것이다. 혁명과 반혁명이 팽팽히 맞서고 있는 1960년 가을의 복잡한 상황은 의인화된 이 두 낱말로 인식된다. 법복을 입은 변호사가 KBS 노래자랑(만화 속 마이크에 쓰인 HLKA는 KBS의 호출부호이다.) 시간에 출연하여 노래를 부른다. 가사인즉, "원흉을 따르자니 데모가 울고, 데모를 따르자니 원흉이 운다."

'원흉'은 앞에서 설명했던 바와 같이 독재의 원흉, 부정축재의 원흉인 처단대상들을 뜻한다. '데모'는 '시위示威'를 뜻하는 영어 '데몬스트레이션demonstration'의 일본식 줄임말이다. 민주주의democracy와 같은 어근을 지닌 이 단어는 1920년대부터 1980년대까지 널리 사용되었다(《동아일보》의 경우, 시위라는 의미를 띤 '데모'라는 말은 1931년부터 검색된다.).

1960년의 민주주의를 얻어낸 것은 학생과 시민들의 '데모'였다. "원흉을 따르면 운다."고 의인화된 이 '데모'는 4월혁명의 주체·정신 그리고 민주주의를 대유代喩하는 말이었다. 앞에서 잠깐 언급했듯 1960년과 1961년의 날들은 '데모'로 '점철'되었고, 그로 인한 '혼란'이 사회를 불안하게 만들었다는 평이 상식처럼 되어 있다. 실제로 그랬다. 혁명의 주체로 떠오른 학생뿐 아니라, 각계 각층의 민중들이 '뻑 하면' 남들이 보기에는 사소한 그러나 자신들로서는 절박하고도 정의로운 요구를 들고 거리로 나오고 국회 앞을 점거했다. 이 시기를 폄하하는 사람들은 '초등학생들도 데모를 했다'는 식으로 말하는데, 진짜 그랬다.

9월 10일 하오 1시, 서울 미동초등학교 6학년 6반 어린이 24명이(이날 출석자는 75명) 점심시간에 '스크람'을 짜고 교장실에 갔다. 교장에게 요구조건을 제시하려다가 여의치 않자 근처 금화산金華山으로 올라가 다시 데모를 모의했다. 어린이들은 교사들의 만류로 2시 30분경 학교로 돌아왔다. 사건은 6학년 6반 담임교사 이 모 씨의 차별대우에서 기인하였다. 이준근 군과 김경전 군이 싸움을 했는데, 담임이 자신에게 과외수업을 받는 김 군의 역성을 들어 과외를 받지 않는 이 군만 처벌했다는 것이다 (《동아일보》 1960년 9월 11일).

가난한 자들의 병신육갑

민주주의를 한다, 그리고 '민주화된다'는 것은 헌법에 정한 대로 국민의 대표를 국민의 손으로 선출하고, 행정·사법·입법으로 분립된 국가권력이 '법대로' 굴러간다는 것만을 의미하지는 않는다. 민주화된다는 것은 인간과 인간 사이가 인간화됨을 의미한다. 그 인간화의 핵심은 평등이다. 내 자유와 행복의 기초가, 다른 인간에 대한 차별과 학대 위에 놓여서는 안 된다는 의미의 평등. 곧, 민주화는 인간됨의 평균수준이 사회 전체적으로 함께 진전된다는 것을 의미한다. 그러나 "누구든지 성별·종교 또는 사회적 신분에 의하여 정치적·경제적·사회적·문화적 생활의 모든 영역에 있어서 차별을 받지 아니한다."(현행 대한민국 헌법 11조)

는 '공자님 말씀'이 현실에서 이루어지기란 결코 쉽지 않다. 국민국가와 자본주의가 지배하는 사회적 '자연 상태'에서 재생산되는 것은 불평등과 야만적 경쟁이지, 평등과 사랑이 아니다. 평등과 사랑의 재생산을 위해서는 전 사회가 의식적으로 노력해서 자연 상태를 제어해야 한다. 아니면 노인·어린이·여성·장애인·환자·빈貧자는 설 땅이 없다. 그래서 '민주주의'는 추상적 정치 원리일 뿐 아니라, 삶의 근본적 태도이자 매너이기도 하다. 인권을 존중하고 차별하지 않으며, 폭력의 지배를 거부하는 것, 이는 삶의 미시적이고 일상적인 공간에서 실행되어야 한다.

그래서 민주주의는 사는 것이다. 한국인들은 민주주의를 살아보기 전에, 전쟁과 극단적인 이념 대립, 피의 보복, 가난과 부패와 독재에 찌들었다. 그러다가 기회가 왔다. 가난하고 못난 자들이 데모를 하고 행진을 한다. 노조가 생겨나고, 월급을 올려달라 하고, 법을 고쳐달라 한다. 민주주의와 통일을 외치며 거리로 나서기도 한다.

많이 배우고 가진 자들에게 그것은 병신육갑 같은 짓거리이고, '정권 교체와 선거를 틈타 사회 기강을 혼란시키는 준동'이다. 맞다. 그들의 눈은 정확하다. 옭죄어온 역사가 빈틈을 보일 때, 그 전에는 인간도 아니던 가난하고 힘없는 자들은 일어서게 되어 있다.

그 빈틈은 인간을 위한 빈틈이며, 영원불변토록 가진 자들과 힘 있는 자들만 보호할 것 같은 메커니즘이 잠시 작동을 멈추는 빈틈이다. 그때 새삼 '병신'들은 일어설 수도 있고 항의할 수도 있는 존재로서 자신을 깨닫게 된다. 틈을 놓치면 안 된다. '1980년' '1987년' 같이 이름 있는 연도들보다 훨씬 앞선 '1960년'에 인간화로서의 민주화가 시도되고, 거대한 좌절을 맛보았던 것이다.

'혁명특별법'이 필요하다

9월 8일, 서울변호사협회에 소속되어 있던 혁명 관련 재판 변호인단이 총사퇴하는 바람에 '원흉'들에 대한 재판이 중단되었다. 변호사들의 사퇴는 만화에서 보는 것처럼 이러지도 저러지도 못하는 딜레마 때문이었다. 현행법의 테두리 안에서는 '원흉'들을 처벌할 수 있는 법적 근거가 부족하고, 법리에 따라 변론하면 원흉들은 풀려나야 했는데, 이는 국민이 모두 지지하고 있는 혁명정신과 맞지 않았고 자신들의 양심과도 트러블이 생기는 일이었다. 장후영 서울변협 회장은 "현행법의 테두리 안에서는 혁명정신에 맞는 변론을 할 수 없기 때문에"라고 변호인 총사퇴의 배경을 설명했다(이상 《경향신문》 1960년 9월 9일).

재판이 중단되자 이를 규탄하는 혁명 유족들의 데모가 번졌다. 유족들은 '원흉'들이 변호를 받는다는 사실 자체를 용납하기 어려웠던 것이다. 유족들은 서울변협 앞에서 "돈만 아는 변호사야, 깨끗이 물러나라!"는 구호를 외치며 시위했다. 1백여 명의 경관이 '만일의 사태에 대비해서' 바리케이드를 치고 있었다.

이튿날, 대한변협은 '혁명특별법' 제정을 촉구하는 성명을 발표했다. 특별법 제정은 옳은 대안이었다. '법의 테두리'는 혁명에 어울리게 조정되어야 했다.

〈14〉

곳에따라 入住金 差異

國民·ICA·難民住宅등

올부터 「自助住宅」도

社部社會課에서 取扱하는 無

지어준다는 住宅엔 어떻게 하면 들어갈수있읍니까? (서울市鍾路區新橋洞一讀家住人)

▲答＝지금 保社部에서 斡旋하는 援護住宅은 대체로 세가지로 나눌수 있읍니다

現在는 國民住宅A型(建坪十五坪) B型(建坪十二坪) 擬村型(建坪十坪) 그리고 小型住宅(建坪七坪半)이라는 것

첫째는 保社部에서 直接建設하는 大韓住宅이고 이地는 本人이 사야하고 政府에서 鑑定한 建物 接受費를 이고 融資는 住宅을 保證 工事費의 八割을 管理하고 十年동안 年六

그러니까 또地값과工事費에서 融資金을 除한 住金이란 千差萬別이니라

地에따라 入住金이 다르니 가 다르게 마련이니까 三十

大方洞·下加佐洞·上

ICA 所朔

社部住宅課에서 管理하고 解放고 十年동안 年六

지만 入住二

는것까지있

이라는것과

...5千원 億圓이 7千원인 만큼 많아지고 곳에따라 가 一百五十億圓보다더

마라톤에서 금메달도 못 따다니 _1960년 로마올림픽

대체로 흐리며 하오 한때 비. 18~26도

• 로마에서 열린 제17회 올림픽대회에 출전한 한국 선수는 모두 35명이다. 우리 선수들은 고추장 단지를 가져가는 것을 잊지 않았고, 선수단 본부 측에서도 고추장을 제공했다. 또한 로마 현지 영사가 한국 선수단에 오이김치를 제공하기도 했지만, 그래도 이태리 음식이 입에 맞지 않아 고생이었다. 로마의 날씨도 무척 더워서 선수들은 모이기만 하면 "열무김치 국물 좀 마셨으면" "평양냉면이나 한 그릇 먹었으면" 하는 이야기를 나누었다.

• 로마올림픽 마라톤에서 2시간 25분 2초의 호기록으로 에티오피아의 선수가 우승했다. 맨발로 아스팔트 위를 달린 그 선수의 이름은 비킬라 아베베Bikila Abebe이다.

'마라톤 한국'에 대한 한국인의 긍지는 상당히 오래된 것으로, 일제시대인 1930년대 초까지 거슬러 올라간다. 조선인들은 마라톤 경기가 42.195킬로미터로 통일되고 난 뒤부터 빼어난 실력을 발휘하기 시작했고, 1932년 로스앤젤레스올림픽 마라톤에 최초로 출전하여 6위를 차지한 김은배는 한때 비공인 세계기록을 보유하기도 했다.[20] 1936년 베를린올림픽에서 손기정·남승룡이 나란히 1, 3위를 기록한 것은 결코 요행이 아니었다.

해방 이후에도 한국의 마라톤 강세는 이어졌다. 1947년 제51회 보스턴 마라톤대회에서 서윤복이 1위를 하더니, 요즘 케냐 선수들이 그렇듯

서윤복 선수의 보스턴 마라톤 제패 기념 사진. 김구·이승만이 한자리에 모였다. 감독
시절의 손기정과 남승룡 코치도 보인다.

1950년 제54회 대회 때는 함기용·송길윤·최윤칠이 1, 2, 3위를 휩쓸어
버렸다.

스포츠 실력과 국력은 비례함수 관계라지만, 부자 망해도 3년 간다 했
던가. 전쟁을 치르고 한국이 세계 최빈국이 된 후에도 우리나라의 마라
톤 강세는 좀 더 계속됐다. 1957년 제61회 보스턴 마라톤대회에서 임종
우가 3위, 한승철이 5위에 입상했고, 손기정의 사위인 이창훈은 1958년
도쿄 아시아경기대회에서 우승을 차지했다. 이창훈은 이듬해 열린 인천
~서울간 국제대회에서도 2시간 24분 7초의 호기록을 세웠다.

마지막 자존심 마라톤마저…….

제17회 로마올림픽이 개막된 것은 1960년 8월 26일 0시 30분(한국시간)
이었다. 85개 국 8천여 명의 선수가 참가한 이 사상 최대 규모의 올림픽
대회 개막식에서 한국 선수단은 20번째로 입장했다. 청회색 상의와 흰
플란넬 바지에 밀짚모자를 쓴 40명이 입장하자 로마의 관중들이 "장내

로마올림픽 출전을 위해 출국하는 76명의 대표선수단(1960년 8월 9일).

가 떠나갈 듯한 열광적인 박수를 쳤다."고 했다. 한국은 역시 마라톤과 역도·권투·레슬링 등의 종목에서 메달을 기대하고 있었다.

마라톤에는 이창훈·김연범·송삼섭·이상철 네 사람이 출전했다. 《동아일보》는 손기정을 로마로 파견하고 인터뷰 기사도 실었다. 로마의 마라톤 경기 코스가 "베를린이나 보스톤 등의 코스에 비해 기온이 높고 인가가 드물다는 점에서 난難코스이나 오히려 우리 선수에게 유리한 코스"라면서 한국 선수가 3위 내에 입상할 것이라고 낙관했다. 일본 언론을 비롯한 외신도 한국 마라톤 선수들이 유망하다는 전망을 내놓았다(이상 《동아일보》 1960년 9월 2일).

그러나 결과는 기대를 저버린 것이었다. 이창훈은 20위로 골인했다. 이상철은 47위였다. 《동아일보》는 "우리 선수들은 최선을 다하였으나 어쩔 수 없는 '실력'의 차이였다."고 쓰고, 덧붙여 "마라톤 경기에서도 패배함으로써 한국 팀은 이번 올림픽대회에서는 완전히 참패하고 말았다."고 했다(《동아일보》 1960년 9월 12일). 과거의 마라톤 강국 한국은 '세계 수준'에 대해 뭔가 착각하고 있었던 것이다.

국제 스포츠 경쟁에서 기대만큼 성적이 나오지 않는 것은 다반사이다. 그러나 때때로, 혹은 몇몇 종목의 패배는 '국가적' 충격을 주기도 한다. 스포츠는 의례와 등수로 국가적 경쟁이 실현되는 장이기 때문이다. 특히 한국에서 그래왔다. '4강', '금메달 16개', '종합순위 6위' 따위의 숫자가 무엇보다 중요한 국민적 지표가 된다.

스포츠에 투영된 우승열패의 신화

한국에서 스포츠 민족주의는 강대국 틈바구니에 낀 약소국 백성이라는 민족적 열패감을 치유하는 데 자주 동원된 이데올로기이다. 그 전통은 1920년대부터 형성되었다. 그랬기에 로마올림픽의 대패는 '민족의 자부심'과 스포츠 성적을 결부시켜 생각해온 한국인들에게 충격적인 일이었다. 다른 무엇보다도 스포츠에 국력을 기울여온 '대한민국' 체육사에서도 로마올림픽은 예외적인 대회였다. 이 대회에서 한국은 단 한 개의 메달도 따지 못했기 때문이다. 해방 직후의 혼란한 와중이었던 1948년 런던올림픽에서도, 심지어 전쟁중이던 1952년 헬싱키올림픽에서도 메달을 땄는데 말이다.

14회 〈파고다 영감〉의 기표들은 당대 한국인들의 심리를 섬세하게 나타내준다. "마라톤도"라는 대사에서 국민적 자존감이 '더욱' 상했음을 알 수 있다. 근대 이후 한국인들은 '우승열패優勝劣敗의 신화'에 단단히 사로잡혀 있었으므로, '세계' 속의 위치를 자각하면서부터 낮은 '국민적 자존심'이라는 환상 때문에 불행해했다. 자의든 타의든 '은자隱者의 나라'[21]였고, '왜놈'의 식민지였다가 해방된 한국인들은 한국전쟁 이후 그렇게 새로 제 처지를 깨달았다. 동족끼리 총부리를 겨눈 전쟁, 그리고 그로 인한 최악의 가난과 독재가 전후戰後 '한국인으로서의 자존심'에 안긴 상처는 대단했다. 식민지였기에 아예 등수가 없다가 독립국으로서 등수가 매겨진 첫 성적표를 받는 순간, 한국인들은 민족적 열패감에 빠져들었다. 숫자만이 '우리'를 알 수 있는 객관적 지표였기 때문이다. 한국인들은 국민소득 62달러에, 월드컵에서 9 대 0(1954년 스위스월드컵 헝가리와의 경기 결과)으로 지는 열등한 민족의 구성원이었다.

그러나, 여전히 그 기준이 '서구'에 있기는 했지만, 4·19는 이러한 민족적 열패감을 치유하는 데에도 큰 약이 되었다. '혁명'을 통해 우리도 '민주주의'를 할 수 있다는 자신감이 4·19로부터 생겨났기 때문이다.

파고다영감 (18)

내물건을 안줘요 부정축재자예요

얘 돌려줘라 응!

싫어요

부정축재자란 도루 내놓는 법이 없단다

그렇지 않으면 왜 부정축재자라고 하겠니

세食口 生計될까?

銀行金利론 最高年一 미더운 私金融이 좋을

▲問＝나는 아들딸 유난히 없는 未亡人입니다 큰 아들 종정합니다 中學에 다니고 딸 한 女子의 몸으로 집 안괄일을 도맡아야 할 男子보다 生活力이 弱하니 費下의 祈託이 란부 子女의 成功뿐일빈데 그 이돈을 銀行에 預金하면 利子가 現金百萬圓 나 手中에 現金百萬圓 이 있는데 이돈을 銀行에 預金하면 利子가 얼마나 붙는지 그것으로 件下에서는 生計를 할수 있나요

▲答＝費下의 處地를 도마면해야하므로 負擔이 더욱무거울것으로 悉料됩니다 ... 敎育過程을 만론어주어 야할것이라는 명란한 ... 이러한 現狀은 우리 나라 貨幣價值가 低位 하다는데 原因이 있읍니다 ... 貨幣價值가 낮다 는것은 그만큼 經濟가 定한 金額을 預金하여 ...

④定期預金⑤通知預金⑥ 積金預金의 六稅이있읍 니다 이中 利子가 가장높은 것은 一年間으로 定한 定期預金으로 三個月로 定한 一 六萬圓의 生計는 못될것입니다 ... 세食口의 ... 算한다고 百八十萬圓 의 利子를 하여야 바이는 ... 千圓으로 ...

도로 내놓는 법이 없다 _물 건너간 부정축재자 처벌

갰다 흐렸다. 18~24도

- 연세대 분규가 확대되고 있다. 교수들에 대한 부당한 해임조치와 학교 이사회의 전횡에 항의하는 문리과 대학 교수들의 성명이 발표된 이래(12일) 학생들은 수업을 거부하고 궐기했다. 연세대 학생들은 첫째 독선적이며 반혁명세력인 이사진의 즉각 개편, 둘째 교수 신분 보장, 셋째 권력과 금력에 아부하는 교수의 즉각 사퇴를 결의했다. 또한 '민족혼'을 살리기 위해서라도 미군 신분인 원일한元一漢 총장서리의 즉각 퇴진을 요구했다.

9월 1일 전국의 각 세무 사세청(司稅廳 : 재무부에 속하여 관세를 제외한 각 지방의 조세행정에 관한 일을 맡아보던 기관. 1966년 국세청으로 고쳤다.)은 이승만 정권 하에서 세금을 포탈하여 부정축재한 재벌기업주들에게 추징금과 벌금을 부과한다는 발표를 했다(《동아일보》 1960년 9월 1일). 그중 이병철의 '삼성재벌'이 총 61억여 원을 부과받아 역시 압도적인 1등을 차지했고, 오늘날 LG그룹의 전신인 '락희樂喜화학·반도상사'가 6억8천여만 원, 정주영의 '현대건설'은 1,700만 원을 추징받았다.

정부는 1955~1960년 사이에 부정축재한 특수조세사범에 대해 제2차 조사를 벌이기로 하고 9월 14일까지 '자수'하기를 권고했다. 재무부장관 김영선은 '송사리는 건드리지 않고 조사대상을 자산규모 20억 이상 기업에 한정할 것'이라 했다(《동아일보》 1960년 9월 2일).

그러나 이런 조치는 곧 여론의 반발을 샀다. 《동아일보》는 정부가 "혁명의 기본 정신을 무시하고 불합리한 부정축재의 처리를 은폐하기 위해 기업체별 산출 근거를 공개하기 거부"했다고 비판했다(《동아일보》 1960년 9월 2일). 또한 업체별 탈세액 산출 기준을 두고 "이승만 정권 하에서와 조금도 다름없는 정치적인 편파성과 정실이 작용했다."고 했다. 민주당 구파의 7인위원회도 정부의 미온적 태도에 대해 장면 총리에게 직접 따지기로 했다.

사바사바 공화국

부정축재자를 엄정하게 처리하고 포탈한 세금과 추징금을 제대로 물리자는 목소리는 당연히 높았다. 부정축재자 처리 문제는 핵심적인 혁명의 이행 과제이다. 절대빈곤 상태에 놓여 있는 대다수의 국민 위에 특권과 특혜를 누리는 극소수의 계층이 군림하는 현실을 혁파하지 않고서는 혁명이란 없다. 그것은 혁명이 동반해야 할 구조개혁 문제와 직결된다. 1980~1981년, 1992~1993년 사이에 그랬던 것처럼, 기성권력이 해체되고 새로운 권력이 이 땅에 들어선 1960~1961년에도 부정축재 문제가 크게 제기되었다. 특히 이승만 정권 시절의 부정축재자들에 대한 국민의 분노는 깊었다. 그들은 산업과 금융으로 축재한 사람들이 아니라, 해방 이후 적산 불하와 전쟁 전후의 미국 원조물자로 돈벼락을 맞은 족속들이었다. 새로운 지배층의 형성 과정은 특혜와 부정으로 얼룩졌다.

해방 직후 널리 쓰이기 시작해 지금껏 사용되고 국어사전에도 올라 있

민의원이 통과시킨 부정축재처벌 법안을 논의하는 참의원 공청회.

는 속어 가운데 '사바사바'란 말이 있다. 일어 'さばさば'에서 온 말로 '뒷거래를 통해 떳떳하지 못하게 은밀히 일을 조작하는 짓'을 뜻한다. 송건호는 회고에서 해방 직후 총선거 유세장에 나온 국회의원 후보들이 저마다 "사바사바 지옥으로부터 여러분을 구하겠다."라고 연설하는 것을 들었다 했고,[22] 유종호는 이 말이 6·25 이후 급속히 확산되어 널리 쓰였다고 기억했다.[23] 이승만의 대한민국 제1공화국은 사바사바 공화국이었다.

민주당으로 흘러들어간 '검은 돈'

그런데 부정축재 문제가 미묘한 것은, 그것이 권력의 자금줄 문제와 직결되기 때문이다. 부정축재자를 처리하는 칼을 새로운 권력 담당자들이 쥐게 된다는 것이 늘 딜레마이다. 새로운 권력자들은 국민을 대신하여 부정축재자를 처리한다면서, 이를 자신들의 자금줄을 확보하는 기회로 삼으려 한다. 따라서 지배권력의 의도에 따라 부정축재 처리는 천양지차가 되며, 오히려 부정축재 처리가 구악舊惡을 제거하는 것이 아니라 새로운 악을 만드는 일이 되기 십상이다. 부정축재를 원천적으로 불가능하게 하는 제도적 장치 마련이 병행되지 않거나, 국민의 엄정한 감시를 받지 않는다면, 부정축재 처리는 곧 또 다른 부정축재의 과정이라 볼 수 있다.

이런 견지에서 볼 때, 민주당 정권은 세금을 포탈한 기업가나 거액의 검은 돈을 받은 권력자들을 법정에 세울 능력이나 자격이 없었다. 여론에 밀려 부정축재자를 처벌하겠노라 했지만, 개헌 당시 부정축재 처벌조항을 포함시키자는 일부 의원의 주장을 민주당 지도부는 묵살해버렸다. 그리고 1960년 5월 하순 이미 민주당 수뇌들은 개별적으로 재계 지도자들에게 정치자금을 받아먹었으며, 또한 7·29 총선에 흘러든 기업의 정치자금을 민주당이 독식하다시피 했다.[24]

공은 박정희에게로 넘어가고

이렇듯 민주당은 자신이 부정축재 문제에서 절대 자유롭지 못했기 때문에 시종일관 미온적인 자세를 취할 수밖에 없었다. 물론 자본가들의 반격도 만만치 않았다. 민주당에 정치자금을 뺏긴 중소상공업자들 중에는 부정축재 혐의를 받자, '앉아서 망하느니 차라리 자진해서 정치자금 헌납 내용을 폭로하겠다'면서 마지막 반격 수단까지 고려한다. 또한 일부 부정축재 대기업들은 장면 내각이 허정 과도정부의 약속을 무시하고 벌금을 부과한 데 대해 공동보조를 취하여 벌과금을 거부하는 방안을 강구하기도 했다(《동아일보》 1960년 9월 7일).

만화에서 김승옥이 말하고 있는 대로 "그렇지 않으면 왜 부정축재자라고" 했겠는가? 절대 "스스로 도루 내놓는 법"이 없다. 나중에 혁명특별법이 제정되었을 때 부정축재에 대한 조치도 포함되어 있었지만, 결국 이 문제 또한 민주당이 처리하지 못한 채 박정희의 손으로 넘어갔다. 박정희는 무능한 민주당이 하지 못한 일을 '과감하게' 해냈다. 삼성의 이병철을 비롯한 부정축재 연루 혐의자들은 5·16 직후 모두 군인들에게 잡혀갔다가 전 재산을 국가에 헌납하겠다는 각서를 쓰고 풀려났다. 그럼으로써 박정희는 재벌을 확실히 길들이고 자금줄도 확보하는 두 마리 토끼를 잡았다.

〈19〉

生活싸롱

電話를 新設하자면?

△問=電話設하나놓고 자합니다. 市總路區樓山洞林光鉉

△答=電話施設이나낫 比較的쉽게 이 市內의 電話施設은 設되고하여 現在서 中央局一萬餘 四分局 九千二百端子 龍山分局一 二千端子 永登浦分局一千端 第八局三千二百端 …

一切手續과 經費 그리 來欠門分局一 四장보다 需要가 더욱 萬餘로 推 놓여가고있어 電話架設 故로많났을때의 한일 ☆☆☆☆☆☆☆☆☆☆

新局늘어도需要未及

市中賣買최고35萬

빚, 빚, 빚 __ 쪼들린 사람들

개겠으나 아침 한때 안개. 24~16도

• 광주 조선대부속고등학교 학생 2백여 명이, 《전남일보》가 왜곡 보도로 학교의
  명예를 실추시켰다면서 신문사에 난입하여 기물을 파괴하고 난동을 부렸다. 학
  생들의 주장에 따르면, 수업 중 교사가 졸도한 사실을 《전남일보》가 "수업 중 학
  생이 졸도한 것을 교사가 방치하였다."고 왜곡 보도했다고 한다.

• 대구 서문교회 신도들은 교회 재단 이전 문제를 둘러싸고 신파와 구파로 나뉘어
  매주 집단 유혈난투극을 벌여오고 있었는데, 9월 18일에도 예배를 보러 온 7백
  여 명의 신도들 사이에 집단난투 소동이 벌어져 급기야 경찰이 출동했다.

수억 대 이상의 큰 빚을 진 사람이 있다 하자. 그 사람의 생활이 큰 빚을
진 만큼 어려우리라 예상한다면 순진한 생각이다. 정말 큰 빚은 능력 있
는 사람만이 질 수 있다. 누가 변변찮은 사람에게 큰돈을 빌려주겠는가?

  큰 빚을 진 사람일수록 일상 살림살이에는 어려움이 없다. 먹을 것 다
먹고, 입을 것 다 입고, 발 뻗고 편히 자는지는 모르겠지만 그래도 따뜻
한 방에서 뒹굴며 지낼 수 있다. 빚은 많더라도 주머니에는 항상 돈이 있
다. 이렇게 남의 돈으로 잘 먹고 잘사는 법을 아는 사람들이 진짜 영리한
사람이다. 그럼 빚은? 계속 유예하면 된다. 계속 유예할 수 있다면 그 사
람은 '능력 있는' 게다.

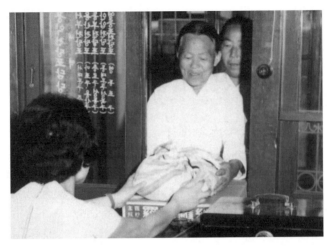

서울시립전당포, 1960년대에는 서민들이 돈을 융통할 수 있는 금융 시스템이 미비했다. 그러니 급전이 필요하면 전당포나 '아는 사람'을 찾을 수밖에 없었다.

예나 지금이나 서민들은 항상 주머닛돈에 허덕이게 마련이다. 정말로 '생활'이 어려운 사람들은 바로 그들, 주머닛돈이 궁한 자들이다. 당장 차비가 없어서, 쌀값이 없어서, 혹은 몇 백만 원 카드대금이 없어서 돈을 빌려야 한다. 그런데 돈을 빌릴 데도 마땅찮다. 큰돈을 빌릴 수도 없으니 (빌려주지도 않으니) 얼마 못 가 또 빌려야 한다. 빚이 빚을 낳고, 말 그대로 빚의 악순환에 빠져든다.

〈파고다 영감〉에는 서민의 빚을 소재로 한 이야기가 참으로 많다. '가난한 과부의 장남'이었던 김승옥은, 고향 순천에서 혹은 고학하고 있던 서울에서 빚에 얽힌 서민들의 참담한 현실을 많이 목도했을 것이다.

막다른 골목에서 빚쟁이를 만나면?

먼저 앞의 19회를 보면, 막다른 골목에서 빚쟁이와 마주친 파고다 영감이(그래서 파고다 영감은 서민을 대변한다.)
대폿집에서 빚쟁이에게 술 한잔 먹이면서
어떻게든 상황을 모면해보려고 한다. 술값
은 물론 외상이다. 김승옥이 예리하게 간파
한 것처럼 "빚이 빚을 낳는다."

　막다른 골목에서 만난 빚쟁이는, 파고다
영감이 우선은 반갑게 인사를 건넬 수 있는
사람이다. 그 사람이 친척인지, 친구인지,
혹은 동네 고리대금업자인지는 알 수 없지
만, 여하튼 '아는 사람'인 것이다. 파고다
영감은 아는 사람에게 빚을 질 수밖에 없는
처지다. 그런 까닭에 38회에서처럼 빚쟁이
가 문병을 오기도 하는 것이다. 카드회사나
전문 사채업자라면 있을 수 없는 일이다.
물론 "내 빚도 안 갚고 죽을려나?" 하는 말
에서 금방 드러나듯, 문병의 의도는 다른
데 있다.

　요즘은 급전이 필요하면 사채시장을 기웃거리거나 '카드깡'이라도 해
서 구한다지만, 1960년경에는 은행권이든 제2금융권이든, 돈을 빌리고
빌려주는 금융 시스템이 제대로 기능하지 않았다. 금융권의 융자는 소위
'낙하산 융자'나 '특명융자(특혜융자)'로 '빽' 있는 사람들에게나 돌아갔
고, 일반 서민들은 고리대에 허덕이는 형편이었다.[25] 도시나 농촌이나 마
찬가지였다.

〈파고다 영감〉 21회에도 '동네 고리대금
업자'가 등장한다. 목욕탕에서 파고다 영
감과 만난 동네 고리대금업자는, 등을 밀
어준 대가로 불룩한 배를 내밀며 밀어달라
고 한다. 등을 민 '이자를 계산해서' 배까
지 밀어달라고 하니, 말 그대로 '고리대'임
이 틀림없다.

월 1할 이자는 상식

이런 고리대금업자들의 정체는 무엇일까?
어떻게 동네마다 고리대금업자들이 있는
것일까? 개중에는 아예 남의 재산을 갈취
할 목적으로 돈을 빌려주는 악질 전문 사
채업자도 있었지만, 서민들이 주로 급전을
융통하는 곳은, 돈 좀 있는 '동네 사람'이
었다. 그런데 문제는 이율이었다. 1960년
당시 사채이자는, 월 1할이 '상식'이었다.
그것이 상식이라는 말은, 돈을 빌리는 사람이나 빌려주는 사람이나 당연
히 그렇게 알고 있다는 의미이다. 그러니 조금 여유가 있어 돈을 빌려줄
수 있는 사람들은 모두가 '고리대금업자'였던 셈이다.

'여유가 되는' 동네 사람(그러니까 '고리대금업자')에게 돈을 꾸는 것,
이게 '없는 사람들'이 돈을 융통하는 방식이었다. 그렇다면 만화에서처
럼 빚쟁이하고 대포 한잔 할 수도 있다. 이렇게 술이라도 한잔 얻어먹으

면 '안면이 있어서' 당장은 빚독촉을 못할 것이고, 또 그런 게 사람살이이다. 적어도 이날 밤만은 파고다 영감도 다리 뻗고 맘 편히 잘 수 있었을 것이다.

（23）

파고다영감 二苑

낮은 코를 높게 하자면?

△問＝저는 허지않아 결혼식(結婚式)을 올리기로했는데 유감(遺憾)이 있읍니다 남들과 달라 꼿지가웃한데다 이못 열굴이 꼭지가웃하고 친우가 코가작아 신시시오

△答＝「미쓰·李」의 꼿지는대로 코의높이 어서術히여 코의 어넣어 모양 이와 모양이 코굿슬여 칠수 있을것인지 알려의 先進國家에서는「코」고있읍니다.

美男性과 結婚하신 令孃이 冷泉洞 미쓰·李（서울西大門區）주십시오

身의 助手이니「술銀」거하는 美容이있다고宣 거이 커지거나 또는 外科라고 대 成形外科 리밭손·六

美容手術로 모양整形

費用은 約五萬圜정도

△또아 남자코
여기참고 美容手術로
即美容手術의
治療費을 紹介
이는 골절·凹圍
外科에서는
것입니다
外科로써 能
한귀한手術로써 能
多아 하고있읍니다
단 여러분들의참고가되겠읍니다

一文化部一

옛날에 4월 혁명이라는 게 있었는데

_퇴색해가는 혁명정신

흐리고 한때 비. 25~19도

- 9월 23일 유엔총회에 소련 수상 흐루시초프Khrushchyov가 참석하여 남북한 통일 문제에 대해 연설했다. 흐루시초프는 북한의 연방제통일 제안을 지지하고 한국의 평화통일은 외부 간섭 없이 한국민 자신에게 맡겨야 한다고 주장하며, 이의 선결 조건은 한국 주둔 미군의 완전 철수라 했다.

- 23일 동아일보사와 야구협회가 주최하는 제14회 '전국 지구별 초청 야구대회' 경동고 대 부산공고의 경기에서, 백인천과 이재환이 활약한 경동고가 부산공고를 5 대 0으로 물리치고 승리했다. 한편 오늘(9월 24일)은 한국 실업팀 중 최강인 농업은행 팀과 주한미군 팀 중 최강인 '에스캄'(부평기지사령부)의 시범경기도 열릴 예정이다.

9월 22일과 23일, 서울대 학생들이 중심이 된 '신생활국민계몽운동대'가 거리로 나섰다. 학생들은 만화에서와 같이 거리에서 '가假 번호'를 단 차를 멈추게 하고, '料亭(요정)' 정치를 비판했다(첫 번째 칸 우측 간판의 한자가 '요정'이다.).

거리에 나온 학생들이 외친 구호는 다음과 같았다. "한미 행정협정 체결하라", "가假남바 사용을 중지하라", "나라 망친 사색당파 파벌싸움 또 망친다", "신생활운동 입법 조치하라", "부정원흉 처단 특별법 제정하라" 그리고 "도시락 정부에 요정정치는 부당하다"도 있었다.

이 구호들은 사실 '혁명의 이행'을 표현하고 있는 것은 아니었다. 오

신생활국민계몽대의 '가남바' 단속을 보도한 《동아일보》 1960년 9월 23일 기사. 학생들이 압수한 차량을 시청 앞에 모아놓았다.

히려 당장의 과제를 제시하는 현실적이고 개량적인 구호들이었다. 예컨대 "가남바number 사용을 중지하라"는 국회의원들이 타고 다니는 승용차에 대한 문제제기였다. '가남바'는 차량검사를 위해 운행하는 새 차들에 대해 한시적으로만 발급하는 임시번호판이었다. 제1공화국 때의 자유당 의원들과는 다른 모습을 보여주겠다던 새 정권의 국회의원들은, 언제 그랬느냐는 듯 벌써 특권의식에 젖어 있었다. 전국에 굴러다니는 2백여 대의 임시번호 차 가운데 140여 대가 초선 국회의원들에게 제공되었다.

문제는 만화에서 보는 것처럼 머리띠·어깨띠를 두른 학생들이 거리에서 길을 막고 임시번호판을 달고 다니는 국회의원 차량을 직접 단속했다는 데 있었다. 학생들은 운행을 중지시킨 차들을 시청 앞에 모아 전시하기도 했다. 시민들은 이 '혁명적 방식'에 시원해하거나 고소해했으나,

민주당 정권은 불쾌했고 심각해졌다.

도시락 정부의 요정정치

9월 22일 장면 총리는 서울대 윤일선 총장과 국문학과 이희승 교수를 총
리공관으로 불러 외국의 사례를 들먹였다. 국민의 대표인 국회의원들이
차 하나쯤 갖고 다니는 일은 무방하지 않느냐! 23일에는 곽상훈 국회의
장이 거리의 시위학생들 앞에 직접 나서서, '데모를 한다며 교통을 차단
하여 시민들의 눈살을 찌푸리게 하거나 소중한 시간을 낭비하지 말고 학
원으로 돌아가서 공부하라'는 요지의 연설을 해서 빈축을 샀다. 또한 경
찰은 대학생들의 과잉행동이 위법이라며 단속하겠노라고 했다《동아일보》
1960년 9월 23일).

만화의 첫 번째 칸에서 사납게 생긴
배불뚝이가 들어가려는 곳은 오늘날
최고급 룸살롱에 해당하는 '요정'이다.
한국의 위정자들은 자신들이 검소하다
는 것을 과시하기 좋아했다. 수십 수백
억의 비자금을 굴리며 또는 뒤에서는
호화판 파티를 즐기면서, 박정희는 '막
걸리'를, 노태우는 '보통 사람'을 내세
웠다. 장면 총리는 그들의 선배 격이었
다. 그가 내세운 것은 도시락이었다.
국민경제의 어려움을 감안해 도시락을
싸 다니는 총리가 되리라 했다.

도시락 먹는 장면 총리. 도시락은 성실함
과 청빈함을 상징하지만, 요정정치 등의
폐습은 여전히 지속되었다.

9월 22일 거리로 나온 대학생들이 "도시락 정부에 요정정치는 부당하다"라는 구호를 외친 것이나, 9월 1일 〈파고다 영감〉(1회)에서 '도시락 배달국' 운운한 것은 이런 상황에 대한 비판이었다. 민주당의 정치인들은 이미 이승만 시대의 폐습을 충실히 계승하고 있었기 때문이다. 그들은 금준미주와 젊은 미희가 흐드러진 요정에서 '정사政事'하는 것을 좋아했다. 그리고 요정정치는 다시 박정희와 그 꼬붕들에 이르러 찬란하게 확대 발전될 것이었다.

희미해지는 혁명의 메아리

23회 만화에는, 그 가을 진행된 4·19의 양상과 그 '유산流産'이 압축되어 들어 있다. 피를 흘리며 앞장을 섰고 시민들의 박수를 받았던 학생들은, 이제 곽상훈 국회의장이 학생 시위대 앞에서 실제로 그랬듯 비난받는 존재가 되어가고 있다. 운동에 나서는 일은 "얌체"이며 "주제 넘은 짓"이다. 주로 그렇게 비아냥거리는 자들은 민주당의 특권층과 그들에게 기생하는 세력이다. 4월로부터 비로소 태어나다시피 한 한국의 대학생들, 가을과 겨울을 거치며 점차 더 혁명화·의식화되어갈 그들은, 그러나 곧 고립과 탄압 앞에 내몰릴 것이었다.

그리고 이 만화의 세 번째 컷은 또 다른 맥락에서 중요하다. 이 컷에 그려진 것과 같은 시위 장면은, 아마도 그날의 거리에 있었던 사람들의 머릿속에 섬광처럼 화인처럼 새겨졌을 것이다. 그 빛과 불은 모든 이들에게 거리의 스펙터클을 영원히 잊을 수 없게 만들었을 것이다. 4·19 당일 거리시위에서 경찰에게 쫓겨본 김승옥은 옆의 사진에서와 같은 현실의 장면들에서 이 컷을 추출해낸 것이다. 피 흘리며 쓰러지는 학생, 박

4 · 19 혁명 당시 거리로 나온 서울대학생들(위). 시위 학생을 경찰봉으로 구타하는 국립 경찰(아래).

수를 보내는 시민, 무차별 발포하는 경찰은 각각 역사적 사실에 대한 표상들이다.

한번 각인된 혁명의 밝은 빛, 그것은 생을 바꾸어버린다. 빛을 본 대학생들은 사회를 개조하려 나섰지만, 메아리는 점차 미미해지고 혁명은 벌써 아이들에게나 들려줄 옛이야기가 되고 있었다. 희망보다 비관이 차츰 더 커지고 있었다.

학교로 돌아간 대학생들

혁명이 성공(?)하고 이승만이 하야하자, 학생들은 학내 문제로 관심을 돌리고 한편 신생활운동을 제창했다. 사실 신생활운동은 많은 한계를 지니고 있었다. 이 운동은 4·19의 주체세력이었던 학생들이 얼마나 준비 안 된, 비-의식적인 주체였는지를 드러내는 하나의 증거이기도 했다. 전국적 운동을 이끌어낸 서울대 국민계몽대는 '4월 혁명정신의 보급', '국민주권의식의 고양', '경제복지의 추구', '신생활체제의 수립', '민족문화의 창조' 등을 강령으로 내걸고 양담배 금지, 사치풍조 배격, 국산품

신생활운동에 나선 서울대학생들. '커피 한잔에 피 한잔' '외국산 차량은 수치인 줄 모르는가' 등의 계몽적 구호를 앞세웠다.

애용 등의 운동을 벌였다.

이들은 이승만 정권 하에서 저질러진 부정부패가, 특정한 정치집단과 개인의 부패에서 비롯된 게 아니라, 한국 사회의 정신문화가 전체적으로 타락한 때문이라는 식의 사고방식을 갖고 있었다. 다분히 주관적이고 계몽적인 사고가 학생들을 움직인 것이다.[26]

20회 만화에서 보듯 신생활운동은 산아제한 문제까지 건드렸다. '인구'가 당시 빈곤의 중대한 원인이라는 데까지 생각이 미쳤기 때문일 것이다. 이처럼 사회개조에 대한 학생들의 열망은 맬서스적인 곳까지는 갔지만 아직 마르크스적인 데까지 미치지는 못했다.

그럼에도 신생활운동은 학생운동이 좀더 이념적인 데로 나아가기 전까지 대중적인 지지를 얻었으며, 전체 학생 계층으로 번져 나갈 수도 있었다. 예컨대 9월 2일 경성전기공고 학생 약 8백여 명이 동자동에 있는 학교를 출발하여 '국산품 애용하여 자립경제 확립하자'는 구호를 외치면서 가두시위를 벌였다(《동아일보》 1960년 9월 2일).

(24)

파고다영감

固有性

을해 壯士級

興行으로

反「알제리아」戰運動

「싸르트르」等百21名이

한국은 독립국이냐, 아니냐?_1960년의 한미 관계

흐리고 한때 비. 19~25도

- 4·19 혁명 이후 우후죽순 격으로 생겨난 정당과 정치단체가 정비되고 있다. 총 25개 정당·정치단체 중에서, 보수계는 민주당과 신민당, 그리고 무소속 일부 의원 및 원외인사가 추진하고 있는 제3의 신당까지 해서 크게 세 계열로 정리되고, 혁신계는 사회대중당이 비진보당계와 구진보당계 양 파를 중심으로 쪼개져 정리될 전망이다.

- 현재 정식으로 등록을 마친 정당은 '8개. 의원 2명을 거느리고 있는 혁신계의 한국사회당과 혁신동지총연맹, 재건 공작을 벌이고 있는 자유당, 여전히 조만식을 당수로 하는 조선민주당, 그 외 고려공화당, 한국청년당, 통일당, 대한여자국민당 등이 있다.

파고다 영감 스스로 이미 그렇게 말하고 있지만, 24회 만화는 너무 처절해서 "눈물이 나려고 한다." 이 만화는 역설이다. 미국인에게 과자를 받아먹으면서 미국이 대한민국을 독립국으로 인정하는지 확인하려는 거지의 태도는, 역설적으로 그들에게 일방적으로 받아먹는 대한민국은 결코 독립국이 아니라는 상황 인식의 표현에 다름아니다.

　미국인(미군) 앞에 선 한국인은 거지이다. 1960년 현재, 대한민국의 자주성은 거지의 자주성이며, 한국인의 자존심은 거지의 자존심인 것이다.

미국은 한국에서 가져간 것이 전혀 없었나?

한미 관계에 개재된 심리 구조는 이상하다. 2002년 겨울, '미선이 효순이 사건'을 계기로 벌어진 촛불시위 끝에 급기야 수만 명의 한국인이 광화문에 모여 대형 성조기를 찢어버리는 퍼포먼스를 했다. 이 광경은 《타임》지의 표지를 장식할 정도로 충격적인 것이기는 했다. 이를 본 우익적인 미국인들은 '한국인은 은혜를 모른다.'면서, 은혜를 모르는 한국에 더 이상 군대를 주둔시킬 필요가 없다고 주장했다고 한다. 이런 미국쪽의 반발은 다시 겁 많은 일부 한국인들에게 큰 충격을 주었다. 노무현 대통령이 '미국인보다 더 친미적인 사람들'이라고 지칭한 그런 한국인들, 그들은 더더욱 이상하다. 그들은 우리가 미국의 도움을 받아서 먹고 살게 되었고 목숨을 부지하였으니 고마워해야 한다고 하는데, 그렇다면 한미 관계는 '교환'이나 '거래'가 아닌 마음 좋은 미국의 시혜와 거지 같은 한국인의 수혜로만 이뤄졌다는 말인가? 미국은 한국에서 가져간 것이나 받은 것이 전혀 없는가?

1945년 이후 미국의 지배자들은 어디까지나 자신들의 이해관계에 입각해서, 즉 한반도 전체가 '공산화'되거나 친중국 혹은 친소련 국가가 되었을 때 감당해야 할 비용이, 한반도 남반부에 친미정권을 세우고 자국 병사 수만의 목숨까지 희생하여 유지함으로써 드는 비용보다 크다는 판단 하에 움직인 것이 아니었나?

'한미상호방위조약'이라는 불평등조약

저 '위대한' 한미동맹을 조문으로 명시한 한미상호방위조약Korean-American Mutual Defence Agreement이 발효된 것은 1954년 11월이다. 당시 미국은 이런 조약이 있든 없든 한미 관계의 본질은 달라지지 않을 것이라는 입장을 가졌지만, 이승만의 간청으로 한미상호방위조약이 체결되었다. 1950년 1월의 '애치슨 라인Acheson line 선언'*으로 미국이 한국을 버렸고 그래서 북한의 남침 같은 일이 벌어졌다는 공포가 이승만으로 하여금 조약 체결을 고집하게 했다.[27]

미국 또는 대한민국이 "태평양 지역에 있어서 고립하여 있다는 환각을 어떠한 잠재적 침략자도 가지지 않도록" 한다는 목적을 가지고 있다는 이 조약은, 무기한 유효하다. 미국이 필리핀이나 일본과 맺은 상호방위조약이 15년 혹은 20년의 시한을 두고 조약의 개폐를 논할 수 있는 데 비해, 한미상호조약은 "본 조약은 무기한으로 유효하다. 어느 당사국이든지 타 당사국에 통고한 후 1년 후에 본 조약을 종지시킬 수 있다."고 규정하고 있기 때문이다.

또한 이 조약에 의거하여 미국은 자국의 육·해·공군을 대한민국 영토 어디에도 배치할 수 있고(4조), 한반도에서 무력충돌이 발생할 경우 유엔의 승인을 받지 않고도 즉각 개입할 수 있다. 이 대단한 조약은, 대한민국이 자기 주권을 일정하게 양도한 대신, 미국이라는 초강력 국가의 준-항구적인 보호를 받는 체제가 됨을 의미한다. 그리고 실제로 역사는 그렇게 진행되었다.

대한민국은 미국의 동맹국으로서 또는 미국의 동아시아 전진기지로서 충실히 기능했다. 대신 대한민국은 미국이 쳐준 핵우산 아래에서 북한뿐

---

* 미 국무장관 애치슨이 발표한 극동방위선. 애치슨은 스탈린과 마오쩌둥의 영토적 야심을 저지하기 위하여 태평양에서 미국의 방위선을 알류산열도-일본-오키나와-필리핀을 연결하는 선으로 정한다고 발언하였다. 즉, 방위선 밖의 한국과 대만 등의 안보와 관련된 군사적 공격에 대해 보장할 수 없다는 내용이었다.

1953년 10월 1일 워싱턴에서 한미상호방위조약에 서명하는 변영태 외무장관(오른쪽)과 덜레스 미 국무장관(왼쪽).

만 아니라 유사 이래 한반도를 계속 침략해온 일본·중공·소련의 위협에 대한 걱정 없이, '국가'를 유지할 수 있었다. 또한 한국은 미국이 구심이 된 세계자본주의체제의 충실한 하위 참여자이자, 자본주의 진영의 '쇼윈도'로서 세계 어느 다른 개발도상국보다 빨리 성장했다.

'위대한' 한미동맹의 그늘

물론 한미동맹체제의 대가가 달콤한 것만은 아니었다. 미국이 한반도에 전진배치한 핵무기와 4만 명 이상의 정예부대는, 북한·중국에 엄청난 위협이 되었기에, 한반도와 그 주변은 세계 최강의 군사력이 총 밀집한 '세계의 화약고'가 되어버렸다. 그리고 한민족 자신에게 무엇보다 가장 큰 대가는 '분단'의 고착이었다. 미국 군사력의 '보호' 아래 있다는 것은 민족통일의 항구적인 연기를 의미하였다. 과연 미국이 한미동맹이라는 동아시아에서의 달콤한 기득권을 포기할 수 있을까? 한미동맹은 곧 한반도의 중립적인 통일, 혹은 미국에 반대하거나 미국을 배제하고자 하는 세력이 주도하는 통일이 절대 불가능하다는 뜻도 될 것이다.

한국전쟁 종전 이후에도 남북의 한국인들 스스로가 치러야 했던 엄청난 분단비용에 대해서는 말할 필요도 없으리라. 남북의 정권은 분단 상황을 구실로 민주주의를 유보하고 인권을 탄압했다. '민족의 역량'(그런 게 있다면)은 군비 경쟁과 분단 유지에 허비되었다. 예컨대 베트남전쟁 때 남한은 연인원 31만 명의 청년을 남의 나라 전선에 투입하여 그중 5천여 명이 죽고 1만여 명이 부상을 당했다.

파고다영감 金二⚡ (26)

胃속의군밥쪽이證據

洪陵少年殺害犯의端緒捕捉에

한국 사람은 거지냐, 아니냐? _아이젠하워 방한과 한국인의 대미감정

흐리며 때때로 비. 18~24도

- 3·15 부정선거를 계획하고 지시한 전 내무부장관 최인규, 장경근 등 29명에 대한 결심공판이 26일 서울지법에서 열렸다. 검사는 피고들이 이승만과 이기붕을 정·부통령에 당선시키기 위해 4할 사전 투표, 공개 투표, 완장 착용 등의 부정을 저질러 국민의 기본권인 선거권을 박탈함으로써 국가변란을 기도했다고 논고했다. 흥미롭게도 검찰은 이들이 부정선거로 국가변란을 기도하고 내무부 내부의 사조직을 반국가적으로 이용했다면서, 국가보안법 위반 혐의도 적용했다.

- 민의원 김영삼(민주당 구파)의 모친 박부영 씨(52세)가 거제군 장목면 외포리 집에서 권총강도가 쏜 총을 맞고 피살되었다. 범인들은 25일 밤 11시경 집에 침입하여 2백만 환을 내놓으라고 김영삼의 부친 김홍조 씨를 위협하는 와중에 박씨의 복부를 쏘고 도주했다. 박씨는 복부 관통상을 입고 병원으로 옮겨졌으나 26일 아침 8시 15분에 절명했다.

그러나 인간의 마음은 묘한 것이어서, 당장 배를 불리고 안전을 보장해주는 듯 뵈는 수단을 받아먹고 있다는 사실, 거기에서 자유로울 수가 없다. 받는 사람은 결코 주는 사람 앞에서 떳떳하기가 어렵다. 한국인들은 거지였다. 거지는 자존심을 잊어버리고 동냥을 주는 사람에게 정말 고마워하기도 한다.

1960년의 한국인들은 마음을 다하여 미국인들에게 고마워했다. 6월 19일, 미합중국 대통령 드와이트 아이젠하워(Dwight David Eisenhower, 1890~1969)가 한국을 방문했다. 현직 미국 대통령으로서는 처음이었다. 그날 오후 3시부터 아이젠하워가 머물렀던 28시간 동안, 한국에서는 말 그대로 '난리'가 났다. 아이젠하워는 원래 대만과 일본을 거쳐 6월 22일에 한국을 방문할 예정이었는데, 방일이 취소되면서 일정을 사흘 앞당겼다.

아이젠하워가 일본에 가지 못한 까닭은?

당시 일본열도는 흔히 '안보투쟁'으로 약칭되는 반미·반정부 시위로 들끓고 있었다. 그해 일본과 미국은 1951년에 체결한 '미·일 안보조약'을 개정해야 했는데, 양국이 합의한 조약 개정의 방향에 대해 사회당을 위시한 좌파 정치권뿐 아니라 학생과 양심적 지식인도 극렬히 반대했다. 새로운 안보조약의 요체는, 일본이 미국이 이끄는 냉전의 하위 파트너가 된다는 것으로서, 일본의 재군비를 부분적으로 인정하고 미·일 군사동맹을 강화하여 미국의 동북아전략의 일부를 일본이 떠맡는다는 것을 의미했다. 이 조약 개정 반대 움직임에는 1957년 수상이 된 기시 노부스케〔岸信介〕에 대한 양심적인 일본인들의 반감도 강하게 작용했다. 기시는 도조〔東條英機: 1941년 진주만 공격으로 2차 세계대전을 일으킨 A급 전범. 종전 후 극동군사재판에 회부되어 교수형에 처해졌다.〕 내각에 참여한 A급 전범이었으나 처벌받지 않은 경제관료 출신으로서 전후 대단한 친미·반공주의자로 변신했다.

조약 개정안이 비준을 위해 의회에 송부되자 사회주의자, 공산주의자, 노동조합과 전학련全學聯은 조약 개정에 반대하는 격렬한 연합시위를 벌였다. 이 와중에 여당은 의사진행을 거부하는 사회당 의원들을 경찰을 동원해 국회 바깥으로 내몰고 날치기로 비준안을 상정했다. 기시 수상이 미국에 자신의 얼굴을 세우고 싶어, 아이젠하워 방일 이전에 안보조약

개정안의 국회 비준을 마무리하려고 무리수를 둔 것이다.[28]

　1960년 5월 26일 '안보저지국민회의安保阻止國民會議'가 국회 주변에서 "안보 비준 저지, 기시 내각 총사직, 국회 해산"을 외치며 시위를 벌였다. 그런데 무려 17만 명이 모인 이날 시위에서 일부 대학생이 의회로 난입하자 경찰이 폭력적으로 진압했다. 와중에 동경대 여학생 간바 미치코가 사망하면서, 시위는 전국민적인 반정부 투쟁으로 확산되었다.[29] 6월 4일 '안보개정저지 제1차 실력행사'에 따른 전국적인 총파업에 무려 560만 명이 참가했고, 이어 6월 15일에도 전국적인 총파업과 시위가 일어나자 기시는 6월 16일 비상 각료회의를 열고 아이젠하워 대통령에게 방문 연기를 요청할 수밖에 없었다. 이틀 뒤, 국회의 찬성표결이 이루어지고 미국 의회도 6월 23일 개정된 조약을 비준했으나 기시 수상은 사임할 수밖에 없었다.[30]

　아이젠하워의 방일 취소는 소련·중국의 공산 진영에 대한 미국·일본의 '자유' 진영의 패배로 간주되기도 했다(《동아일보》 1960년 6월 18일). 궁극적으로 두 진영의 대결이 미·일 신新안보조약을 불러왔고, 미국의 동북아시아 전략 변화의 일환으로 이 조약 개정의 방향이 정해졌기 때문이다.

못 말리는 '아이크' 사랑

혁명적 열기는 비슷했지만, 미국에 대한 태도는 한국과 일본이 완전히 달랐다. 미국인들은 2차 세계대전의 전쟁영웅인 아이젠하워를 '아이크'라는 애칭으로 불렀는데, 한국 사람들도 그를 '아이크'라 불렀다. 이놈의 아이크가 일정을 사흘 앞당기는 바람에 찢어지게 가난한 나라 한국에서는 큰 소동이 났다.

아이크의 방문행사를 맡은 관계자들은 "정신을 못 차릴 정도로" 바쁘게 뛰며 서울 시내 거리 곳곳에 환영 아치를 세우고, 20만 장의 수기手旗, 국회의사당의 수세식 변소 등을 밤 새워 급히 준비해야 했다. 서울 시내의 '간판장이'와 '뻥끼장이'가 총동원되었다. 김포공항에서는 아이크 방문일 오전까지도 사열대를 만드느라 땀을 뻘뻘 흘렸다.

미국 대통령 아이크는 "진심으로 맞을 새 나라의 새 손님"(전후 내용 《동아일보》 1960년 6월 18~20일)이었던 것이다. 미국 대통령으로서 처음 한국땅을 밟은 아이크는 8년 전인 1952년 한국전쟁 와중에 대통령 당선자 신분으로 한국을 방문하여 전선을 시찰한 적이 있었다.

아이크가 대통령 전용기로 김포공항에 내린 것은 6월 19일 오후 4시였다.

아이젠하워 미 대통령의 방한을 기념해 서울시청에 내걸린 아이젠하워 대통령 초상화 및 한미 양국 국기. '한미는 자유를 위해 단결한다'는 슬로건이 내걸려 있다(1960년 6월 19일).

허정 총리와 삼부 요인, 매카나기 주미대사가 공항에서 그를 영접했다. 간단한 공항 도착행사를 마친 아이크 일행은 다섯 대의 헬리콥터에 나눠 타고 용산 미8군 골프장에 4시 50분에 착륙했다. 여기서부터 아이크와 허정이 나란히 오픈카를 타고 정동 미대사관까지 퍼레이드를 할 예정이 었다.

서울 시내는 완전히 잔칫집이었다. 가도에 있는 모든 건물과 집들에는 태극기와 성조기가 빗살모양으로 엇갈려 내걸렸고, 곳곳에 오색 풍선도 걸려 있었다. 삼각지부터 덕수궁까지의 길은 행사 구경을 위해 대여섯 시간 전부터 나온 사람들로 꽉 들어찼다. 특히 서울역 앞이나 덕수궁 근처는 발 디딜 틈이 없었다. 서울역 앞에서는 1천 명의 동명여고 학생들이 고전무용을 했고, 아이크가 잠시 차에서 내릴 덕수궁 앞에서는 화동들이 기다리고 있었다. 이런 대대적인 환영행사에 참석한 후 아이크는 정동 미대사관에서 밤을 보냈다. 그날 밤 남산에서는 불꽃놀이도 했다.

다음 날인 6월 20일에도 아이크는 무척 바빴다. 서울 시민들도 바빴다. 아이크는 덕수궁 앞에서 국회 앞을 거쳐 경무대로 갔다. 급하게 새로 칠해 페인트 냄새가 채 가시지 않고, 입구에 무려 40마리의 호랑이 가죽으로 엮은 호피가 깔린 경무대에서 허정 내각수반이 기다리고 있었다. 세계 최강국의 대통령과 최빈국의 임시 내각수반이 나눌 이야기는 많지 않았다. 30여 분의 짧은 회담을 끝낸 아이크는 신선로가 곁들여진 오찬을 한 후, 대한민국 의회로 가서 연설했다. "공산제국주의의 위협을 막기 위하여 한미 양국은 보다 더 많은 경계와 긴밀한 협조를 필요로 한다."는 요지였다.

한데 미국 대통령이 연설할 때 대한민국 국회 분위기는 그리 좋지 않았다.

한국 방문 이틀째 날, 국회를 찾아 대 국회 연설을 하는 아이젠하워(1960년 6월 20일).

국회의원들이 박수도 별로 안 치고, 생각보다 분위기가 너무 썰렁했다. 연설 내용이 마뜩찮아서 그랬다기보다 촌스런 한국 국회의원들이 지나치게 감격하거나 너무 긴장한 탓이었다. 박수도 별로 열심히, 감격적으로 치지 않은 것은 의원들의 영어 해득력 부족과 통역의 불충분 탓이었다(전후 내용 《동아일보》 1960년 6월 20일).

20일의 행진 코스는 광화문에서 신설동 경마장까지 8킬로미터였다. 종로에 자리잡은 2층 다방은 행사를 지켜보려는 손님으로 가득 찼다. 2층 다방의 '마담'들은 기쁨의 비명을 지른 반면 1층에 있는 다방 마담들은 울상을 지었다. 꽃가루와 색종이가 날리는 가운데 아이크는 카퍼레이드를 벌였다. 이어 전방의 6군단 사령부를 방문할 예정이었는데, 이 길에 동행한 이들은 한국의 중·고생과 대학생들이었다. 학생들은 서울운동장에 모여 트럭을 타고 포천으로 향했다. 중·고교생은 학교 교복을, 여자 대학생은 흰 웃옷에 검은 하의, 남자 대학생은 아래 위 검은 작업복을 맞춰

방한 중인 아이젠하워 미국 대통령 일행을 보기 위해 거리에 운집한 시민들(1960년 6월 19일).

입고 나왔다.

아이젠하워의 방문처럼 매우 특별한 경우를 제외하면, 정부가 이승만 시절처럼 학생들을 관제 동원하는 일은 많지 않았는데, 이번에는 그럴 필요도 없었다. '4·19 의거 학생대책위원회'가 자진해서 문교부, 국무원 사무국, 국방부 등 관계 당국과 협의하여 '아이크환영준비 학생위원회'를 구성했기 때문이다.

이틀 동안 무려 연 1백만 명의 서울 시민이 아이크를 환영하러 나왔다. 한국인들은 사랑스럽고 고마워서 견딜 수 없다는 듯 미국 대통령에게 열광했다. 여기에는 아이크 내지는 미국이 4월혁명 당시 즉각적으로 '국민'의 편을 들어주었던 사실이 가장 크게 작용했다. 《사상계》는 서울 시민의 광적인 환영은 "4월혁명 당시 아이크가 베푼 실질적인 후원 때문이었"다며 이틀간의 행사가 "보수와 혁신, 부유와 빈곤, 신파와 구파를 넘어서는 실로 민족의 성대한 잔치盛宴였으며 제전"이었다고 했다. 또한 아이크가 국회 연설에서 '한국의 개혁을 치하하고 경제 발전과 자유 증진이 우리 국민과 국회에 있음을 역설' 하였던 바, 이는 자체로 '교도敎導적인 것이면서 제2공화국의 진로에 뚜렷한 방향을 지시한 것' 이라고 평가했다. 이어 아이크의 방문은 우리가 반공을 더욱 굳건히 하는 데 도움이 되었다고 종합적으로 평가했다.[31]

거지의 자주성, 거지의 자존심

과연 그랬다. 당시 다수의 한국인에게 미국은 6 · 25와 4 · 19라는 큰 고비를 넘게 만든 민주주의의 수호자이며, 한국전쟁 이래 지금껏 당장 끼니를 이을 수 있게 도와주는 은인일 뿐만 아니라, 아주 구체적인 오늘의 현실에서 반공전선에 함께 나서서 목숨을 걸고 피 흘리며 싸우고 있는 전우였다. 1960년 한국민의 아메리카니즘은 다시 그렇게 단단하게 굳어졌던 것이다.

《동아일보》는 너무 자랑스럽다는 어조로 다음과 같이 썼다. "아이크는 백 · 천 가지의 형식적인 환영색채보다도, 먼저 우리의 이같이 견고한 '앤티 · 컴뮤니즘Anti-Communism' 정신에 놀라고 또 만족했을 것이다. 더욱이 휴전선 바로 턱 밑에 있는 데다가 더구나 과도정권 아래라 해서 그는 초조한 생각을 일본에서보다 더 한층 가졌을 듯했지만도, 막상 와보니 그것은 전혀 기우였음을 이제는 확연히 알았을 것이다."(《동아일보》 1960년 6월 21일)

아이젠하워 방한에 대한 한국 언론의 반응은 그들이 얼마나 친미적이면서 '반공' 적인지, 그리고 나아가 친미와 반공이 얼마나 대중적인 정서

이자 이데올로기인지를 보여주는 사건이었다.

그런데 이런 상황에서 김승옥이 그린 9월 7일 26회 〈파고다 영감〉은
너무 신랄해서 위험해 보일 지경이다. 거지는 지나가는 신사한테 엉겨붙
어 귀찮게 구걸한다. 구걸은 싸움이 되고 말았다. 이 싸움은 가진 한국인
과 못 가진 한국인 사이의 다툼이 되고 만 것이다. 그러나 미국인의 시각
에서 보면 가진 한국놈과 못 가진 한국놈 둘 다 똑같은 거지일 뿐이다.
1960년 현재 한국의 부富의 대부분은 미국의 원조에서 온 것이니까. 이
만화는 한국 지배계급에 대한 최고도의 비판이 아니겠는가.

（29）

乾性과 脂肪性두가지

藥物「샴프」가 效果的

인지요? 그리고 머리를 물科學的으로 손질하는 方法은 없었는지요?

（서울 鍾路二街 金榮九）

▲答＝가을철이라 지기서 운때입니다 여름철에 심하게 피어진 外線때문에 머리밑바닥이 乾燥되고 거칠어진 머리를 너무 자주 감게되어 머리숱의 기름기가 적어지고 머리숱 비듬이 많게하는 원인이 피부가 있읍니다.

・D・B2・B6들이 皮脂의 分泌가 야합니다 비듬에는 두가지의 종류가 있읍니다.

二・三차에 걸친 「오일・샴프」가 效果的인집니다 방법으로서는 「오일」으로해서 감으면 좋으리프 油나 라노린「油」수분을

따뜻하게해서 머리

하기때문에 「비타민」A의 원인이 피부로하기 입니다.

밑바닥이 지방성피부로 고나서 한결 윤택습니다 品質이 좋은 一손질一한 여름동안에 땀과 비듬으로 몬・린즈」로 洗剤（순한비누제품으로 「샴프」가 效果的입집 서는 「샴프」간 것 洗剤（순한비누제품으로 「샴프」「간것」）

無水알콜을 만들어내 고있읍니다.

류가 있읍니다

앞서서 충분히 물로 빗질을 지나 비듬을 이박에도 알려져 있었던 「샴프」（계란두 윤으켜만든 윤이「샴프」（알라닥에 비 리밑다에 잔뜩 바른 낸게하는 方法） 한 숨결에 감겨주 당에도 감겨

선생님들의 단식 _교원노조의 건설과 붕괴

흐리고 낮 한때 비. 최고기온 17도

- 정부는 장면 부통령 저격 사건의 하수인으로 사형이 확정된 최훈·이덕신·김 상붕을 각각 무기징역으로 감형해주었다. '제2공화국 수립 경축 특별감형 및 사면' 범위에서 원래 살인죄 기결수에 대한 감형은 제외되었으나, 장면 국무총리 가 그들에게 관대한 조치를 베풀어달라고 요청했기 때문에 이루어졌다.

- 불란서의 육체파 여배우 브리짓 바르도(Brigitte Bardot, 당 26세)가 9월 29일 파리에 있는 자신의 집에서 신경쇠약증으로 자살을 기도하였으나 미수에 그쳤 다. '베·베'라는 애칭으로 불리는 브리짓 바르도는 수면제를 잔뜩 삼키고 면도 날로 팔목 혈관을 끊었다.

교원노조의 건설과 붕괴 과정은, 4·19 혁명의 성취와 유산 과정과 그 궤를 완전히 같이한다. 교원노조운동은 4·19 혁명 이후 전국적으로 확산되었고 대표적인 정치적 노동조합운동으로 성장하였다가 5·16 쿠데타 이후 박정희 군사정권의 표적이 되어 궤멸됐다.

　1958년 이래 대구지방을 중심으로 존재했던 교원운동은, 4·19 직후 대구 경북지역에서 먼저 불붙었다.[32] 5월 7일 '대구지역 교원노동조합결성위원회'가 결성된 것을 시발로, 전국의 교사들이 아주 빠른 시일 동안 '교원노동조합'의 깃발 아래 결집하기 시작했다.

　한국교원노조연합회위원장 조일문은 《조선일보》 1960년 6월 3일자에

대구에서 열린 '교원노조 전국대회' 모습. '교원노동조합' 깃발 아래 결집한 전국의 교사들은 노조합법화를 요구하며 단식투쟁을 벌여나간다.

기고한 글에서, 교원노조의 위상과 역할에 대해 다음과 같이 천명했다. 그에 따르면 교원노조는 "일체의 정치적 간섭으로부터 학원의 독립을 보장하고 적극적으로 교원의 권익을 보호"하는 단체로서, "민족자주정신의 터전에서 반공민주노선을" 걷는 한편, "줄기찬 민주대열에 참여하여" "후세의 교육에 만전을 기하"고 "우리 제자들이 붉은 꽃잎으로 진 그 자리에 풍성한 열매를 맺도록" 노력한다고 했다.[33]

'교원의 권익보호'와 '반공 민주노선' 같은 언술은, 교원 '노조'라는 명칭 때문에 있을 수 있는 색깔공세를 차단하기 위한 것으로 보인다. 이처럼 온건한 노선을 천명했음에도 불구하고 '교사가 노동자'라는 단 하나의 명제와, 중고생에게 지대한 영향력을 행사하는 젊은 지식인 집단이 단결한다는 사실 때문에 장면 정권은 교원노조의 합법화를 허용하지 않으려 했다.

'교사도 노동자다!'

당시 노동조합법에 교사들의 노조결성을 막는 조항은 없었다. 하지만 보수세력들이 '신성한 교사들이 어찌 노동자를 자처하느냐'는 궤변을 내세워 이념공세를 펼치면서, 이에 대한 교사(+학생) 대 정부(+보수세력)의 공방이 본격화되었다. 예컨대《동아일보》는 1960년 7월 5일자 사설〈교원노조는 필요 없다〉에서 교원노조가 '모 정당 학생조직의 전위가 되어 정치적 도구화하는 경향'이 있다는 악선동을 펼쳤고, 반면 7월 7일 울산고등학교생 2백여 명은 "민주혁명 도둑 말라" "교원노조 받들어 민주혁명 이룩하자"는 플래카드를 들고 거리시위를 하기도 했다.

9월 11일 민의원 본회의에 출석한 오천석 문교장관은 교원단체 결성은 헌법에 보장된 권리이나 쟁의권을 인정할 수는 없다고 발언했고, 곧 장면 정권은 "제복 근무를 하는 소방관 · 형무관 · 경찰관 등은 노조를 결성할 수 없다."고 되어 있는 노동조합법 제6조에 교사 항목을 끼워 넣어 노동법을 개악하려 했다.

그러자 교사들은 격렬한 투쟁을 시작했다. 9월 26일부터 노동조합법 개정안 철회를 요구하는 교사들의 단식투쟁이 선포되고, 전국에서 1,300명이 이에 동조하여 사흘간의 단식에 돌입했다.

29회〈파고다 영감〉은 이날부터 이어진 전국적인 단식투쟁과 그에 따른 엄청난 파장을 염두에 두고 그려진 것이다. 절량농가(작년에 가을걷이한 쌀과 봄에 거둔 보리가 모두 떨어져 밥을 굶게 된 농촌 가구)가 많다는 상황과 교원노조 교사들의 단식이라는 두 사안에 대한 민주당 정권의 대처방식을 비판하고 있다.

한편 교원노조는 단식은 하되 정상수업을 하겠다는 방침을 세웠다. 그

《조선일보》 1960년 9월 29일. "교조파동 갈수록 격화─단식농성 교사들 졸도사태"

래서 전국적으로 9월 27일에는 정상수업이 이루어졌으나 졸도한 교사와 입원자가 속출하기 시작했다. 학생들은 대체로 교원노조 소속 선생님들에게 동정적이어서 투쟁대열에 함께하기도 했다. 가장 격렬하게 나선 학생들은 2·28 시위의 주역이자 교원운동의 중심지였던 대구의 경북고생들이었다.

이들은 단식 첫째 날 교사들에게 "의자에 앉아서 가르쳐주세요. 밥을 자시고 나와주세요."라며 간청하고 7교시째 수업은 중지해달라고 호소하다가(《조선일보》 1960년 9월 27일) 급기야 경북고 학생회가 전교생의 하루 '동맹단식'을 결의하고 시위에 동참했다(《동아일보》 1960년 9월 28일). 경북고의 시위는 대구 전역으로 번져서 대구지역은 9월 28일부터 거의 전 중·고등학교의 수업이 중단되기에 이르렀다.

단식투쟁 사흘째 되던 날인 9월 28일 교원노조는, 서울 사직공원에서 노동법 개정 반대집회를 갖고 국회의사당 앞에서 연좌데모에 들어갔다 (《동아일보》 1960년 9월 29일). 결국 이런 격한 투쟁 앞에서 민주당 정부는 노동법 개정안을 잠정 폐기하기로 결정했다.

혁명과 운명을 함께한 교원노조

이후 교원노조는 합법성 수호투쟁은 물론, 독재정권에 아부하는 교육 행정관료 숙청, 사학재단 비리척결 등 학원민주화운동을 벌이는 한편 1961년의 대표적인 정치투쟁인 2대 악법('반공임시특별법'과 '집회·시위운동에 관한 법률(데모 규제법)') 반대투쟁에도 앞장섰다.[34]

그리하여 5·16 쿠데타를 일으킨 박정희가 이른바 '혁명공약' 제1호인 '반공'을 행동으로 지키고자 했을 때, 교원노조는 용공 조작되어 혹독하게 탄압당했다. 1961년 6월 8일 문희석 문교부장관이 '교원노조가 민주당 정부를 전복하고 대한민국을 공산화하려던 음모를 적발'했다는 소설을 발표하고 난 뒤, 무려 1,500여 명의 교사가 해직되고 간부급 교사는 10년 이상의 징역형을 받았다.[35]

박정희 전두환 군사독재 정권 하에서 존재 자체가 불가능했던 교원노조는, 1989년 다시 부활하고 1999년에야 비로소 합법성을 얻어낸다. 진보적인 중간층 지식인의 조직인 교원노조의 운명은, 한 세대 후인 1990년대 말에야 '민주화'의 과제를 이룬 4·19 혁명과 같은 길을 걸은 것이다.

1960년 10월

국회를 점령했던

4월혁명 부상자와 데모대들은

"희망에 찬 내일을 바라보고 돌아가자"며 해산했지만

강경파들은 돌과 주먹을 앞세워

또다시 의사당에 난입하려고 시도했다.

언론은 이들을 '불량배' '난동꾼'이라 표현했다.

그러나 기실 '불량배'들은 대개 어리고 가난한 청소년들이었다.

본능적으로 혁명을 밀고 나가야 된다고 느낀,

가난하고 가진 것 없는 기층의 청소년들이

혁명의 대열 속에 있었던 것이다.

이날의 사건은 대단한 여파를 남길 것이었다.

데모대가 국회에 쳐들어가?

국회의원들이 나빠

데모대가 나빠

파고다영감 原案 金二俠

37)

슬픈 가을동화 _〈파고다 영감〉의 문학적 성취

갰다 흐렸다. 최고기온 20도

• 문교부는 신학기 입학생부터 실시하게 될 대학생 군사훈련을, 1·2학년은 매주 두 시간씩, 3·4학년은 매주 3시간씩 4년간 총 828시간 받게 하자는 안을 내놓았다. 이에 대해 국방부는 총 1,124시간의 훈련 안을 내놓아 줄다리기 중이다.

• 7일 하오, 용산에 사는 김일란(29세, 양공주) 씨의 시가 15만 환 상당의 '나쇼날 라디오'를 훔쳐 동화백화점에 4만2천 환에 판 혐의로 한 처녀가 용산서에 구속되었다. 이 처녀는 양심의 가책을 받고 그중 쓰다 남은 돈 3만3,800환을 돌려주러 갔다가 붙잡혔는데, 끼니를 굶다 못해 일을 저질렀다고 한다.

본격적인 추수철, 논 한가운데에서 한 아이가 양팔을 벌리고 부지런히 참새를 쫓고 있다. 이때 왼쪽에서 나타난 다른 아이가 "방금 우리가 이 나락을 샀다."고 한다. 논떼기로 나락을 샀다는 얘기다. "이젠 새 볼 권리가 없"다는 말에 새 쫓던 아이는 놀라고 당황한 얼굴이 된다. 아이의 눈동자와 벌린 입, 그리고 볼에 그려진 약호code들을 보라. 그리고는 "마지막으로 한 번만 '우여' 소리 할께."라고 한다. 새를 쫓던 아이는 논과 나락에 깊은 애정을 갖고 있는 것이다.

1960년 가을, 수확한 곡물을 타작하고 있는 농민들.

새와 논과 나락을 빼앗긴 아이

아이는 '한 번만' 하겠다는 소리를 '한 시간'이나 이어 하다가 결국 울음을 터뜨리고 만다. 자기네 추수감이 논떼기로 넘어간 데 대한 슬픔이다. "꼭 한 번만"이라는 가혹한 결정 앞에서 아이는 최대한 '우'와 '여'를 늘여서 노래 부르듯 한다. '우~여~' 소리를 "한 시간"째 한다는 설정은 가진 자의 입장을 보여주기 위한 과장이겠다. 나락을 사들인 집 아이는 자기 집 어른들이 그러하듯 사정을 봐주는 듯하면서도 냉정하게 행동한다. 같은 학교를 다니거나 같은 마을에 사는 것이 분명할 두 아이의 입장 차이는 너무 크다. 결국 이 만화는 아이들의 이야기를 통해 못 가진 사람들의 슬픈 이야기를 전달하고 있다.

또한 이 37회 만화는 네 번째 칸에서 이야기가 종결되지 않을 뿐 아니라, 단편소설과도 같은 많은 함축과 여백을 갖고 있다. 이 네 장면이 성립하기 이전에 이미 두 아이 사이에는 많은 일들이 있었으리라. 아이는 그들 아비 사이에 있었던 일들을, 그리고 오늘로 이 논과 여름 내내 돌봤던 벼들과 마지막으로 인사해야 한다는 것을 잘 알고 있다. 그래서 '새 볼 권리'가 없다는 말에 표정이 금세 변하면서 "마지막으로"라고 말한다.

그런 점에서 이 만화는, 일정한 인물과 줄거리를 지닌 단편 연재만화인 코믹스트립(comic strip: 〈블론디〉나 스누피가 등장하는 〈피너츠〉 같은 만화를 일컫는다.)과 유사하면서도 다르다. 이 만화는 이날 그려진 네 칸을 벗어나서 바깥에 존재하는 한 편의 긴 이야기의 부분이다.

〈파고다 영감〉의 서술 구조

그 외에도 37회 〈파고다 영감〉은 여러 가지 면에서 독특하다. 우선 공간적 배경이 파고다 영감이 거주하는 도시의 풍경이 아니라, 농촌의 들녘이다. 또한 우리의 소시민 주인공 파고다 영감이 보이지 않고 어린이가 등장하여 이야기를 만들어나간다는 점도 독특하다.

주인공 파고다 영감은 논평이나 제스처를 통해 주제를 직접적으로 전달하는 서술자이기도 하고, 만화 속에서 행위하며 그의 시선을 통해 이야기를 보여주는 초점화된 주체(초점 화자)이기도 하다. 한국의 네 칸 만화에서 초점 화자는 주로 '일반 시민'이며 서민 주인공이다. 한 칸 시사만화가 작가의 시선을 통해 사안을 바라보게 만듦으로써 보다 초연하게 거리를 두고 사건을 보게 만든다면, 네 칸 만화는 독자들이 자신과 유사한 서민 주인공의 시선을 통해 보게 하기 때문에 감정이입이 쉽게 이루어지며, 그래서 주제를 쉽게 전달한다.[36]

그럼 이 만화에서 파고다 영감은 초점 화자로서 어떻게 기능하는가? 파고다 영감과는 다른 사회적 지위와 입장을 가진 두 인물이 등장하여 풍자적인 메시지를 전달하고 있는 이 만화에서 사실 파고다 영감은 등장하지 않아도 좋다.

이 그림이 누구의 시선으로 보여지는지는 48회 만화를 통해 알 수 있다. 세 번째 컷까지는 나타나지 않던 파고다 영감이 네 번째 컷의 창문가에 매달려 등장한다. 할아비와 손자 사이에서 일어나는 모든 일을 지켜본 것이다. 사안에 대한 파고다 영감의 이데올로기적·윤리적 시선과, 일반적인 〈파고다 영감〉 독자의 시선이 비슷한 차원에 있거나 비슷한 차원에 있도록 유도하는 기능이 네 번째 컷에 잘 나타나 있다.

(48)

56회도 48회와 같은 구조를 갖고 있다. 작가 선생들이 대화하는 자리에 굳이 파고다 영감이 등장할 이유는 없다. 그럼에도 이 만화의 앞 세 컷에 파고다 영감이 등장하는 이유는 순전히 네 번째 컷을 위해서이다. 마지막 장면에서 파고다는 조소 혹은 미소를 지으며 돌아선다. 이 돌아섬의 풍자를 위해 앞의 컷에도 그가 필요했던 것이다(또는 파고다 영감은 별다른 행위를 하지 않으면서 그와 비슷한 사회적 지위를 가진 군중 속에 속해 있기도 하다. 그 군중이 곧 독자임은 말할 나위도 없다. 63회[214쪽], 115회[356쪽] 참조).

곧 파고다 영감이라는 존재 자체가 이 만화의 중요한 기호sign이자 약호이다. 그런데 아이들만 등장한 37회에서는 이것이 생략된 채 이야기가 진행된다. 이 생략은 더 직접적으로 작가가 하고 싶은 말을 독자에게 건네기 위해 선택된 전략인 듯하다(62회[204쪽] 참조).

또한 네 칸 시사만화가 대체로 기승전결의 서사 구조를 취하고, 특히 네 번째 컷에서 극적인 반전을 이뤄냄으로써 주제의 전달을 극대화하는 전략을 취하거나 또는 반전은 아니더라도 네 번째 컷에 메시지를 집약하여 서사를 완결짓는 데 비해(81회[278쪽], 90회[286쪽] 참조), 37회 만화는 그 두 가지 방식에서 모두 벗어나 있다. 그렇게 해서 이 만화의 스토리는 네 칸 안에서 완결되어 있지 않고 칸 바깥으로 계속 이어진다.

"만화는 선으로 표현된 문학이다"

김현은 1970년대에 쓴 한 글에서 만화는 예술이자 그림과 문학의 아들

《서울경제신문》 1960년 11월 13일자 '현대만협(現代漫協)' 지상월례전에 김승옥이 그린 그림.

이라고 말한 바 있다.[37] 특히 네 칸 만화는 그 속에 '이야기'를 포함하고 있고 사회 비판적인 역할을 한다는 점에서 문학이나 예술과 닮았다는 것이다. 또한 김현은 더 급진적으로 "만화는 선으로 표현된 문학이다."라고 말하기도 했다.[38]

이에 따르면 네 칸 만화는 허구성, 창의성, 정서 환기의 특징 등 문학의 여러 특징을 그대로 다 갖추고 있으며 때로는 연극적이고 때로는 소설적이다. 궁극적으로 만화는 문학이다.

37회 같은 동화는 "사장에게 꾸중을 듣고 마누라에게 시달림을 받는" "중산층의 생명력"[39]을 지닌 일반적인 네 컷 만화는 아니다. 그러나 황금들판을 고스란히 남에게 넘겨줘야 하는 가난한 자들의 삶에 대한 깊은 연민과 통찰, 그리고 그것을 함축하여 제시할 수 있는 이야기 구성 역량이 아니고서는 나오기 힘든 작품이다.

이처럼 짙은 문학성을 가진 만화들은 김승옥이라는 만화가가 가진 특징과 가능성을 잘 보여준다. 그는 일종의 아마추어 만화가이면서 아직 세상에 알려지지 않은 소설 천재였다.

파고다영감 〈39〉 글 金二完

요즘 徵·召集關係는?

▲問＝徵兵 召集關係

▲答＝閣下의 質問에 접친것이어 兵務金般에 걸친것이어 兵部全般에 걸친것이어 서 說明하기가 좀어렵 습니다 簡略하게 말하 면 過去의 第一二國民兵制度와 豫備役 二六三年一月一日以後出 生)부터 滿二十歲(四 三年 十二月三十一 日出生) 인者로서 徵兵 檢査에서 甲·乙種의合 格者中 體格等位를 받은者는 現役으로 徵集設되거나 不合格者로做 여 仔細히 說明하면 兵役法에 依하여 免除되는 丁種은 徵 役이 免除되고 戊種 또는 保留 體格者

水原市梅香洞 朴完洙

함에서 굶굶하게 생각하시거나 의문을느 끼는점을 써보내주십 시오

－文化部－

'판사교'를 믿고 살아요 _풀려난 원흉들

맑겠으나 오후부터 흐림. 10~25도

- 1951년부터 매해 추진된 중공中共의 유엔 가입 시도가 이번에도 실패로 돌아갔다. 그러나 지난 10년간 중공의 유엔 가입을 지지하는 국가는 꾸준히 늘어 1960년 표결에는 34 대 42로 부결되었다. 중공은 그로부터 딱 10년 뒤인 1971년 '자유중국', 즉 대만을 유엔에서 축출하고 유엔에 가입하게 된다.

- 한양대생의 시위 농성이 심각한 사태로 번져가고 있다. 10월 7일 1,500명의 한양대생 시위대는 김연준 총장을 학교로 납치하고 10월 8일 오후 김 총장에게 등록금 삭감, 총장 지지파 학생 4명의 퇴학 등의 요구조건을 수락한다는 약속을 얻어냈다. 그럼에도 학생들은 이날 저녁 성동경찰서 앞에서 구속학생 석방을 요구하며 폭력적인 시위를 벌였다. 경찰은 한양대생의 '난동'에 대처하기 위해 무기까지 휴대하였다. 현재 총 9명의 한양대생이 구속되었다.

중단되었던 '6대 사건' '원흉' 들에 대한 서울지법의 재판이 속개되고 드디어 10월 8일, 선고공판이 있었다. 10월 10일부터 14일까지의 〈파고다 영감〉(39~43회)은 모두 공판 결과가 빚은 정치적 긴장을 형상화하고 있다.

'4·19 발포명령 사건' 과 관련하여 서울시경국장이었던 유충렬에게 사형, 시경경비과장이었던 백남규에게 무기징역이 선고되었다. 그러나 다른 인사는 모두 매우 가벼운 형량만을 선고받았다. 특히 발포 명령자의 한 사람인 홍진기 전 내무장관을 비롯하여 조인구 치안국장, 경무대 비서관 곽영주의 발포 관련 유죄혐의가 인정되지 않았다. 또한 4월 18일 고려대생을 습격한 '정치깡패 사건' 의 주범 유지광에게 징역 5년이 선

서울지법 판결에 항의하는 반혁명규탄집회에 참석한 4·19 혁명 희생자 가족(1960년 10월 11일).

고되었으나, 이를 교사한 깡패두목 임화수에게 징역 2년 6월이라는 가벼운 형량이 선고되고 신도환은 아예 무죄를 선고받았다. 또한 '장면 부통령 저격 배후 사건' 피의자 전원은 무죄선고를, 발포명령 혐의를 받은 전 서울시장 임흥순에게는 선거법 위반만 인정되었다.

10월 8일의 선고는 검찰의 구형량과 크게 차이가 날 뿐만 아니라, 국민의 법감정과도 거리가 한참 먼 판결이었다. 여론은 들끓어올랐다. 가정주부 김혜복은 "법이론은 모르겠으나 4·19 정신에 비추어볼 때 이번 판결은 혁명 국민감정을 무시한 것이라고 볼 수밖에 없다."라고 말했고 '4월민주혁명 학생위령탑 건립위원회' 위원장인 고려대생 김원경은 "4·19가 혁명이었던가 의아스러울 정도다. 구형과 언도의 차가 이렇게 날 수 있는가. 더구나 우리 학생들에게 폭행을 가한 깡패두목이 무죄로 나오게 되었다니 기가 막힌다."(《동아일보》 1960년 10월 9일)라고 했다.

정부 대변인 정헌주 국무원 사무처장도 크게 유감스런 일이라 했고, 조재천 법무장관은 검찰은 최선을 다했으나 법원이 4월 혁명정신을 고려하지 않았다고 했다. 진보정당인 사회대중당도 법원을 비난하는 성명을 냈다. 집권 민주당은 법원을 비판하지는 않고 헌법 개정을 포함한 특별법 제정이 필요하다는 성명만 내놓았다.

뒤바뀐 피해자와 가해자

39회 〈파고다 영감〉에서 '판사교'가 거론된 것은, 서울지법 1심의 담당자였던 장준택 부장판사가 세인들의 거센 비난을 받은 사정과 관련이 있다. 만화의 "무죄 언도받은 원흉의 아들"이 "판사님을 믿고 산다."고 했을 정도로, 재판관의 법리 해석은 '원흉'들의 편에 서 있었다. 담당판사 장준택은 혁명특별법에 대한 보수적인 견해도 덧붙였다. "특별법은 정권교체시 악용될 우려가 있어 제정해서는 안 된다."

40회 〈파고다 영감〉에서와 같이 석방된 '원흉'들이 실제 시위를 벌이거나 하지는 않았다. 그러나 40회의 장면들은 '원흉'들을 제대로 단죄하지 못하여 가치의 전도가 일어나고 있음을 강력히 비판하고 있다. 40회 두 번째, 세 번째 컷에서 보듯이, 평화적인 시위를 가로막고 총질을 하거나 폭력을 휘둘렀던 당사자들이 "대한민국엔 평화적인 시위의 자유도 없단 말욧?" "설마 또 발포하진 않겠죠?"라고 묻고 있다. 그들이 들고 나온 플래카드의 명의는 "4월 피해자"이다. 이는 작가 김승옥의 과장된 수사이기도 했지만 10월에 이르러 혁명의 행방은 안개 속에 놓여 있었던 것이다.

혁명특별법 외면한 장면 정부

'현행법'의 테두리를 넘어서는 행위나 혁명특별법 같은 특별한 제도적 장치가 없는 한 '단호한 처벌'은 불가능했다. 3·15 부정선거와 4·19 발포명령 등에 관한 혁명 특별입법을 제정할 것인가는, 장면 정부가 혁명을 계속 이행할 것인가의 문제이기도 했다. 혁명특별법을 제정하라는 요구는 비등했고, 9월부터 이미 특별법 제정을 둘러싼 공방이 가을 정국을 결정짓고 있었다. 혁명특별법 제정은 장면 정부의 총선거 공약 중 하나였으나, 정부는 마음을 정하지 못하고 있었다. 조재천 법무장관은 9월의 인터뷰에서 특별입법을 고려하지 않고 있으며 '원흉'을 처단하는 데 현행법으로도 충분하다고 밝혔다. 그는 "장면 내각은 4·19를 '혁명'이라고 보고 있는가?"라는 기자의 질문을 받고 '혁명'에 대한 장면 정부의 모호한 입장을 다음과 같이 변론했다.

"그렇다, 조용한 혁명이다. 불란서의 유혈혁명이나 토이기(터키)의 쿠데타와 구별되는 조용한 혁명이다. 새 정부로서는 이러한 전제 아래 혁명완수를 노력하고 있다. 조금도 애매한 태도가 아니다."(《동아일보》 1960년 9월 2일)

그러나 유감스럽게도 한국은 '조용한 혁명'이 가능할 조건을 갖고 있지 못했다. 신도환을 비롯해서 무죄를 선고받은 '원흉'들은 풀려나자 곧 잠적하거나 해외로 도피하기 시작했다. 자신들에 대한 공격이 좀 더 계속 되리라는 것을 알았기 때문이다. 장준택 판사의 가족들도 위험을 느껴 피신했다.

(42)

파고다영감 金二空

薄荷의 耕作은 어떻게?

三年마다 轉地栽培 魚肥·油肥等이 좋

데모대가 국회에 쳐들어가? _ 점거당한 국회

맑겠으나 오후부터 때때로 흐림. 10~25도

- 13일부터 열릴 예정이던 제2회 '아세아축구선수권대회'가 하루 늦은 14일에 효창구장에서 개막된다. 자유중국 팀의 입국이 하루 늦어진 때문이다. 11일 입국한 우승 후보 이스라엘 팀은 반도호텔에 여장을 풀자마자 효창공원에서 몸을 풀었다.

- 원주 시내 자유시장 상인 50~60여 명이 10월 11일 오후 2시 "악질원흉들의 판결은 반혁명적이다. 엄중처단하라."는 플래카드를 들고 데모를 했다. 이 와중에 서울지법 형사 2부는 정·부통령 부정선거 관련 공판 중 전 농업은행 총재 박숙희, 전 공보실장 전성천 등의 선고공판을 무기한 연기했다. 급격히 변하고 있는 정세 추이를 지켜보기 위해서였다.

그리하여 정권을 뒤흔드는 사건이 10월 11일에 일어났다. 1960년 가을 최대의 사건이자, 당시 정세를 단번에 함축하는 상징적 사건이었다. 또한 이 사건은 하나의 분수령이 되었다. 그나마 허약하던 장면 정권의 지지와 권위는 땅에 떨어졌고, '혁명'은 급진화했으며 '반동'은 더 큰 잠재력을 키우게 되었다.

10월 11일 오전 9시부터 '4월 혁명 상이동지회', '4월 혁명 유족회'가 주동이 되어 서울지법의 재판 결과에 항의하는 시위가 벌어졌다. 4월혁명 때 숨진 이근형 군의 어머니가 아들의 영정을 들고 앞장을 서고, 70여 명의 4월혁명 부상자가 민의원 의사당 앞에 연좌했다.

방송차에서는 연신 "학생들은 누구를 위해 피를 흘렸느냐."는 목 메인 소리가 이어졌고, "국회는 이조당쟁을 방불케 하는 파쟁을 지양하고 원흉들과 발포 명령자를 엄단하는 특별법을 조속히 제정하라."는 내용의 전단이 뿌려졌다. 이는 지배적인 여론과 '민의'를 한꺼번에 요약한 말이었다. 그리고 일반적 '민의'보다 훨씬 더 급진적인, "혁명과업을 완수할 수 없는 국회라면 즉각 해산하라." "우왕좌왕 갈피를 잡지 못하는 현 정부는 물러가라." 같은 구호도 섞여 있었다.

이날 국회의 경비는 새로 뽑힌 학사 출신 경찰관 2백여 명이 맡고 있었다. '학도경찰'이라는 완장을 차고 시위대를 지켜보고 있던 이들은, 대부분 시위대에 호의적이어서 부녀자들이 외치는 구호를 듣고 눈물을 흘리거나 심지어 구호를 따라 외치기도 했다.

사상 초유의 사태

시위는 격했고 학생과 시민들이 결합하면서 그 수도 점점 불어났다. 민의원 의장 곽상훈이 시위대 앞에서 연설을 하려 했지만, 시위대가 "국회의원 전원이 나와라!" 하고 고함을 치자 말 한마디 못하고 쏙 다시 들어갔다. 이때 중동중·고등학교 학생 6백여 명과 시민 1백여 명이 시청 쪽에서 와서 시위대에 합류하였고, 마침내 11시 20분경에는 서울대병원과 수도병원에 입원하고 있던 4·19 부상자들이 앰뷸런스를 타고 시위대에 합류했다. 그러자 시위대의 감정은 최고조에 달했다.

격한 감정은 혁명기에만 있을 수 있는 사상 초유의 사태를 만들어냈다. 두 차례에 걸쳐 의사당 진입을 시도한 시위대는 마침내 11시 30분경 경비망을 뚫고 국회 진입에 성공했다. 회의장에서는 마침 민주당 구파

원흉들에 대한 처벌이 너무 가벼운 데 항의하며 국회의사당 앞으로 몰려가 시위하는 4·19혁명 부상자와 학생들(위). 이들은 급기야 국회 안으로 들어가 민의원 의정 단상을 점령해버렸다(아래).

의원 김응조가 단상에서 반민주행위자 처벌을 위한 법률 설치에 대해 설명하고 있었다. 시위대는 환자복을 입고 '쌍지팡이'에 의지한 채, 또는 휠체어를 탄 채, 의사당으로 들어가 회의를 중단시켰다. 의장용 테이블에 뛰어올라 만세를 외치고, "정쟁에만 열중인 의원들을 향해" 흥분된 어조로 연설을 하고 어떤 청년은 컵을 깨 할복을 시도하기도 했다. 국회 본회의장은 약 25분 동안 이들에 의해 완전히 장악된 채 난장판이 되다시피 했다(《동아일보》, 《경향신문》 1960년 10월 19일).

본회의장 사태가 겨우 가라앉은 후, 국회의장단과 각 당 대표 '4월혁명 유족회' 대표, '4월혁명 상이동지회' 대표 등이 곽상훈 국회의장실에서 회동을 했다. 의장은 '원흉'들에 대한 너그러운 판결은 입법부의 책임이 아니라며 혁명입법을 조속히 추진하겠다고 약속했다. 그리고 의원들 거의 전원이 의사당 밖으로 나가 시위대 앞에서 이를 다짐했다. 기세가 오른 시위대는 민주당이 정쟁을 중단할 것을 약속하라며 신파의 김도연과 구파의 임문석, 신파의 이철승과 구파의 서범석에게 군중들 앞에서 악수하라고 요구했다. 이들은 마지못해 악수했다.

청소년들의 혁명정신

그처럼 시위는 성공적이었다. 그러나 사건은 남아 있었다. 요구가 거의 관철되었다고 생각한 시위대는 오후 1시 25분부터 해산하기 시작했는데, 시위대 중 70~80명이 해산을 거부하고 계속 농성하겠다고 나선 것이다. 일부 4월혁명 부상자들이 "질서를 유지하자" "희망에 찬 내일을 바라보고 우리는 돌아가야 한다."고 외쳤지만 소용없었다. "분개한" 부상자들이 "질서 없이 우리나라가 어떻게 되겠는가!" 하자, 계속 농성하고자 한 강경파들은 "부상자나 유가족만 국민이냐! 우리도 곽 의장 사과를 들어야겠다."고 말하여 "충격"을 주었다.

이들 강경파는 '4월혁명 유족회'와 부상자 등의 데모대가 해산한 뒤에도 경찰 백차에 돌을 무단히 던지며 "죽여라"라고 고함치는가 하면, 돌과 주먹을 앞세워 또다시 민의원 의사당에 난입하려고 시도했다. 이에 무술경관이 남은 시위대를 포위하고 강제 해산을 단행했고, 그 와중에 시가 10만 환 상당의 정문 유리창과 5만 환 상당의 문짝 네 장이 부서지고 18명이 연행됐다. 그리고 그중 8명이 그날 바로 구속수감되었다.

《동아일보》는 경찰의 발표를 그대로 받아서 이들 강경파를 "데모에 편승하여 난동을 부린 불량배들"이라 표현했다. 《동아일보》는 애써 4월혁명 부상자가 중심이 된 대학생 데모대와 '난동꾼'을 구별하고자 했다. 과연 연행되거나 구속된 사람 가운데 대학생은 거의 없었다. 이날 구속자는 김영수(17세, 시계수리공), 강남석(20세, 휘문고 3년), 김종복(18세, 무직), 기홍서(33세, 운전사), 박기석(19세, 구두닦기) 등이었고 조사 중인 김광길, 박승로도 각각 열일곱과 열여섯밖에 안 된 행상과 무직자였다.

그렇게 "불량배"는 어리고 가난한 청소년들이었다. 본능적으로 혁명을 밀고 나가야 된다고 느낀, 가난하고 아무 가진 것 없는 기층의 청소년들이 혁명의 대열 속에 포함되어 있었다. 《경향신문》도 "데모에 편승하여 난동을 부린"이라는 말을 쓰기는 했으나 《동아일보》와는 달리 기사 제목을 "8소년의 구속 집행"이라 뽑았다(《경향신문》 1960년 10월 12일).

즉 10월 11일의 행동 자체가 '혁명'의 연장이었다. 이날의 사건은 대단한 여파를 남길 것이었다.

파고다 영감 金二完 (43)

加入

施設의 13% 超過

不通은 通話 긴데 도 原因

우리는 특별법도 만든다오 _ 기로에 선 혁명

흐리며 한때 비, 오후부터 갬. 12~20도

- 10월 11일 오후 윤보선 대통령은, 헌법을 일부 개정하여 혁명입법이 가능하도록 조치하라는 서한을 국회로 보냈다. 특별법 제정을 거스를 수 없는 대세이자 기정사실로 만든 것은, 10월 11일의 국회 점거시위가 얻어낸 큰 소득의 하나였다.

- 10월 13일 상오 10시경, 4·19 데모 학생을 타살한 혐의로 수감되어 있던 미결수 신정식이 서울형무소를 탈옥하였다. 정치깡패였던 신정식은 면회 온 처 김옥자(26세)를 제5호 면회실에서 만난 다음 재소자 대기실에서 대기하던 중, 간수가 서류를 보고 있는 틈을 타 빠져나와 형무소 마당에서 기다리고 있던 처에게 면회패를 받아 유유히 정문으로 걸어 나갔다. 서대문경찰서는 김옥자를 범인도피 혐의로 긴급구속했다.

그러나 앞의 42회 만화에서처럼 10월 11일의 '데모'에 대한 의견은 분분했다. 데모대에 대한 여론은 대체로 나빴다. 10월 12일자 《경향신문》은 사설 제목을 "'데모'의 공과를 재인식할 때가 왔다"고 뽑고, 아무리 분노가 크더라도 의사당에 데모대가 난입한 것은 비이성적인 행동이며, 난동을 부린 그들이 4월혁명의 주인공이자 구국의 공을 세운 학생들임을 생각할 때 더욱 안타까운 일이라고 했다.

10월 12일자 《동아일보》〈횡설수설〉은 "툭 하면 거리에 나와서 '데모'라는 것으로 질서고 뭐고 난장판으로 만들어버리고 폭력으로 해결하려는 경향이 너무나 많다. 소위 6대사건 언도공판을 보고 분개하는 것은 비단 거리에서 외치는 애국남녀들뿐이 아니다. 그것은 온 국민의 심정이다. '데모'는 백 번 당연한 일이나 대통령도 입법부도 행정부도 특별법을 제정하겠다고 나섰으니 이제는 돌아가 내 할 일을 하면서 조용히 기다리는 것이 사리에 맞는 일이 아닐까? 나라가 결단 나서야 되겠는가?"라고 썼다.

결국 11명이 구속되고 '4월혁명 상이동지회' 회원들은 대국민 사과성명을 발표해야 했다. 이날의 사건이 많은 국민들에게 대단한 혼란이자 '무질서'로 비쳐졌기 때문이다. 의사당을 점거당하고, 국회의장과 국회의원 전원이 시위대 앞에 나와 사과한 것은, 민주당 정권이 얼마나 허약한지를 여실히 증명한 사건임이 틀림없었다.

혁명의 연착륙은 가능한가?

아직 유보적인 태도가 남아 있었지만, '안정'을 명목으로 혁명을 의사당과 법 테두리 내로 가두려는 태도는 확실해졌다. 그리고 총체적이며 계속적인 정치 불안정이 헌정憲政 중단을 불러올지도 모른다는 위기감도 커졌다.

10월 13일 《경향신문》 사설 〈혁명입법과 의회정치의 위기〉는 "우리가 보기에는 현하 의원내각제의 위기를 파쟁 지양과 원내 안정세력 형성을 가지고 극복하지 못한다면, 우리 사회에서는 비단 의원내각제뿐만 아니라 의회민주정치가 말살되고 좌익 아니면 우익독재가 출현할 가능성이 매우 큰 것이다."

그렇게 혁명은 점점 기로에 가까이 다가가고 있었다. 더욱 급진화되는 길과, 혁명의 피로疲勞로 인해 '자유로부터의 도피'[40]를 꿈꾸는 길이

거리로 나와 '데모 중단'을 호소하는 초등학생들.

나눠지기 시작한 것이다. 혁명 이후의 정세에 대한 근본적인 불안과 회의가 확산되고 '데모'에 대한 혐오감도 점점 커져갔다. 혁명을 완수하기 위해서는 지루한 시간을 견뎌야 했다. 그러나 조바심을 낸다는 점에서 양쪽은 마찬가지였다. 혁명을 연착륙시키기에는 모두 경험이 부족했다.

　민주당 정권은 한편으로 국민의 지지를 얻기 위한 방책을 마련하고 한편으로는 정국을 통치할 수단을 적극적으로 찾아내야 했다. '데모 규제법' 등을 생각하고 있었지만, 민주당 스스로 자신의 정권을 방위할 능력은 약했다. 민주당 자체가 민주적이지 못했고 신뢰를 잃고 있었다. 아예 '파쟁과 부패를 일삼는 현 민의원을 당장 해산하고, 총선을 실시해서 새로이 정권을 구성하자'는 급진적인 견해도 있었다.

〈파고다 영감〉의 서구적 기준

그러나 43회에서 파고다 영감은 특별법을 만들게 되어 '진짜 행복'하다고 했다. 10월 8일의 큰 실망에서부터 불과 사흘 만에 큰 반전이 일어난 것이다.

그런데 짚고 넘어가야 할 점은, 그 국민적 행복과 자부自負 그리고 '제대로 된 나라'의 기준이 서구와의 비교에 있다는 것이다. 파고다 영감은 특별법 제정의 기쁨을 코 큰 두 서양인 앞에서 이야기한다. 비관적 인식이 나타난 41회도 마찬가지다 한국의 현실이 '객관적으로' 볼 때에도 기형적인 상황이라는 인식은 외국인에게 물음으로써 확정된다. '외국인', 즉 서양인의 시선이 판단의 규준으로 작동하는 것은, 당대 지식인들의 일반적인 사고방법이다. '그들이 우리를 어떻게 생각할까?' 마음속 깊이 내면화되어 있는 오리엔탈리즘이었다.

앞서 로마올림픽 마라톤 결과를 소재로 한 만화에서도 나왔듯 1950~1960년대 민족의 '후진성後進性'에 대한 한국인의 자탄은 깊었다. 서구의 영향을 많이 받았을수록 그 열패감은 짙었다. 서구에만 '후진'과 '선진'의 판단기준이 있었기 때문이다. 그러나 이는 43회 만화가 시사하고 있는 것처럼 4·19를 통해 극복될 예정이었다. 4·19는 패배나 굴종이 아닌 승리와 '자결'의 체험이기도 했기 때문이다. 자주적으로 민주주의를 성취할 수 있다는 자신감이 4·19세대 청년들에 이르러 처음 형성되기 시작했다.

(47)

完成된 研究概要

染料에 關한 研究도 큰

縮牲月 槇月를 合ㅌ

거지 아이의 체념 _ 1960년, 거지들이 사는 법

맑겠으나 때때로 높은 구름. 최고기온 19도

- 17일 하오 3시, 한국 대 이스라엘의 축구경기가 열리는 효창경기장에 대혼란이 일어났다. 입장권을 사고도 들어오지 못한 관중과 주변에서 기웃거리던 군중 수천 명이 닫힌 경기장 문을 부수고 경기장 안으로 몰려든 것이다. 이 바람에 관중 21명이 중경상을 입었다. 이미 경기장 안에는 수용인원 2만을 훌쩍 넘은 2만 5천 명의 입장객이 들어차 있었다. 제2회 아시아축구선수권대회의 '빅게임' 이었던 이날 경기에서 한국은 이스라엘을 3 대 0으로 이겼다.

- 국방부에서는 연내로 단행될 3만 감군 계획에 따라 사병의 복무 연한을 3년에서 2년 7개월로 단축할 방침이라고 밝혔다. 2년 7개월의 복무 기간은 대체로 이후 40여 년간 유지됐다. 감군은 군의 유휴인력을 줄이고 산업에 필요한 인력을 확보한다는 차원에서 애초 5만 규모로 계획되었으나 군의 반발로 3만으로 축소되었다.

김승옥은 소설 「확인해본 열다섯 개의 고정관념」에서 다음과 같이 말했다.

무엇을 신음하고 있느냐. 나는 거지의 정열을, 그것을 신음하고 있다. 모든 것을 잃었음에도 왜 정열만은 남는 것일까, 거지에게는. 가가호호家家戶戶의 대문을 두드리는, 거지에게 남아서 사라질 것 같아 뵈지 않는 그 정열. 차분히 생각해보자.

'거지' 는 하나의 상징적 존재였던 것이다. 아마도 1970년대 어린 시절을 보낸 이들까지는, 빈 깡통이나 양푼을 들고 가가호호 대문을 두드려 밥을 구걸하던 거지들을 기억할 것이다. 지금도 대도시 지하철역과 번화가에는 '앵벌이' 꾼들이 많지만, 벙거지에 누더기를 덮어 쓰고, 씻고 깎지 못해 협수룩한 얼굴을 한 저들 '거지'는 1950년대와 1960년대, 중요한 '사회계층'의 하나였다.

한국 사회의 이물질, 거지

전쟁과 실업이 탄생시킨 그들은 공식적으로는 '부랑자', '부랑아' 등의 용어로 불렸다. 저들은 당시 한국 사회의 한 상징이자 골칫거리였다. '양아치' '똘마니' '날치기' 같은 지금도 생명을 유지하고 있는 비속어들이 바로 그들에게서 비롯되었고, 이승만 정권과 장면 정권은 저들을 '단속'하거나 '선도'하느라 골치를 앓았다.

'사회'는 그들을 '탈락'시키고, 대신 그들은 사회에 기생한다. 그래서 거지는 〈파고다 영감〉의 중요한 등장인물 중 하나이다. 가장 낮은 데 있는 존재인 그들을 그려내는 것 자체가, 사회의 어두움을 형상화하기 때문이다. 그런데 그 형상화는 블랙유머가 된다. 거지들은 만화를 보는 '보통사람'보다 훨씬 못하고, 그러나 훨씬 '자유로운' 존재들이기 때문이다.

1960년대 초 거지가 급증했다. 1960년 하반기 보사부 집계에 따르면 '부랑아'는 서울 시내에만 2,400여 명에 달했다. 전국적으로는 2만5천 명에 달하는 '거지인구'가 있었다(《조선일보》 1960년 10월 30일). 그리고 1960년 말, 어찌된 영문인지 한국의 거지는 5년 전에 비해 거의 세 배나 늘어나 있었다(《동아일보》 1960년 12월 22일). 살기가 어려워진 것이다.

열여덟 살 왕초 김철수 조직의 여덟 살 난 '소매치기'

〈파고다 영감〉에는 어른 거지뿐 아니라 어린 거지들이 자주 등장한다. 47회 만화에도 등장하는 어린 거지들은, 거지이기 이전에 '고아' 였다. 거지들은 '자유로운 존재' 이긴 했지만, 이들이 저마다 홀로 자유롭게 살아가고 있는 것은 아니었다. 이들 대부분은 실제로는 억류된 삶을 살아가고 있었다.

1961년 1월 중순, 동대문경찰서 여경반에는 여덟 살 난 어린이가 '날치기범' 으로 붙잡혀 왔다. 춘천에 살던 이 어린이가 서울행 기차를 탄 것은 1960년 10월. 의붓아버지의 눈총에 못 이겨 어머니가 준 푼돈을 쥐고, 장사를 도와달라던 22세 사촌형과 함께였다. 그러나 서울역에 내리자마자 사촌형은 어디론가 사라져버리고, 대신 열여덟 살쯤 된 어떤 형이 정답게 다가왔다. 이 형이 바로 소매치기 왕초 김철수였다. 그때부터 어두컴컴한 토굴방 생활이 시작됐다. 왕초에게 전수받은 기술 덕에 석 달이 지나자 이 여덟 살짜리 어린이도 하루 1만 환씩 성과를 낼 수 있었지만 이미 조직에 '매인 몸' 이었다《동아일보》 1961년 1월 17일). 그들은 구걸과 범죄를 병행하고 있었던 것이다. 85회 만화는 이런 어린이 거지에 대한 사회적 인식을 보여준다.

부랑아들은 대부분 '조직' 생활을 했다. 전국의 부랑아는 2만5천 명에 달했지만 수용시설은 국립 1개 소, 사립 37개 소에 수용인원은 약 7천 명밖에 되지 않았다. 1958년에 민간모금운동으로 3천7백만 환의 부랑아 보호기금을 모았으나, 1960년 12월 현재까지 그 보호기금의 사용처가 정확히 밝혀지지 않고 있었다《조선일보》 1960년 12월 17일). 거지에게 줄 민간 모금까지 먹어치운 구정권은 이미 사라지고, 54회 만화에서처럼 새 정부는 장님이 된 듯 눈을 감고 이렇다 할 대책을 세우지 못하고 있었다.

민간에서 운영하는 크고 작은 고아원도 많았지만 거기에는 이미 6만 504명이 수용되어 있었고, 이들도 미국 원조에 의존해서 겨우 살아가고 있었다. 고아원에 있는 취학연령의 아동이 학교에 갈 수 있는 경우는 드물었다. 1960년 하반기에는 그나마 미국 원조도 줄어가고 있었고 서울에서만 하루 평균 2~3명의 기아가 발생했다《서울경제》 1960년 11월 16일).

사정이 이러니 거리에 가마니를 깔고 누운 어린 거지들에게, 유일한 복지정책(?)은 시민의 동정심밖에 없었다. 결과적으로 2만5천 명 중 수용시설에 들어가지 못한 나머지 1만8천 명의 소년 소녀들은 '조직원'이 되는 수밖에 없었다. 취약한 사회구조가 양산시킨 거지들이었다.

벌이꾼 · 걸똘마니 · 왕초 · 뭉치 · 조말이

취약한 '사회'가 만든 거지들, 그러나 그들의 세계에도 나름의 견고한 (?) 체계가 있었다. 이 거지조직 사회에는 7개 조항에 달하는 '거지 헌법'이 존재했다. 이를테면 〈다른 왕초 밑의 '똘마니'를 잡아갈 수 없다〉든가 〈'벌이꾼' · '걸똘마니'(밥을 구걸하여 오는 거지)는 반드시 책임량의 밥을 얻어와야 한다〉든가 〈'조말이'(벌이꾼들이 벌어오는 것을 도맡는 주인격)는 '벌이꾼'과 '걸똘마니'를 보호할 책임이 있다〉든가 하는 영업과 조직 유지에 관한 간단한 규칙들이었다(《동아일보》 1961년 2월 4일).

벌이꾼, 조말이 같은 은어들은 거지 사회가 나름대로 뚜렷한 '보직' 체계를 갖추고 있었음을 보여준다. 이들 외에도 '흰벌이'(음식점을 돌아다니며 돈을 구걸하고 담배꽁초를 주워오는 일), '티잽이'(도둑질), '시라이'(폐품을 줍는 거지) 등이 있었는데, 이들 중 특히 '시라이'는 사회적으로 순기능도 있는 존재들이었다. 서울의 '시라이'들이 하루에 수집하는 폐품 휴지는 트럭 15분에 달했다. 이를 재생종이로 환산하면 8천 관, 트럭 10대 분에 이르는 양이었다. 이들이 수집한 고철과 우골은 일본으로 수출되기도 했다. 고철 하루 1만 관, 구두창 4천 관, 걸레조각 1만 관, 유리 1만5천 관, 우골 6천 관, 고무 4천 관, 나일론 1천 관, 약병 1만 개. 이 모든 폐품량을 금액으로 환산하면 무려 1억 환 대에 달했다(《동아일보》 1961년 2월 14일).

거지들 사이에는 당연히 신분적 높낮이도 있었다. 거지 중에서 제일 '양반거지'는 다리 밑이나 빈민촌 · '땅막'(흙굴) 등에 막을 쳐놓고 집단

폐품 줍는 넝마주이. 거지 세계에서는 이들을 '시라이'라
고 했다.

생활하는 거지들로, 이들은 왕초 아래로 위계가 엄한 전통적인 거지집단
이었다. 제2진은 신문팔이, 구두닦기 등을 가장하여 범죄행위를 하면서
살아가는 깡패나 불량소년 조직이다. 조직도 일정한 장소도 없이 헤매며
구걸하는 '순수한' 걸인들은 제3진에 속한다. '문산'(나환자)도 이 부류
였다《동아일보》 1961년 2월 6일, 9일). 한국판 집시였던 이들은 겨울철 신문에
등장하는 동사자의 대부분이기도 했다.

이들 조직 모두로부터 독립적으로 살아가는, 우리 기억 속에 '각설이'
로 자리잡은 이들도 있다. 이들은 '전문용어'로는 '먹네'라고 부르는 중
년부부의 걸인 가족이다. 이들은 과거 오랜 경력을 지닌 '왕초'와 여자

거지인 '뭉치'가 부부관계를 맺어 가정을 이룬 거지들이었다(《동아일보》 1961년 2월 5일).

그 많던 거지들은 어디로 갔을까?

물론 지금 우리 주변에도 수없이 많은 '노숙자'들이 있지만, 언제부턴가 마을 '다리 밑' 거지들은 사라졌다. 이들은 위정자들에게는 시대를 초월하여 '사회정화'의 대상이었지만, 분명 우리의 삶을 괴롭히던 존재는 아니었다. 이들이 일소—掃된 것은 1980년대 초 또 다른 철권 통치자가 나타난 이후부터인 듯하다. 최근의 한 보도가 이를 입증하고 있는데,[41] 이에 의하면 5공 초기의 무지막지한 '사회정화운동' 시절, 이른바 '자활근로대'라는 것이 만들어져 넝마주이·구두닦이 등 거리의 '부랑아' 청소년들을 집단수용했고, 공권력은 이들을 또 다른 도시빈민을 억압하는 수단으로 이용했다고 한다.

54회 〈파고다 영감〉처럼 오늘날 우리가 지나다니는 길거리 한가운데 어린 거지가 누워 있지는 않다. 그러나 그들은 우리 도시의 빈민촌과 집단적 수용지 구석구석에 누워 있다가 간혹 '앵벌이'로 또는 '범죄자'로 눈앞에 나타나곤 해서 우리를 불편하게 만든다. 그들은 우리의 허약한 도덕과 모순 많은 사회를 폭로하는 존재이기 때문이다.

파고다영감 金二窓

生活쌀롱

▲問＝우와 從量燈은 (미터制)

「론덴사」에 닿아야만

三, 一二〇○원(円) 나머고

▲答＝

=== 基本料金은 一燈當 46圓 ===

=== 從量은 KWH當 36圓 ===

죽거나 혹은 떠나거나 _빈곤과 자살

개겠으나 때때로 흐림. 10~23도

- 15주년 경찰의 날이다. 이날 치안국은 '4·19 의거 학생'들의 위패에 참배하고, 내무부 장·차관과 경찰 고위간부들이 입원중인 상이 의거 학생들을 방문하여 과거 경찰의 '악'을 사죄받기로 했다.

- 서울대학교 문리대에서는 10월 22일 토요일 오후 4시부터 '셰익스피어의 오후' 행사를 개최한다. 최재서, 권중휘, 여석기 교수가 나서서 셰익스피어에 대해 강연하고, 셰익스피어 작품 낭독과 레코드 감상도 있을 예정이다.

'생활고 때문에', '사업 실패로', '빚쟁이에게 시달리다 못해' 스스로 목숨을 끊는 것을 '생계형 자살'이라 한다. 그 이름도 가난한 '생계형 자살'은 자살이되 자살이 아니다. 그 죽음 또한 '더 이상 살기 힘듦'이라는 자기 판단에서 비롯되지만, 그 판단을 하게 한 것은 거의 외적인 힘이기 때문이다. 자살은 생의 궁지에 몰린 사람들이 선택하는 극한의 행위이며, 인간이 다른 인간에게 저지르는 악과 폭력에 대한 저항이자 항의이다. 그래서 '생계형 자살'은 타살의 일종이다.

자살은 '애인의 변심을 비관하여', '우울증 때문에', '신병을 비관하여', '가정불화로' 등과 같이 가장 오래되고 보편적인 문제 상황에서 비롯된다. 그러나 자본주의가 비정상적인 속도로 발전할 때, 또는 자본주의가 제대로 돌지 못해 희생양의 피를 윤활제로 필요로 할 때, 또한 많은 사람들이 자살의 길을 택한다.

궁지에 몰린 사람들

혁명이 진행되던 1960년의 여름과 가을에도 이러한 '세계의 비참'[*]은 별로 개선되지 않고 있었다. 공동체는 혁명으로 들떠 있었지만 개별자들의 삶은 어려웠다. 객관적 경제지표가 매우 나빴다. 언제나 한국에서 자살은 매우 경기연동적인 사회현상이다.

한국 경제는 1957년을 정점으로 성장률이 둔화되었고 1960~1961년에 가장 어려운 시기를 경과하고 있었다. 1960년 전체 GNP(국민총생산)는 2.1퍼센트 성장했지만, 1인당 GNP는 80달러로 1959년에 비해 오히려 0.6퍼센트 감소했다. 반면 이해 조세부담률은 16.5퍼센트(1957년 10퍼센트)로 오르고 완전실업률이 8.2퍼센트에 잠재실업률은 무려 26퍼센트에 달했다. 특히 미국이 농산물 원조를 54퍼센트나 대폭 줄이고 미곡 생산이 전년 대비 4퍼센트, 맥류 생산이 0.3퍼센트 감소하는 바람에 곡물가가 23.9퍼센트나 폭등했다. 전국의 도매물가 상승률은 13.3퍼센트였다.[42] 이러한 어려움은 1961년에도 계속될 예정이었고, 이 와중에 많은 사람들이 스스로 목숨을 끊었다.

---

[*] 프랑스 사회학자 P. 부르디외가 인터뷰를 통해 프랑스 사회 하층민의 삶을 연구한 사회학 책의 제목이다.

끊이지 않는 자살 행렬

1960년 8월 24일에는 가난에 지친 청과상 박상봉(49)이 18세, 16세 난 두 딸에게 약을 먹인 후 서울 우이동 절벽에서 뛰어내렸다. 박씨는 "가구한 운명에 태어난 사나이가 생의 애착이 없이 어린 자식과 함께 가노라."라는 유서를 남겼다. 9월 15일에는 부산 영도구 봉래동 우 모(43) 씨의 처 황 모(33) 씨가 생활고를 못이겨 극약을 먹었으며 9월 17일에는 충남 보령의 광부 김 모(33) 씨가 생활고를 비관하여 폭발물로 자살했다(각각 《조선일보》 1960년 9월 15일; 21일).

無職아버지, 秋夕에自殺 "아들·딸에게 옷 못 사줬다"고

《동아일보》 1960년 10월 6일. "무직 아버지, 추석에 자살-아들 딸에게 옷 못 사 줬다"고.

9월 30일에는 부산 용호동에 살던 김용준(32)이 생활고를 비관하여 가족과 함께 동반자살을 꾀했다. 김의 가족은 무려 11명이었다. 김은 가족들을 차례차례 불러들여 다이너마이트를 터뜨렸으나 가족들이 눈치 채고 재빨리 달아나는 바람에, 두 명만 중상을 입었다.

추석 명절 연휴였던 10월 6일 새벽에는 해군 군악대 소속 김관현 하사(22)가 어머니 박 모(42) 씨와 함께 자살했다. 휴가를 나왔던 김 하사는 집주인 정 모 씨에게 세를 못 갚고 가는 것을 미안하게 생각한다는 유서를 남겼다. 또 같은 날 무직자인 한 아버지가 아들·딸에게 추석빔도 못 사줬다고 자살했다(《조선일보》 1960년 10월 1일; 《동아일보》 1960년 10월 6일). 명절

때면 가난한 이들은 더욱 깊은 소외감과 좌절을 느끼는 법이다.

10월 22일자 《조선일보》에 의하면, 7월에서 9월까지 3개월 동안 충청남도에서만 무려 146명이 생활고로 자살했다. 그중 무직자가 81명에 농민이 34명이었다.

겨울이 오고 난 뒤에도 자살 행렬은 끊이지 않았다. 1960년 11월, 초등생 아들 교육공채를 못 냈다고 부모가 동반자살한 사건이 있었는가 하면, 14년 경력의 형사가 자살한 일도 있었다. 11월 4일 영등포경찰서 소속 김윤태 형사가 집에서 권총으로 자기 머리를 쏘아 목숨을 끊었는데, 신문은 '적빈赤貧'이 고달파 그랬다고 썼다. 김 형사의 불행이 알려지자 각계에서 뒤늦게 '온정의 손길'이 답지했다. 그러나 그가 죽은 지 약 열흘 만에 부평경찰서 소속의 한 경찰관이 같은 이유, 즉 빈곤 때문에 자살했다. 그는 16년 근속 경관이었다(《조선일보》 1960년 11월 4일 ; 11일). 같은 달 8일에는 '생활고를 못 이긴' 부산의 노모와 딸이, 12월 9일에는 서울의 모녀가 함께 음독했다.

지금은 '쥐약 먹다'라는 말을 잘 쓰지 않지만, 그 시대 음독은 대부분 '쥐약'을 먹었다는 뜻이기도 했다. 쥐약 외에 말라리아(학질) 치료약으로 알려진 키니네quinine도 자살 도구로 흔히 쓰였다. 9월 25일에는 서울대 법대 전임강사가 어린 두 자녀를 남긴 채 키니네를 먹고 자살했다. 아내의 장례를 치른 날 밤이었는데, 신문은 '사랑 때문'이라고 보도했다 《서울경제신문》 1960년 9월 26일). 염상섭의 소설 「위협」(1956)에도, 전광용의 소설 「꺼삐딴 리」(1962)에도 키니네로 자살을 시도하는 사람들 이야기가 나온다. 김승옥을 유명하게 만든 소설 「환상수첩」에서는 애인이 임신을 하자 키니네 한 움큼을 건네는 장면이 있다. 죽지 않을 만큼 먹으면 낙태

약의 효과가 있다는 것이다.

한편 부산의 영도다리에서는 1960년 4월에서 12월 사이에만 78명의 사람이 바다에 투신했다.

슬픈 아메리칸 드림

앞의 만화에서 "억울하게" 죽은 친구의 무덤 앞에 모인 남은 자들은 "이민이라도 보내달라는 데모 한 번 못 하고……"라며 땅을 친다. 이 말에는 1960년 가난한 한국인이 생각할 수 있는 두 가지 탈출구가 제시되어 있다. 이민과 데모. 데모라고 해야 소리 한번 질러보는 것일 뿐이었겠지만, 그래도 중요한 호소의 수단이었다. 치안국 집계에 의하면 4·19 이후 1,611건, 하루 평균 9건 꼴로 데모가 일어났다고 하는데(《경향신문》 10월 23일), 그 가운데에는 목숨을 부지하기 위해 나선 '생계형 데모'도 많았던 것이다.

사람들은 이처럼 가난에 찌든, 전쟁의 상처를 채 벗지 못한, 미래가 없어 보이는 한국 땅을 벗어나, 미국으로 가는 것을 꿈꾸었다. 이민은 매우 근본적으로 다른 삶을 살게 되는 계기가 될 수 있었기 때문이다.

그중에서도 비교적 쉽게 비자를 받을 수 있었던 사람은 미군의 배우자가 된 여성들과 미국인 가정에 입양된 전쟁 고아들이었다. 1950년부터 1964년까지 약 6천 명의 여성과 5천여 명의 어린이가 다른 삶을 살기 위해 태평양을 건너갔다. 또한 1945년부터 1965년까지 6천여 명 정도의 젊은 학생들이 공부하기 위해 미국으로 건너갔다. 이들은 미국에서 받은 학위로 고국에서 부와 출세를 누릴 꿈을 꾸었을 것인데, 그대로 미국에 눌러앉는 경우도 많았다. 그들 또한 미국인이 되는 게 낫다고 생각했던 것이다.[43]

(51)

思想新書·週刊

昨年度에二萬五千餘

文化短信

山憲님이 假面劇
24日 梨花女高서

그러게 판잣집은 짓지 말라고 했지!_부산과 큰불

갰다 흐렸다 한 후 오후 한때 비. 11~20도

- 4월혁명 이후 거리에는 불륜과 '음탕한' 남녀관계를 다룬 영화와 극장 광고가 범람하여 일반 시민들과 미성년들에게 '악의 씨'를 뿌리고 있다. 혼란한 틈을 타서 영화 수입업자들은 새 정부의 영화정책이 마치 '에로영화 수입정책'인 양, 이 정권 때 수입 거부된 영화를 마구 수입하고 있고 중·고생들이 버젓이 영화관에 출입하고 있다.

- 24일 국제연합 창설을 기리는 '유엔 데이(UN day)' 축사에서 장면 총리는 지금 열리고 있는 유엔총회에서 한국대표단이 '대한민국'의 유엔 가입을 위해 열심히 활동하고 있으며, '사필귀정'으로 가입이 실현될 것이라고 주장했다. 그러나 소련의 거부권 행사로 한국의 단독 유엔 가입은 당연히 이루어질 수 없는 일이었다. 그로부터 딱 30년이 지난 1991년에야 한국은 북한과 함께 유엔 회원국이 된다.

10월 22일 새벽 부산 충무동 판자촌에서 큰 불이 났다. 불은 충무동 일대의 530동 660여 세대의 집을 홀랑 다 태워버렸다. 일반가옥 2백여 동과 빈민들의 판잣집 3백여 동 등이 잿더미가 되었다. 다행히 인명피해는 크지 않았지만 이재민은 무려 3,870여 명. 이재민들은 남부민국민학교와 신동아제관회사 창고에 수용되었는데, 이들 임시 수용소는 갑작스레 집을 잃은 이재민들로 "아비규환의 도가니"가 되었다〈동아일보〉 1960년 10월 23일).

　이날의 큰불은 작은 실수에서 비롯되었다. 김 모 씨의 집에서 넘어뜨린 촛불이 판자벽에 붙으면서 불이 커진 것이다. 이날의 큰불은, 소방도

로가 없어 진화에 어려움을 겪으면서 2시간 동안 계속되었다. 결국 김씨
는 '중실화혐의'로 구속되었다.

부산에서 유독 큰불이 잦았던 이유는?

1950년대와 1960년대 부산에는 유독 큰불이 잦았다. 전쟁 때문에 인구
가 갑자기 늘어나고 도시 공간이 정비될 틈도 없이 엄청나게 팽창하면
서, 부산은 화재에 완전 무방비 상태였다. 그 가운데 부산을 '화도火都'
라 불리게 만든 유명한 불은, 1953년 발생한 두 건의 화재이다. 1월 말 1
만5천여 명의 이재민을 만든 국제시장 대화재와, 같은 해 11월 2,600여
호의 가옥을 전소시키고 2만7천여 명의 이재민을 발생시킨 부산역 부근
화재가 그것이다. 특히 부산역 부근 화재 때는 화염의 높이가 50척에 폭
은 무려 3백 척이나 되었고, 불이 12시간 동안 지속되었다고 한다. 십수
킬로미터 떨어진 서면에서도 불꽃이 보일 정도였다는데, 이날 불은 전쟁
피난지 부산의 모습 자체를 크게 바꿔놓았다.

  이후에도 틈틈이(?) 부산의 판자촌과 고무공장에서 큰불이 끊이지 않
아, '부산'의 '가마솥 부釜' 자를 '부자 부富' 자 같은 다른 글자로 바꿔
야 한다는 주장도 나오곤 했다.

  1960년 4·19의 해에도 부산에서 여러 차례 큰불이 났다. 3월 2일에
는 범일동의 고무공장에서 큰불이 나서 75명의 여성 노동자가 불에 타
죽었고, 추석 직전인 10월 4일에 또 국제시장에 큰불이 나서 150개 점포
가 전소되었다. 그해 12월에도 두 차례 대형화재가 발생했다. 12월 21일
에는 송유관에서 불이 나 사상자 302명, 이재민이 8천여 명 발생했고,
성탄절 아침에 국제시장에서 또 큰불이 나서 234개 점포가 전소됐다.

잇따른 대형화재로 막대한 재산피해를 입은 부산 국제시장 화재 현장을 찾은 장면 총리. 1960년 10월 25일.

무대책 · 무관심 · 무책임, 예고된 인재

이러한 대형사고는 대부분 '인재人災'일 수밖에 없다. 10월 22일 화재도 '인재'의 요소가 끼어 있었다. 이를 조사하기 위해 국회 내무위원회에서 조사단이 파견되었다. 조사 결과 이 판자촌은 화재위험지구로 특정되어 있음에도 소방시설이 전혀 없고, 왠일인지 소방파출소는 폐쇄되어 있었다. 또한 주민들이 판잣집 밀집지대에 소방도로 개설을 요구했으나 묵살당했다 한다. 이에 대해 관계 공무원들은 이 지역이 쓰레기 매립지 위에 만들어진 주택지라 도로 개설이 불가능하다고 변명했다.

그리고 화재 진화 과정에도 큰 문제가 있었다. 경찰은 화재 발생 7분 뒤에 소화작업에 착수했다고 주장했지만, 조사 결과 화재 발생 50분 후

(54)

에야 본격적인 진화작업을 개시한 것으로 밝혀졌다. 뿐만 아니라 부산항 인근의 화재를 진압하기 위해 마련되어 있는 소방정 2척도 출동하지 않았다.

피해 실태 파악과 이재민 구호에도 문제가 있었다. 경찰 보고 결과 집계된 피해액은 5천6백만 환이었으나, 실제로는 2억 환을 넘을 것으로 추정되었다.

국회의원들은 경남도지사 사무실에서 보고를 받고 이와 같은 축소 보고는 이 정권 때부터의 악습이라고 목소리를 높였다. 또한 이재민들에게 주는 구호미도, 매일 1인 당 3홉씩으로 되어 있으나 실제 조사결과 1홉에 불과했다. 부식비 지급은 전혀 없었고 곧 닥칠 월동대책이 전혀 없다는 점도 문제였다(《경향신문》 1960년 10월 23~24일).

인재의 책임은 실무 공무원과 감독 고위공무원에게 귀착될 수밖에 없다. 그러나 앞의 51회와 54회 〈파고다 영감〉에 등장한 '장관' 님들은 오히려 피해자 탓을 하거나 '나 몰라라' 하는 태도를 취한다. 내각책임제 하에서 '장관'들은 해당 분야 행정의 최고 책임자이자 정치적 책임의 도달점이다. 젊은 만화가의 분노는 28회에서와 같이, 장면 정부의 '장관'들이 혁명 원흉과 별반 다르지 않다는 데에 이른다. 그들이 '민생'에 대

28회

해 알지 못하는 것은, 근원적으로 서민들과는 다른 종류의 인간이자 '원흉'에 가까운 인간들이기 때문인지도 모른다는 것이다.

파고다영감 (53)

다섯사람家族의 김장·간장 소금은?

무 배추百本·물五斗基準

하나님 아바지… _교회의 폭발적 증가와 구호물자

차차 흐림. 8~21도

- 10월 24일 전 해운노조 마산지부장 정준섭 씨가 뒤늦게 이승만 정권 시절의 비극 하나를 폭로했다. 그에 의하면 1959년 12월 14일 일본의 재일교포 북송을 방해할 목적으로 내무부 특정特情과 소속 공작원 50여 명이 일본에 밀파된 일이 있었고, 여섯 척의 배에 나눠 타고 마산항을 출발한 그들 중 〈명성호〉에 승선한 공작원 12명과 선원 6명 전원이 배가 침몰하여 익사했다고 한다.

- 법무부 사무차관 김영천 씨의 친동생 김기수(42)가 '간첩죄 및 국가보안법 위반' 혐의로 구속되었다. 김기수는 6·25 이후 평양 전구공장에서 일하다 1960년 2월부터 9월까지 평양시 간북동에 있는 비밀 아지트에서 밀봉교육을 받고 남한의 법조계와 교육문화기구에 침투하여 "평화통일"을 선전하고자 남파됐다. 그는 지난 10월 17일 임진강을 타고 서울로 들어와 형 김영천을 만나러 왔다가 형의 고발로 체포되었다.

중등학교 국어교과서에 오랫동안 실렸던 심훈의 『상록수』에서, 주인공 채영신이 무료강습소를 차려놓고 조무래기 아이들에게 한글을 가르치던 곳은 학교가 아니라 '예배당'이었다. 학교가 부족하던 시절, 예배당은 교육기관이기도 했던 것이다.

1960년대나 1970년대에 유년기를 보낸 사람치고 어릴 때 교회 한두 번 안 가본 사람이 있을까? 교회에서는 새로 온 아이들에게 공책이나 연필 따위를 쥐어주곤 했다. '없던' 시절, 교회에서 여름마다 하는 성경학교에 가면 손에 자두 몇 알씩은 쥐고 집으로 돌아올 수 있었고, 부활절에는 예쁘게 색칠한 삶은 계란 두어 개를 얻어올 수 있었다. 성탄절에는 또 어떤가. 노래도 부르고 연극도 하는 성탄 전야의 즐거움은 물론이고, 저녁에는 고깃국도 맛볼 수 있었다. 조금 머리가 굵은 아이들은 밤 늦도록 교인들의 집을 돌며 찬송가를 부르고, 과자며 오뎅 같은 것들을 듬뿍듬뿍 얻곤 했다.

돈 뿌리는 교회들

그 시절, 이렇게 철마다 이벤트를 벌여 배고픈 아이들에게 큰 즐거움을 선물했던 교회는, 도대체 어디서 그 물건과 돈들을 다 가져온 걸까? 모르는 사람들에게 그것들은 정말 '하늘에서' 떨어진 것처럼 보이지 않았을까?

한국의 교회가 지금처럼 '교인들'에게 재원을 공급받을 수 있게 된 것은 1960년대 중반 이후, 자본가들이 사회 전반에 확실히 뿌리내린 후의 일이다. 하지만 그보다 훨씬 전 교회는 이미 돈을 뿌리고 있었다. 그 돈은, 그 물자들은, 거의가 미국의 선교단체에서 온 것들이었다. 잘 알려져 있듯, 미국 장로교 선교사인 알렌 박사Dr. Horace Allen가 처음 한국 땅을 밟은 1884년 이후, 미국의 북장로교·남장로교·남감리교 등은 앞다투어 한반도 각 지역으로 선교사를 파송했다. 막대한 자금을 배경으로 한 미국 개신교회의 선교정책은 일제시대 내내 이어졌고, 한국전쟁 이후에는 이 선교자금이 '구호물자' 형태로 '베풀어졌다.'[44]

물량공세의 결과는 대단히 '파괴적'이었다. 가장 보수적인 유교문화를 유지하고 있던 경북 안동지역조차, 한국전쟁이 끝난 1953년 이후 불과 몇 년 사이에 교회 수가 80여 개에서 400여 개로 늘어났다. 그야말로 '성령의 역사'함이 아닌가!

한국전쟁 중 기독교세계봉사회의 구호음식을 먹고 있는 어린이들. 미국의 선교단체에서
들어온 막대한 선교자금은 구호물자 형태로 베풀어졌다.

이렇게 놀라운 교회 성장의 배경에 대해, 교회 사회학 쪽에서는 다음과 같이 솔직하게 말하기도 한다. "전쟁이 끝난 이후에 미국 교회가 남한에 막대한 구호물자를 보냈으며 많은 사람들이 이러한 물질적 원조에 감사하여 교회에 나오게 되었다."[45]고.

아닌게아니라 파고다 영감이 예배당에서 만난 고아원 원장도, "미국 사람들의 심령에 성령을 내리사 올 겨울엔 구호물자 많이 보내주시도록" 해주십사 기도한다. 한국의 고아들이 덜 굶으려면, 미국인들의 마음에 성령이 임해야 하는 셈이다.

배불뚝이 원장님

정부의 복지정책이라고는 생각도 할 수 없던 그 시절, 고아원 같은 복지시설은 거의가 해외 선교단체의 지원으로 운영되고 있었다. 1960년 12

월 현재 보건사회부 집계에 의하면, 전국 590개 아동복지시설에 수용되어 있는 고아 기아 6만7천여 명 가운데 6만 명이 사립기관에서 외국의 원조로 살아가고 있었다. 정부가 운영하는 국립시설은 5개에 불과했고 수용인원도 1,200명 정도였다(《동아일보》 1960년 12월 10일).

그런데 만화에서, 나비넥타이를 매고 머리가 벗겨진 고아원 원장의 몸피는 살이 피둥피둥하다 못해 터질 지경이다. 김승옥은 고아원 원장을 왜 이렇게 묘사했을까? 당시 기독교계 복지시설 기관장들이 외국에서 들어온 구호물자를 떼먹기라도 했던 것일까?

이 고아원 원장은 기도를 시작하며 "하나님 아버지"라고 한다. '아바지'는 이북 사투리이다. 이는 원장이 평안도 혹은 함경도 출신임을 의미한다. 해방 이전 이북, 특히 서북지역은 전통적인 교권세력이 존재하던 곳이었다. 해방 전인 1943년의 통계에 따르면, 교회는 말할 것도 없고 기독교계 사립학교의 70퍼센트가 서북지역에 몰려 있었다.[46] 이남에도 물론 기독교세력은 있었지만, 그 교세는 이북의 장로교세력에 비하면 턱없이 약했다. 이북의 이 장로교세력이 해방 이후 공산주의정권과 첨예한 갈등을 겪던 끝에 거의 월남하게 되었음은 잘 알려진 사실이다. 이들 장로교 세력은 북한 사회에서 경제적으로 중·상류층에 속했다.[47] 월남한 기독교인들은 이남에서 다시 교회를 세우고, 학교도 세우고, 고아원도 만들고 하면서 급속히 세력을 불려가게 된다.

월남한 기독교인들은 원래 이북에서부터 미국 장로교의 강력한 지원을 받으며 성장한 엘리트 층이었다. 그들은 전혀 '배고픈' 사람들이 아니었으며, 그래서 해방 후 북한 정권과 갈등을 빚을 수밖에 없었던 것이다. 〈파고다 영감〉에서 김승옥이 그린 배불뚝이 고아원 원장의 모습은,

이와 같은 배경을 지닌 월남 기독교 엘리트들의 전형이라고 할 수 있다.

1957년 이후, 미국이 한국에 대한 원조방식을 유상차관 형태로 전환하면서 이승만 정권은 심각한 타격을 받았는데, 이런 정책 전환에도 불구하고 미국 기독교계의 한국에 대한 구호선교는 더욱 확대되고 있었다. 당시 우리에게 기독교는 곧 힘, 좀 더 노골적으로 말하면 '돈' 자체였다. 우리 배고픈 아이들의 젖줄이 거기에 달려 있었다.

(56)

生活

◇

說明書 등 要件具備

내가 받았다면 멋지게 거절하지 _노벨문학상, 그 망상과 동경

개겠으나 때때로 흐림. 4~14도

• 서울시교육위원회 주최로 제9회 서울시 학도체육대회가 열려, 육상·축구·농구·배구·송구(핸드볼)·연식정구(부드러운 고무공을 사용하는 테니스) 등 여섯 종목에 걸쳐 경합을 벌였다. 전년도 종합우승교인 용산고 대표 신영우 군은, 서울운동장에서 거행된 개회식에서 대표선서를 하는 영광을 누렸다.

• 원화 대 달러의 환율이 1,000 대 1로 결정되자 시중 금값이 일제히 급등했다. 시장에서 원화의 가치가, 결정된 환율보다 더 낮았기 때문이다.

문학이든 미술이든 창작하는 사람들은 대개 자기 작업에 강한 자부심을 갖고 있다. 그 자부심은 때때로 망상으로 변하기도 한다. 일종의 과대망상. 사실 자부심과 망상의 경계는 모호할 때가 많다. 예술가를 신적 존재로 여겼던 시대의 잔영을 굳이 떠올리지 않더라도, 작가들은 자신들을 특수한 능력을 지닌 존재로 생각하는 경향이 있다. 이런 자부심이 곧잘 망상으로 변하고, 여기에 자기 연민이 더해지면서, '세상에서 알아주지 않는 고독한 천재'들이 술집을 배회하는 모습이 자주 연출된다.

'세상이 알아주지 않더라도 나는 내 갈 길을 간다.' 이 말에는 이미, 세상이 자기를 알아주기를 간절히 바라는 마음이 담겨 있다. 뭇사람들의 경의에 찬 시선을 받고 싶은 욕망. 가끔씩 그렇게 빛나는 존재가 된 자기 모습을 공상할지도 모른다.

56회 〈파고다 영감〉에는 이런 공상에 빠져 있는 작가들이 등장한다. 한국의 작가들이다. 다방이나 대폿집 같은 데 모여 있는 이들 작가들은 '내가 만약 노벨상을 받으면' 하는 공상에 빠져 있다. 공상이 공상인 것은 말 그대로 그것이 '헛된 생각'이기 때문이다. 현실에서 절대로 이루어질 수 없는 생각, 그래서 그것은 곧 망상과 동의어이다. 작가들의 생각이 망상에 불과한 것이었음은, 라디오에서 노벨문학상 수상자 소식이 흘러나오자마자 바로 드러난다. 행복한 공상은 너무도 짧았다.

"카뮈는 우리들의 정신적 동지"

그해의 노벨문학상은 한국의 모든 작가들이 동경하던 그곳, 프랑스 출신의 작가가 수상했다(1960년 노벨문학상 수상자는 프랑스 시인 생 종 페르스 Saint-John Perse였다.).

작가들은 왜 프랑스를 동경했을까? 사정은 이 시기 문학계를 조금 들여다보면 알 수 있다. 당시 한국 문학계를 '주름잡고' 있던 이들은 학계에서 소위 '전후세대'로 불리는 소설가 · 시인들이었다. '전후세대' 작가란 대개 1920년 전후에 태어나 한국전쟁 전후에 문단에 등장한 사람들을 가리키는데, 이들의 의식을 사로잡고 있던 사상이 실존주의, 그중에서도 알베르 카뮈 · 장 폴 사르트르 등의 프랑스 실존주의 문학이었다. 실존주의 열풍의 조짐은 이미 1950년대 초반부터 감지되었다.《현대문학》등의 문예지가 등장한 1955년 이전에 이미《사상계》같은 잡지를 통해 여러 차례 실존주의가 집중적으로 소개되었다(《사상계》만 하더라도

한국 작가들의 존경을 한몸에 받은 프랑스 작가 알베르 카뮈. 한국 작가들은 카뮈를 '정신적 동지'로 여겼고, 카뮈에 심취한 나머지 동반자살한 문학소녀들도 있었다.

1952년 11월호, 1953년 12월호, 1954년 1월호·8월호·11월호에서 실존주의를 다루었다.). 실존주의는 당대의 사상이자, 지적 유행이었던 것이다.

이런 분위기는, 김승옥이 〈파고다 영감〉을 그리던 그해 1960년까지도 이어졌다. 1960년 벽두, 모두 존경해 마지않던 프랑스 작가 알베르 카뮈의 부고가 전해지자, 우리 문단에서는 즉시 카뮈의 추도식을 거행했다. 문학비평가 이헌구는 추도사를 통해, "모든 현대 지식인의 고민을 한 몸에 짊어진 채 이 세상에 태어난", "우리들의 정신적 동지" 카뮈의 삶은 영원히 "우리들 속에서 재생"[48]될 것이라고 했다. 종교의례에서나 들을 법한 추도사와 비장한 분위기가 연출된 것이다. 희한한 풍경이다. 하기는 카뮈에 심취한 조숙한 여중생 두 명이 동반자살한 일도 있었으니(《서울경제신문》 1960년 8월 21일).

사실 이 시대 작가들의 망상에는 약간 기괴한 측면도 있다. 소설가 장용학은, 자기 세대를 일본 문학의 아류라고 비판하는 말에 응수하면서 "일본 신인과 이 땅의 신인은 그 세대가 같다"라는 엄청난 말을 하기도 했다. 한국과 서구 일본의 작가들이 '같은 시간'을 살고 있다는 뜻인데, 그 근거로 내세우는 것이 더 놀랍다. 한국도 '세계적인' 전쟁을 치렀기 때문이라는 것이다.[49] 전쟁은 현대의 '불안'(실존주의의 용어이다.)을 경험케 했고, '실존의 위기'를 자각하게 했고, 그렇게 변방의 한국 작가들로 하여금 서구와 '같은 시간'을 살고 있다고 생각하게 만들었다.

"쌀과 연탄부터 들여놔야지……"

한국전쟁과 2차 세계대전을 같은 맥락으로 바라보는 이들에게, 전쟁은 곧 일종의 자부심의 근거였던 셈이다. 이 자부심이 실은 망상 수준에 그치고 있음은 이 만화 〈파고다 영감〉에서도 바로 나타난다. 노벨문학상을 수상한다면 하고 싶은 일이, 고작 '쌀과 연탄'을 사는 것이라니. 1960년 노벨상 수상자가 받을 상금은 미화로 환산하면 4만3천 달러 정도로, 현재의 6억 원에 달하는 큰 액수였다. 비록 공상이나마 그 돈으로 집을 사고 차를 사지는 못할 망정 쌀과 연탄을 사겠다. 정확히 그들이 놓인 현실을 말해주는 공상이다.

그런데 한 작가는, 다른 작가들이 초라한 공상이나마 깨지고 난 후 우울해하는 그 순간까지도 여전히 공상의 끈을 놓지 않고 있다. 만약 자신이 노벨문학상을 수상했더라면 멋지게 거절했을 거라고. 2년 전인 1958년 소련 작가 보리스 파스테르나크Boris Pasternak가 노벨문학상 수상을 거부했던 일로 공상이 넘어간 것이다. 이 장면은 코믹하다 못해 애처롭기까지 하다.

자신들이 서구나 일본과 동시대, 같은 공간을 살고 있다는 생각은 착각에 불과했다. 일본조차 몇 년이 지나지 않아 노벨상 수상 작가를 배출했다. 가와바타 야스나리〔川端康成〕가『설국雪國』으로 노벨문학상을 수상한 해는 1968년이다.

어쩌면 이렇게 말해야 할지 모르겠다. 가난뱅이 한국 작가들도 그 모든 사정을 잘 알고 있었다고, 마음 깊은 곳에서는 서구와 일본 그리고 자기 나라 사이에 넘기 어려운 깊고 넓은 강이 흐르고 있음을 잘 알고 있었다고, 노벨문학상 수상 같은 공상은 그냥 술안주 삼아 즐긴 것일 뿐이라고. 이렇게 생각하지 않으면 이 만화는 너무 우울한 것이 되어버린다.

三町步넘어도 所有權을 認定

개새끼의 투쟁 경력 _ 원칙 없이 진행된 공무원 정리와 채용

흐렸다 갰다 함. 5~15도

- 10월 27일 밤 10시 45분경 신설동~노량진 간 '합승택시' 서울 영 141호가 종점인 노량진을 눈앞에 두고 한강 인도교 난간에서 추락했다. 승객 10명 중 7명이 사망했다.

- 자유당 정권 때 대검찰청 정보 담당 검사였던 오제도와 서울지검 정보부장이었던 조인구가 '괴뢰간첩'에게 압수한 수만 불의 공작금을 착복한 혐의로 법무부 국정감사에서 말썽이 일어 조사를 받는 중이다. 오제도는 해방기에 보도연맹을 만든 유명한 공안검사이자 우익투사이다.

헙수룩한 사내들이 하나씩 나타나서 '공무원 정리'라는 슬로건이 붙은 건물 앞에 서 있는 뚱뚱한 사내에게 아부를 해댄다. "열성당원"이며 "민주당에 충성을 다할" 자세를 취하고 나타난 이들은 공무원이 되고 싶은 사람들이고, 오른쪽 화면의 뚱뚱한 사내는 집권 민주당의 고위 당직자이다.

자유당 정권을 떠받든 '독재'와 '부패' 구조의 장본인(들)이자, 결국 3·15 부정선거와 4·19 발포라는 범죄를 저지른 당사자들, 즉 제1공화국 공무원의 처리 문제는 장면 정권의 큰 과제였다.

장면 정권은 두 가지 과제를 모두 해결하기 위해 '공무원 정리요강'을 마련하여 3·15 부정선거에 관여하거나 부정축재 혐의가 있는 공무원을 대폭 정리하기로 했다. 그래서 그해 여름과 가을, 행정·사법부에 걸쳐 '공무원 정리'가 시행되었다.

부정선거 및 발포와 직접 관련된 내무부는, 10월 하순 3·15 부정선거에 관여한 일선 경찰서장 및 4·19 때 발포가 있었던 지구의 서장 등 70명의 총경을 해임했다. 이에 발맞추어 서울시경도 경감과 경위급 10여명에게 사표를 종용했다. 교통부는 이승만 정권에 열심히 충성했던 11명의 국장급을 이미 과도정부 시기에 정리한 데 이어, 10월 말까지 총 40명을 자르기로 했다. 검찰과 경찰은 '자가숙정' 방식으로 이승만 시절의 유산을 스스로 정리하고 있었다. 법무부는 9월 24일자로 3·15 부정선거 당시의 검사장 전원과 고위직 검사 10명을 해임했다.

공무원 정리는 민주당 맘대로?

그러나 이러한 공무원 정리작업은 일관성 있거나 철저하지 못했으며, 서울과 지방이 또 달랐다. 당연히 정리에 대한 반발도 있었다. 예컨대 4·19 직전 일본으로 도주한 마산경찰서 사찰주임을 비호해준 경찰들은 자리를 지키고 있었다.

문제는 장면 정권이 공무원사회를 완전히 장악하지 못했다는 데 있었다. 10월 하순 국회 내무위원회 보고에 의하면, 경찰은 장면 정권과 4·19에 불만을 품고 사실상 태업중이었다(《경향신문》 1960년 10월 28일). 게다가 자유당 정권이 경찰의 정보예산을 몽땅 써버려 대공사찰이 중지된 상태였다. 총선 때 경찰 정원을 2만5천 명으로 감원하겠다는 공약을 내걸었던 민주당 정권은, 정권 안보를 위해 공약과는 반대로 이제는 오히려 경찰 공무원의 증원을 기도하고 있었다.

이처럼 구정권 하수인들을 처리하고 새로운 권력을 창출하는 일은 쉽지 않았는데 구시대의 인물들을 숙청한 후 그 자리를 어떤 인사들로 채워넣을 것인가 하는 것도 문제였다. 이는 모든 정권교체의 중요 과제이며, '수권능력'의 상당 부분도 여기에 달려 있다. 한데 집권 민주당은 10월 말 현재 낡은 공무원을 잘라내는 일보다 새로 공무원을 채용하는 방법 때문에 반발을 샀다. 57회 〈파고다 영감〉도 이를 꼬집고 있다. 민주당이 전국적으로 민주당 핵심 열성당원을 공무원으로 채용할 방침을 정하고, 이에 따라 당 핵심부서에서 당원 10명씩을 추천하기로 한 것이다.《경향신문》도 이에 대해 비판적인 자세를 취하여 "정권교체와 무관한 건전한 직업공무원제가 확립되어야 하며, 정당 관계자를 임시방편으로 공무원으로 등용하는 것에는 절대 반대한다고 했다."(《경향신문》 1960년 10월 28일)

이때까지는 아직 직업공무원 제도가 정착되어 있지 않았다. 제2공화국을 만든 제3차 개헌(1960년 6월)을 통해 처음으로 헌법에 공무원의 신분보장에 대한 규정이 포함되었지만 구체적인 시행법은 없었다.[50] 장면 정권은 구정권의 공무원을 과감하게 정리하는 한편, 공무원의 신분을 보장함으로써 국가 행정 시스템의 안정성을 확보해야 하는 모순된 과제를 제대로 시행하지 못했다.

김승옥은 그런 민주당을 급기야 개에 비유하였다. 뚱뚱한 민주당 당직자는 개에게 "훌륭한 투쟁 경력입니다."라며 높임말로 치사한다. 만화는 민주당에 대한 가장 강도 높은 공격의 자세를 취하고 있다. 누군가를 개에 비유하는 것은, 한국에서는 최상급의 욕설이기 때문이다. 자유당에 맞서 민주당이 벌였던 투쟁은 민주당이 스스로 보기에는 "훌륭한 투쟁 경력"이지만, 만화가가 보기에는 개새끼도 할 수 있는 수준의 것이었다.

（58）

파고다영감 金三光

韓國沿岸漁場에 연
러 無斷코 短艇으로 漢
나와 民間心과 努力을 기
울이고 있다는 것을 알수
있으며 오랜 過去로부터 고사
하고 近世朝鮮時代로부터
그것이 韓國의 漁場이라는
것을 잡아서 그 다음해

★★★★★★★★★★★★

生活

소주二合에

뒤탈없고

"어리석은 국민아 굿모닝" — 이승만에 대한 엇갈린 감정

때때로 개이고 흐림. 8~15도

- 서울시 부녀과에 의하면, 4·19 이후 당국의 무능 때문에 서울의 사창私娼인구가 걷잡을 수 없이 늘고 있다. 서울에는 양공주 외에도 1,981명의 창녀와 439명의 포주가 '등록' 되어 있다. 용산역 주변에 890명, 서울역 앞 양동·도동 일대에 330명, 일명 '종삼' 이라 불린 종로3가에 215명 등이다.
- 서울 용산경찰서는 한남동·보광동 일대를 무대로 날뛰던 세칭 '텍사스파' 깡패 4명을 구속했다. 붙잡고 보니 '텍사스파' 의 두목 배상호는 17세 소년이었다.

드디어 '이 박사' 가 〈파고다 영감〉에 등장했다. '국부國父'로 혹은 '권력욕의 화신' 이나 '분단의 원흉' 으로 간주되는 이승만은, '대통령' 이라는 명칭보다는 주로 '이 박사' 라는 '애칭' 으로 불렸다. 'YS' 나 'DJ' 처럼 말이다. '이승만' 이라는 당시 최대·최고의 아이콘을 등장시킴으로써 〈파고다 영감〉은 시사만화로서 그 경지에 올랐다. 오늘날에는 신문만화에서 거의 매일 최고권력자의 얼굴을 볼 수 있(어 오히려 지겹)고, 심지어 범죄자연 그린 신문도 아무 문제 없이 발간되지만 이전에는 그렇지 않았다. 신문만화는 오랜 기간 검열과 감시의 대상이었고, 방정맞은 만화에서 감히 '용안龍顔' 을 그린다는 것은 '민주화' 이전에는 상상하기 어려운 일이었다. 재임 기간 동안 수많은 사람을 살해한 박정희와 전두환이 네 컷짜리건 한 컷짜리건 만화로 그려진 적이 있는가?

이승만이 누군가? 그야말로 '원흉' 중의 '원흉' 아닌가? '4·19대혁명'도 그를 대통령 자리에서 쫓아내기 위해 시작되지 않았던가. 이제 이 승만이 권좌에서 물러나고 하와이로 떠난 지 약 5개월. 이 시점에서 그가 자기가 다스리던 한국을 본다면 어떻게 생각할까 하는 것이 이 만화의 발상이다. "혁명이고 뭐고 이 정권 때와" 다른 게 없고, "제 부하들도 다 석방된" 현실을 이승만이 비웃고 있다. "어리석은 국민"이 자기를 내쫓았지만 달라지거나 좋아진 것은 없다. 혁명재판에 이승만을 소환해야 한다는 여론도 있었지만 소수파에 불과했다.

만화의 네 번째 컷에서 이승만은 세단을 타고 연도의 시민들에게 손을 흔들고 있다. 영어로 "굿모닝!"이라고 인사하며. 이 장면은 이승만의 하야와 이어진 망명 때의 정황으로부터 만들어진 것이다.

"하야하신 할아버지를 편안히 해드립시다"

4월 26일 하야를 발표한 이승만은, 28일 경무대를 나와 오늘날의 종로 5가와 대학로 사이에 있는 이화장의 자기 집으로 갔다. 사실 이승만은 그날 아침까지만 해도 걸어서 이화장까지 간다며 똥고집을 피워 사람들을 당황하게 했다. 장면을 비롯한 민주당 대표단이 이를 만류하러 경무대를 찾았으나 듣지 않았다. 이승만이 걸어서 경무대를 떠난다는 소식을 듣고 고려대생 30여 명이 '호위'를 위해 달려왔고, 시민들이 몰렸다. 오후가 되자 떠나는 '이 박사'를 구경하러 나온 시민들로 세종로부터 경무대 입구까지 가득 메워졌다. 종로경찰서장이 '이 박사'가 차를 탈 것이라고 군중을 겨우 진정시키고 난 뒤, 2시 35분 그를 태운 세단이 경무대를 출발했다. 이때의 광경은 다음과 같다.

어떤 의미에서든 국민의 가슴에 크게 자리잡았던 이승만 박사이기에 막상 경무대를 나온다니까 허탈 같은 감정이 시민의 걸음을 경무대 연도로 이끌어 왔을까. 더구나 노박사가 걸어서 이화장에 가리라는 소문은 착한 백성의 눈시울을 자극하였으며 이윽고 이 박사의 승용차가 서서히 시민 앞을 지나가자 석별의 박수가 터져나왔다.(《경향신문》 1960년 4월 29일)

그리고 차가 원남동 로타리 앞으로 지나가자 거리를 가득 메운 시민들 중 일부가 "만세"를 외쳤다. 대부분의 시민들은 침묵하며 이 박사를 보냈지만 일부는 그렇지 않았다.* 어떤 학생은 이 박사가 탄 차 앞에서 "만수무강"이라고 쓴 플래카드를 들고 서 있었다.

이화장 앞에도 사람들이 잔뜩 모여 있었다. 이 박사의 집 이화장 정문 앞에는 "국부 이 박사 만세" "평안하시라 여생" 등의 벽보가 붙었다. 동국대 경제학과 2학년 한영휘는 이화장 앞 광장의 지프 차에 올라 "이 박사를 다시 대통령으로 모시자!"고 소리쳤다. 군중 속에서 몇 명이 박수를 쳤다. 한영휘는 기자들 앞에서 "나도 지난번에 데모를 한 사람입니다.

---

* 이승만의 이화장 행에 대한 《동아일보》와 《경향신문》의 사안에 대한 보도 태도는 크게 다르다. 《경향신문》이 국민들이 보낸 박수에 강조점을 두고 이 박사 하야를 감상적으로 바라본 데 비해, 《동아일보》(4월 29일자)는 훨씬 비중을 작게 두고 "길가에 도열한 군중 틈에서는 박수를 쳤으나 대부분 무표정한 얼굴로 바라다보면서 저마다 감개무량한 듯 침묵을 지키고 있었다."고 다소 냉정하게 썼다.

하야 발표 후 경무대를 나와 차를 타고 이화장으로 향하는 이승만.

이기붕 정권이 부패한 것도 잘 압니다. 그러나 할아버지만은 건실한 애국자입니다."(《경향신문》 1960년 4월 29일)라고 말했다.

그러자 '경비' 중이던 고려대생 하나가 한영휘를 끌어내리고 다음과 같이 말했다.

"여러분 데모가 겨우 가라앉은 지금 또 저런 자가 나타나서 민심을 동요하는 것을 경계하시오. 그리고 이미 하야하신 할아버지를 편안히 해드립시다. 우리 학생들은 어느 개인이나 정당을 위해 일어난 것이 아니고 오직 국민을 위해 일어난 것입니다."

이 학생은 한영휘보다 더 많은 시민의 박수를 받기는 했다.

'이 박사' '할아버지' 만은 애국자이다. 하야하신 할아버지를 편안히 해드리자. 이것이 혁명 성공 직후, 4월 말 대중의 심사이기도 했다. 한때 이승만 정권에게 심한 탄압을 당했던 《경향신문》도 보도기사의 제목을 "여생 평안하시라."고 뽑았다. 《경향신문》은 우리 백성이 착하고 평화를 사랑하는지라 물러난 노정치인을 평화롭게 보냈다고 썼다(《경향신문》 1960년 4월 29일).

이승만은 이화장 집에 도착하고 난 뒤에도 모여든 시민들을 향해 여유롭게 손을 흔들었다. 이승만은 어쨌든 자진하야 형식으로 권좌에서 내려옴으로써 최후의 그리고 최소한의 품위를 지킬 수는 있었다. 아니 그 이상이기도 했다.

이승만 하야의 정치적 효과

이승만이야말로 지난 12년간의 모든 폭정과 부패 그리고 '피의 화요일' 발포發砲의 실질적 배후였다. 그렇기에 그를 부정하고 단죄함으로써만 다른 모든 '원흉' 들을 온전히 단죄할 수 있으며, 모든 혁명 후의 조치들이 진정한 혁명의 과정이 되게 할 수 있었다. 하지만 그것은 불가능했다.

4월 말의 '백성' 들은, 이기붕을 비롯한 하수인들은 용서할 수 없었지만 여든 노인인 늙은 이승만을 철저히 단죄할 생각은 거의 없었다. 이는 왕의 목을 잘라본 적 없는 우리 전통에서 기인한 것일 수도 있고, 혁명의 성공이 가져다 준 일시적인 여유와 안정에 대한 바람 때문인지도 모른다.

물론 4월 27일 이기붕과 그 일가의 동반자살에서 받은 충격도 크게 작

용했다. 국민적 분노의 최대 표적이 일시에 사라져버린 것이다.* 정치적
으로도 4월 26일 이승만의 하야 발표를 계기로, 혁명적 열정과 분노는
급격하게 다른 감정으로 바뀌었다. 희생자들이 발생하고 있을 때의 심경
과, 승리가 확인될 때의 대중심리는 같은 것일 수 없다. 희생자들의 피와
일상의 중단은 피로감을 만들기 마련이다.

한편으로는 일상의 시간을 회복하고 다른 한편으로는 혁명의 지속을
위한 동력을 구조화하는 일이 필요했다. 그러나 아무래도 혁명은 너무
급작스러웠고 혁명의 주체는 아직 없거나 많이 미숙했다. '이만 하면 됐
다'는 심사가 급속하게 퍼지고 있었으며, 혁명의 한 주역이었던 학생들
은 혁명을 낭만적으로 파악하는 경향이 농후했다. 학생들은 4월 26일 이
승만 하야가 발표되자마자 '수습'에 나서서 거리를 청소하고 '질서' 유
지에 나섰다.

그럼 학생들 외에는? 1960년 4월 28일 상오 10시 부산지구계엄사무소
는 26일 부산지역 데모에 가담했다가 마산까지 몰려갔던 '깡패들' 가운
데 86명을 붙잡았다고 발표했다. 이들 '깡패'들은 마산·밀양·창원 등
지를 휩쓸어 각 경찰관서와 자유당 사옥 및 여당 인사 집 등을 무차별 공
격했다고 한다(《동아일보》 1960년 4월 29일). 이들이 과연 '깡패'였을까? 자유
당사와 경찰서를 공격한 그들은, 바로 혁명이 필수적으로 만들어내는 민

---

* 이와 관련하여 사회학자 이만갑은 1961년에 쓴 글에서 흥미로운 말을 했다. 이기붕 일가의
  자살에 한국 사람들이 큰 충격을 받았는데, 이 충격은 집단자살 자체보다는 이씨의 대가 끊
  어졌다는 데 있었던 것 같다는 것이다. 한국적 온정주의나 봉건적인 경로사상 등이 작용하여
  결과적으로 최고 통치자에 대한 대한민국 '백성'의 생각은 '비정치적'이고 '나이브'했다(이
  만갑, 〈가족관념과 산아 제한〉, 《사상계》 97호, 1961년 8월).

1960년 4월 26일 질서 회복과 거리 청소에 나선 학생, 시민들. 수습에 나선 학생들은
'모두 집으로 돌아갑시다' 등의 구호를 내걸고 '질서' 유지에 나섰다.

중적 급진분자였을 것이다. 거리를 청소하면서 '육법전서에 근거한' 혁
명을 생각한 '먹물'과 달리, 이들이야말로 좀 더 혁명을 혁명답게 밀고
나갈 주체의 한 부분이 아니었을까?

야반도주로 천수를 누리다

어쨌든 '원흉 할아버지' 이승만은 혁명의 낭만이나 미숙, 불철저 혹은 노인공경 사상 때문에 천수를 누렸다. 그는 사실 최후까지 권력을 포기하지 않을 꿍심이었고, 그래서 측근인 허정을 임시 내각수반으로 앉힐 수 있었다.

그리고 과연 이러한 상황을 이용해서 이승만은 경무대에서 물러난 지 딱 한 달 뒤 하와이로 도망을 갔다. 공식적인 역사는 고상한 말로 '망명'이라 기록하고 있지만, 그것은 단지 수사修辭일 뿐 실질적으로는 '도망'일 뿐이었다. 그는 허정 과도내각·미국과 협의하여 비밀리에 출국을 추진하여, 미국대사관에서 임시 비자Temporary Visa를 발급받았다. 이승만이 선글라스를 끼고 까만 세단을 타고 이화장을 나서서 공항으로 떠난 시각은, 5월 29일 새벽이었다.

그 전까지 굳이 이승만을 잡아들여야 한다는 여론이 있었던 것은 아니지만, 막상 그가 달아나자 여론은 악화되었다. 그가 바로 처단해야 할 '원흉'이라는 사실이 새삼 환기되었다. 민주당의 양일동 의원은 "모든 부정의 수사가 고인이 된 이기붕 씨에게서 멈칫하고 있는 데 대해 국민은 의혹을 갖고 있다."면서 이승만의 역사적 과오에 대한 본질적인 문제 하나를 제기했다. "김구 선생과 조봉암 씨 살해사건 수사가 전개되면 그 대상의 정점이 될 이 박사의 망명을 묵인한 과도정부의 태도를 국회로서는 추궁해야 한다."고 했다. 사회대중당의 윤길중도 이승만에 대한 심각한 기억을 환기했다. 6·25 때 이승만이 "전시민을 남겨두고 달아났듯이" 지금도 "민중의 심판이 두려워 도망했다는 것은 그가 애국애족을 부르짖은 일의 기만성을 폭로"한다고 말이다. 물론 공식적으로 김구·조봉암 '살해'와 6 · 25와 관련된 이승만의 책임은 조사된 바도 추궁된 바도 없다.

한편 장면은 "이 박사 부처의 탈출은 의외의 일이며. 경악을 금할 길이 없"다면서 "12년간의 학정과 부패독재에 대해 구체적인 인책과 사죄를 취하지 않고 도주한 것은 무책임"하다고 했다. 그러나 장면은 이승만이 "광복운동에 바친 공로나 연로하고 고독한 현재의 환경을 생각할 때나 개인으로는 애석한 마음을 금할 길이 없다."고 덧붙였다.

장면의 생각이 다수 한국인의 생각이었다. 야당의 항의를 받자 허정 내각수반은 이승만의 출국이 "시국 수습에 도움이 될 것"으로 생각했다면서 "노인이" 하와이에서 휴양하겠다는 것을 거부할 수 없었다고 했다. 이날 《경향신문》은 사설에서 "노박사의 여생에 신의 가호가 있기를 마지막 빌어 마지아니한다."고 썼다(이상 《경향신문》 1960년 5월 30일). 이승만은 자신의 '연로年老' 함, 그리고 사람들이 '개인적으로는' 이라는 말을 붙이면서 동정과 이해로 유柔해지는 바로 그 순간을 파고드는 데 성공했던 것이다.

이승만은 하와이 도착 직후 성명에서, 국민을 존경하며 건강이 허용하면 "귀국하겠다."고 했다. 진심이었는지 알 수 없지만, 대한민국 '국부國父'의 최후는 그렇게 치사스럽고 초라했다. 그로써 부패와 학정의 최고 · 최후의 책임자들은 다 없어진 셈이었다.

1960년 11월, 12월

입동入冬.

전통적으로 입동은 김장철의 시작을 알리는 신호였다.

'동장군冬將軍'이라는 말은

살기 어려운 시절일수록

피부에 와닿는 말일 것이다.

그 계절이 막 시작되고 있었다.

(62)

◇17世紀의 장잡

겨울동안은 메마르는

腐葉土를 쓰는게 좋

고양이 목에 방울 달기_1960년의 통일운동(1)

맑겠으나 오후부터 구름이 낌. 17~3도

- 11월 3일 오전 11시 대구 중앙초등학교 강당에서 '대구지구 초·중·고교 대의 원대회'가 열렸다. 참석자들은 2·28 경북고 학생 데모를 기리기 위한 기념탑을 건립하기로 했다. 2·28 데모는 전국적인 고교생들의 반정부시위의 도화선이 되었다.

- 미군방송 AFKN은 11월 9일 상오 11시부터 다섯 시간에 걸쳐 케네디와 닉슨이 대결을 펼친 미국 대통령선거 실황을 위성 중계방송할 예정이다. 사상 유례 없는 이 선거 실황 중계는 미 전역에 걸친 투표 상황과 더불어 결과도 나오는 대로 보도할 예정이라 한다.

1960년 4·19에서 1961년 5·16까지의 기간이 '혁명의 시간'이었음은, 이 시기 촉발된 통일운동을 통해 증명된다. 1948년 남북한에 각각 정부가 수립된 이래, 한국 사회를 기본적으로 규정짓는 모순의 한 축이 분단이며, 한국 사회의 변화에 대한 사유와 실천이 다다를 한 궁경窮境이 '통일'이기 때문이다. 분단된 지 무려 60년이라는 시간이 지나고 남한과 북한의 관계가 완전히 바뀐 오늘에는 좀 달라졌지만, 변혁의 최종심급에 통일이 있었다.

왜 통일운동인가?

11월 1일 서울대 학생들이 발족시킨 '민족통일연맹' (이하 민통련)은 큰 충격을 주었다. 이 단체의 발족은 7·29 총선 이래 본격화된 통일 논의를 수렴한 결과이며, 4·19를 주도한 학생들의 일각이 드디어 본격적으로 자기 운동의 정치적 방향을 결정하고 전면에 나서겠다는 의지를 표명한 것이기 때문이다.

서울대 '민통련' 은 먼저 당시 대학생들이 추진하던 신생활운동을 무이념적인 운동이라 비판하여 전국의 학생 사회에 충격을 주었고, 번져나가던 각계·각층의 통일운동과 통일 논의를 가속화하고 논쟁을 유발했다.[51] 이후 1960년 겨울부터 5·16 쿠데타로 4·19의 숨통이 끊어지던 이듬해 봄까지, 경향 각지의 대학에 세워진 '민통련' 이 학생운동을 사실상 주도했다.

1960년의 통일운동을 어떻게 평가해야 할까? 그보다 훨씬 시급한 현실적인 과제도 많았을 텐데 왜 통일운동이었을까?

1948년 분단으로부터 시간적 거리는 불과 12년. 1953년의 휴전으로부터는 7년. 민족은 분단으로 인해 절멸의 고통을 맛보았고, 또 그 고통이 '지금 당장' 흘러넘치고 있었기에 '통일' 은 무엇보다 강한 당위였을 것이다. 그러나 반대로 그 고통이 실로 현실에서 강력하게 재생산되고 있었으므로 통일을 위한 실질적인 논의와 진전은 사실상 불가능했다. 증오와 불신이 남북에 넘쳐났기 때문이다. 고지가 바로 눈앞에 있는 듯했지만, 실제로는 아무도 거기 오를 수 없었다.

분단과 전쟁은 '이념 대립' 과 '외세의 개입' 이라는 두 요인으로 초래됐다. 그러하기에 통일을 위해서는 첫째 남한과 북한 혹은 민족 내부 집단

사이에 실재하는 갈등과 불신을 씻고 정치적으로 크게 타협하는 일과, 둘째 우리를 둘러싼 강대국들이 한반도에 걸린 자신들의 이해관계를 조정하고 합의하는 일이 필요했다. 중요한 사실은, 둘 중 어느 것이 더 규정적인가가 아니라 두 요인이 서로 긴밀히 영향을 주고받는다는 점이며, 두 요인이 함께 변화하지 않으면 통일은 결코 불가능하다는 점이다.

근대 이후 한반도의 정세는, 상존하는 적어도 네 개의 독립변수(미국, 한국, 북한, 중국)와 두 개의 종속변수(일본, 러시아) 사이의 복잡한 작용으로 결정되었다. 이 '독립'과 '종속'의 위치 및 관계는 역사적으로 변해왔다. 그런데 민족적 화해와 타협의 의지가 충만할 때에만 외세는 한반도의 평화를 위한 방향으로 움직이며, 한반도를 둘러싼 외적 정황이 불리하거나 강대국 사이의 대결이 치열했을 때 민족 내부의 갈등도 커졌다. 예컨대 미군 주둔과 한미상호방위조약(1954)은 미국이 영원히 통일 문제의 중요 독립변수이게끔 만들었다. 이는 북한체제를 경직되게 하여 통일에서 더욱 멀어지게 만들며 다시 남한의 지배체제가 '반공-친미'를 끝까지 지향하도록 작용한다.

1960년의 정황은 외적 환경과 내부 대결이라는 두 가지 차원에서 모두 완전히 새로운 전기轉機가 되는 듯했다. 우선 이승만 정권의 붕괴와 민주주의로의 일보 전진은, 분명히 남북한 당사자 관계에서 새로운 국면을 여는 계기가 될 수 있었다. 이승만 정권은 1948년 이래 분단과 전쟁의 당사자였기 때문이다.

남한 정권이 바뀌고 민간의 통일 논의가 활성화되자 북한도 적극적으로 나섰다. 북한 조선로동당과 사회단체들은 '4·19 혁명'이 한창 진행 중이던 4월 21일과 27일에 잇달아 '남북 정당 사회단체 연석회의'를 제

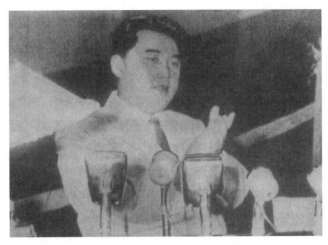

1960년 8월 14일 '8·15 경축대회에 보고' 자리에 나선 김일성. 이 자리에서 김일성은 새로운 통일방안을 제시했다.

안했고, 김일성은 장면 정권이 출범하고 난 뒤인 1960년 8월 14일 '8·15 경축대회 보고'에서 '남북한 사이의 최고민족위원회 설치, 외세 간섭 없는 남북협상을 통한 총선거'를 골간으로 하는 통일 방안을 제안했다.

이 시기 북한은 전쟁 때 미국에 의해 철저히 파괴된 국토를 성공적으로 재건하며 고속 경제성장을 하고 있었다. 1954~1956년의 전후복구 3개년 계획과 1957년 이래 '인민 경제발전 5개년 계획'도 성공적으로 수행되었다. 그 결과 남북한의 경제 격차는 상당히 벌어졌다. 북한은 남한보다 무려 7배의 전력, 9배의 석탄, 5배의 철강, 9배의 시멘트, 9배의 트랙터 생산능력을 갖고 있었다. 남한의 1인당 GNP는 80달러로 북한의 179달러의 절반에도 못 미쳤다. 북한은 강한 자신감을 바탕으로 남한에 대한 포용과 지원정책을 펴고자 했다. 남의 농지개혁을 지원하기 위해 무상몰수 무상분배에서 발생할 정부 비용과 손실을 북한 정부가 보전해

주겠다는 제안까지 했고, 가난하고 불쌍한 남한의 정황을 '천리마운동'의 동원이데올로기로 이용하여, '남한을 돕기 위해 더욱 정진하자'는 식의 구호가 나오기도 했다.[52] 이러한 북한의 경제 우위는 1970년대 초까지 지속된다.

한반도를 둘러싼 국제정세에도 새로운 국면이 도래하는 듯했다. 냉전이 완화되는 조짐이 여기저기에서 나타난 것이다. 가장 중요한 변화는 미국과 소련을 양대 축으로 하는 동서체제가 전쟁을 피하고 공존하는 쪽으로 방향을 잡은 것이다. 서로의 힘을 인정하고 핵전쟁이 될 3차대전을 피하기 위해서였다. 냉전의 완화는 흐루시초프가 1959년 9월 미국을 방문하여 정상회담을 함으로써 본격화되었다. 소련 수상의 미국 방문은 '반공' 밖에 모르던 한국인들에게 특히 큰 충격을 주었다.

새롭게 떠오른 '중립화 통일방안'

어떻게 통일할 것인가? 학생과 진보적 지식인, 진보정당 등이 제기한 통일방안은 크게 '한반도 중립화 통일방안'과 '반외세 남북협상론' 두 가지였다. 그중 '민통련'을 위시한 대다수 진보진영이 표명하고 나선 통일론이 중립화 통일방안이었다.

중립화 통일론은 한반도의 군사적 긴장을 해소하고 스위스 혹은 오스트리아식 중립국을 만든다는 구상인데, 이는 전혀 근거가 없는 것도, 역사적·정치적 배경이 없는 것도 아니었다. 한반도를 중립화하고 군사적 긴장을 해소하자는 생각은 휴전 당시부터, 그리고 국무성을 중심으로 한 미국의 비둘기파도 생각해본 것이었다.*

1960년 10월 20일에는 미국 민주당 상원의원 마이크 맨스필드Mike

Mansfield가 극동 방문을 마치고 상원외교위원회에 중국과 일본에 관한 보고서를 제출하면서, 한반도의 오스트리아식 영세 중립화 통일방안을 제시했다. 이 사실은 '보고서'에 담긴 맨스필드 개인의 생각에 불과했지만, 큰 파장을 일으켰다. 맨스필드는 민주당 원내부총무였고, 11월 미국 대통령선거로 민주당 정권이 탄생한다면 국무장관이 될 가능성이 있는 사람이었기 때문이다.[53]

이런 배경을 바탕으로 남한의 중립화 통일론은 4·19 이후 대두한 민족주의와 결부되면서, 이 시기를 가장 두드러지게 특징짓는 담론의 하나가 되었다. 중립화론은 무엇보다 우선 이승만 식의 승공통일 혹은 북진통일이 아니라 평화통일을 전제하였다는 의의를 지닌다. 또한 한 단계 더 높게는 한반도의 어느 국가(특히 남한)가 미국(소련·중공)과 같은 거대국가와 군사적 동맹을 맺지 않는다는 사고도 전제한 것이었다. 사실 이 정도도 대단히 큰 발상의 전환이었다. 1954년 체결된 한미군사동맹을 상당수 한국인들은 명줄이자 '평화'의 안전판으로 여기고 있었기 때문이다. 또한 이 중립화론은 남북한의 사회체제를 수렴하여 민주적 사회주의국가를 건설한다는 생각을 속으로 품고 있었다. 당시로서는 남한의 체제 우월성은 정말 믿기 어려운 것이었을 터이다. 그리하여 중립화 통일방안은 1960년의 가을부터 1961년 봄까지 가장 중요한 이데올로기투쟁의 소재가 된다. 공산주의와 자본주의, 북한과 미국, 변혁과 통일 등에

---

* 휴전협상이 진행 중이던 1953년 6월 15일 미 국무부가 국가안보회의에 제출한 대한 정책 관련문서의 초안에는 휴전 후 한국을 중립화된 국가, 곧 외국과 군사동맹을 맺지 않고 외국군 기지를 두지 않는다는 생각을 담고 있었다고 한다. 그러나 이는 논란 끝에 군부 등의 반대에 부딪혀 폐기되었다.

대한 입장에 따라 이 통일방안에 대한 태도가 갈라졌다.

이런 문제까지 고려했는지는 알 수 없으되, 중립화론이 '공론화(?)' 되고 난 뒤 이에 대한 일반 민중의 호감은 적지 않은 편이었다. 1961년 초 《한국일보》 여론조사에 따르면, "만약 남북이 통일될 경우 한국의 중립화를 어떻게 생각하느냐"라는 질문에 지지 32.1퍼센트, 반대 39.6퍼센트, 모르겠다 26.5퍼센트로 답변이 나왔다.[54] 반대만큼 찬성도 많았지만, '모르겠다'가 많았다는 사실에 주목하지 않을 수 없다. '통일'이 피부에 와닿는 사안이 아니었거나, 꽤 복잡한 논리를 이해하지 못했다는 증거이기 때문이다.

평행선 달릴 수밖에 없는 남과 북

1960년대 초 당시 정세에서 중립화 통일이 실제로 가능한 것이었을까? 어떤 통일방안이든 미국, 소련, 중공, 북한, 한국 등 관련 당사자들이 모두 동의할 수 있어야 현실성 있는 것이 된다. 그런 점에서 1960년의 중립화 통일방안은 사실상 불가능한 '상상'이었다. 몇 가지 외적 상황 변화에도 불구하고 냉정한 국제정치의 흐름은 한반도의 재통일과는 무관했다.

우선 가장 기본적으로, 눈앞에 벌어진 미국과 소련 사이의 냉전 완화가 그랬다. 그것은 1980년대 말에 일어난 것과 같은 냉전체제의 진정한 해소가 아니라, 미·소를 양극으로 하는 국제질서의 현상 유지를 목적으로 한 것이었다. 당시 미·소의 힘은 팽팽했다. 각각 번영과 발전을 구가하던 두 슈퍼 파워는, 핵전쟁을 야기할 수도 있는 전쟁을 바라지 않았다. 그렇다고 양보할 생각도 전혀 없었다. 현상 유지가 목표인 그들로서는, 3년간의 치열한 전쟁을 통해 겨우 만들어놓은 한반도의 휴전체제를 변화

서울시청 앞에서 열린 중립론 반대 성토 궐기대회(1960년 11월 19일).

시키기 위해 일부러 노력할 이유가 전혀 없었다.

한국은 1954년 미국에게 '한미상호방위조약'을 얻어냈다. 이 조약은 미국이 한반도 남쪽에서 정치−군사적 이해관계를 거의 항구적으로 주장할 수 있게 보장한다는 점에서, 미국 우파의 세계전략과 남한 지배계급의 이해관계가 맞아떨어져 체결될 수 있었던 것이다. 조약이 체결된 지불과 6년, 미국 국무성이나 민주당에 포진한 소수의 비둘기파와 달리, 보수파는 한국에서 양보할 생각이 전혀 없었다. 1960년 12월 12일 미국의 대표적인 우파 신문《워싱턴 포스트Washington Post》는, "현 국제정세 속에서 한국이 통일될 가능성은 거의 없다."고 잘라 말한 뒤, "분단된 한국이, 통일되고 공산화된 한국보다 낫다."[55]고 너무나도 냉정하고 정확하게 미국 보수파의 견해를 말했다. 이는 곧 정신 못 차리고 우왕좌왕하던 남한 지배계급의 생각을 대변하고 그들을 정리시키는 발언이기도 했다.

한편 또 하나 중요한 점은 남한뿐 아니라 북한도 '중립화'를 통해 서로의 체제를 수렴시키겠다는 의지가 전혀 없었다는 것이다. 4·19를 통해 남한체제의 심각한 모순과 허약함이 드러난 마당에, 발전하고 있는 북한이 체제 문제로 타협할 여지가 있겠는가. 북한은 4·19 이후 남한에 대해 평화 공세를 계속했지만, 정작 남한의 진보세력이 주장한 중립화론에 대해서는 한 마디도 언급하지 않았다.

남한 정부의 통일방안은 이미 8월 13일 대통령 취임식에서 윤보선이 언급한 바, "남북통일은 유엔 감시하의 남북한 총선거를 통해 이룩되어야 하며, 이보다 선행해야 할 근본 문제는 남한이 혼란에서 벗어나 국력을 부강시켜야" 하는 것이었다. 이것이 곧 실질적으로는 통일 유보론이었던 '선 건설-후 통일론'이다. 1960년 11월 대한민국 정부는 통일 문제에 대한 논란에 직면하자, '유엔 감시 하의 남북한 총선거'에 "남한 헌법에 따라"를 삽입했다. 이유는 분명하다. 남북한 총선거가 실시되더라도 남한의 반공세력이 승리할 가능성이 불투명하다는 의구심과 수세적 태도 때문이었다.[56]

지금과는 달리 당시에는 유엔에서도 매년 한국의 통일 문제가 의제로 상정되다시피 했고 남북한의 당국자도 통일을 틈틈이 거론했다. 그러나 사실상 역사의 현실적인 대세는 남북한이 각기 다른 체제로, 자기 발전 속에 분단을 내재화하면서, 만날 수 없는 평행선 위를 달리는 길밖에 없었다. 이를 거스르기란 정말 어려운 일이었다. 중립화론은 이를 뛰어넘고자 하는 '상상력'의 산물이기도 했던 것이다.

용용 죽겠지!_ 1960년의 한일 관계(2)

개겠으나 때때로 흐림. 3~14도

- 민주당 구파가 '신민당'이라는 새 야당을 결성하는 와중에, 여당 민주당 신파 내부의 소장파 대 노장파의 갈등도 더욱 깊어갔다. 11월 6일 소집된 당 중앙상임위원회에서 이철승 등 소장파는 노장파가 당 중요 당직을 독점해버린 데 대한 불만을 쏟아냈다. 신파 소장의원들은 따로 '민정회'라는 내부조직을 꾸리기 시작했다.

- 케네디와 닉슨의 미국 대통령선거전이 열기를 더하고 있다. 닉슨은 케네디를 가리켜 대외 문제에 전혀 경험이 없고 미국의 품격을 떨어뜨리는 인물이라고 비난했고, 케네디는 닉슨이 무모하고 호전적인 인물이며 공화당 정부가 미국 본토에서 불과 90마일 떨어진 쿠바에까지 공산주의의 파도가 밀려드는 것을 막지 못했다고 비난했다(AP통신).

11월 6일 오후 2시, 서울 효창운동장에서는 제7회 칠레 세계축구선수권대회(월드컵) 극동지역 예선 한국과 일본의 1차전 경기가 열렸다. 한일전은 경기 시작 전부터 문제가 많았다. 해방 이후 처음 한국에서 열리는 한일 축구 국가대표팀의 경기였기 때문이다. ·

한국과 일본은 외교관계가 없었을 뿐 아니라, 일본은 한국의 적敵이었다. 사소하면서도 사소하지 않은 모든 문제가 걸렸다. 일본 대표선수단의 입국, 심판 배정, 경기장의 일장기 게양 등 처음에는 경기 성사 자체가 불투명했다. 스포츠 주무부처인 문교부가 "조총련 동포 북송 문제 등으로 국민의 대일감정이 나쁜 지금 일본 팀이 들어와서 일장기를 게양하고 일본 국가를 연주하는 일이 부적절하다."는 견해를 내놓았기 때문이다((경향신문) 1960년 10월 30일).

대한축구협회는 일본 대표팀의 입국 허가 문제를 문교부 및 외교부와 협의하여 결정해야 했다. 그런데 입국 문제가 해결되자 심판이 문제였다. 지금은 잘 이해가 안 되는 일이지만, 원래 배정된 필리핀인 심판이 도착하지 못해 대한축구협회가 한국인 심판을 배정했다. 다음해 동경에서 열릴 어웨이 경기는 일본인들로만 심판진을 구성한다는 조건에 따라 합의된 사항이었다. 그때도 AFC(아시아축구연맹) 같은 상급단체가 있기는 했으나 권한은 약했던 것이다.

나란히 게양된 태극기와 일장기

마지막 가장 큰 문제는 만화에 나타난 것처럼 국기 게양 문제였다. 그 전까지 정부정책에 의하면 운동장 같은 공공장소에는 일장기를 게양할 수 없었다. 11월 4일에 열린 양국 축구협회 대표자 회의에서 대한축구협회는 일본의 양해를 얻고자 했으나 아무런 결정을 내리지 못했다.

아무리 '적국敵國'이라 해도 경기장에 국기를 게양하지 못하게 하는 것은 국제 관례가 아니다. 뿐만 아니라, 일제 잔재 청산에 대한 민중의 실질적 요구가 이처럼 극히 사소한 형식적 문제나 감정의 문제로 치환될 수는 없었다. 민주당 정권 또한 일본과의 관계 개선이라는 현실의 요청을 눈앞의 과제로 두고 있었기 때문에, 이런 행동으로 '씨원한 복수'를 할 때도 아니었다.

결국 모든 문제는 경기일 직전에 해결되고 경기는 순조롭게 열렸다. 효창운동장에는 한일 양국의 국기가 높이 게양되어 휘날렸다. 경기가 열리지 못할 경우 책임을 져야 한다는 부담감도 컸고, 한일 관계의 대세는 '감정'과는 달랐기 때문이다. 그렇게 축구는 정치에 종속되면서도 정치를 넘어섰다.

스코어는 앞섰지만……

해방 후 첫 한일 대표팀 대결은 뜨거운 관심을 모았다. 약 1천여 명의 경관이 경비에 동원되고 입장권 1만2천 매가 매진되어 한 장에 1천5백 환짜리 입장권이 5천 환에 암거래되었다. 경기는 한국팀의 우세가 예상되었다. 드디어 6일 오후 2시 효창운동장에서 경기가 시작되었다. 한국 팀은 붉은 상의에 '곤색 뺀쓰'를 입었고, 일본 팀은 전통적인 푸른색 상의에 '흰색 뺀쓰'를 입었다.

한국은 전반 14분 만에 일본의 헤딩 슛 일격으로 실점했다. 판정 불만으로 무려 13분간 경기가 중단되었다가 속개된 후, 한국은 전반 36분과 40분에 라이트윙 정순천이 연속골을 넣어 2 대 1로 역전에 성공하고, 한 점 차 리드를 끝까지 지켜 결국 승리했다.

한국팀은 이날 'W' 포메이션에 스리백 시스템으로 경기에 임했는데, 일본은 그때까지 한국사람들이 본 적 없는 포메이션을 운영했다. 스코어는 한국이 이겼지만 경기 내용은 뒤졌고, 한국팀은 투지가 넘쳤지만 시종 너무 흥분했으며 상대에 대해 잘 알지 못하고 있었다는 게 전문가들의 평이었다(《경향신문》 1960년 11월 6일).

정치·경제·문화 등의 제반 층위에서 복잡하게 얽힌 한국과 일본의 관계, 그리고 민중의 정서가 이날의 경기에 반영되었던 것이다. 한국은 국기 게양 문제나 축구경기 결과로 없는 자존심이나마 지킬 수 있었으나 이는 겉에 드러난 것에 불과했고, 실질에 있어서는 일본에 자세를 낮출 수밖에 없었다.

이순신 장군이 원망스럽다?

다음 날인 11월 7일 아침 9시 제주도 동남방에서 일본 어선 다섯 척이 평화선을 침범했다. 해안경비대 소속 경비정이 출동하여 일본 어선을 추격하였지만, 일본 경비정 두 척이 나타나서 연막탄을 발사하는 바람에 놓치고 말았다.

평화선은 이승만 대통령이 1952년에 일방적으로 선포한, 무려 60마일에 달하는 연안보호수역경계였다. 이 라인은 통상의 경계수역 범위를 훨씬 넘어선 것이어서 대부분의 한국 '우방'들도 반대했지만 미국이 이를 묵인함으로써 인정되었다. 이 어마어마한 경계수역 탓에 무려 3천여 명의 일본 어민이 1950년대와 1960년대 초 한국에 나포되었다. 정상적인 관계의 나라들끼리라면 있을 수 없는 수역 설정이었기에 1965년 한일협정 체결과 더불어 평화선은 폐기되어버린다.

앞에서 고사카 외상이 9월 방한한 후 한국민의 일본에 대한 감정을 '갈피를 잡을 수 없이 뒤섞여 어수선한', 즉 '착잡'이라 정리했음을 보았다. 이 '착잡함'에서 젊은 만화가 김승옥도 예외는 아니었던 듯하다. 김승옥은 월드컵 예선전의 국기 게양 문제를 다룬 앞의 만화에서 감정적인 한국 정부의 대응을 비판했으면서도, 11월 11일 평화선 문제에 관한 사안에 대해서는 '감정적인' 태도를 취하고 있다. 일본과의 외교 문제에서 이순신 장군과 거북선을 상기하는 것이 바로 그러하다.

이순신 장군은 반일 또는 승일勝日의 역사적 상징이다. 이순신은 근대에서 비교적 가까운 시대의 인물이며, 일본인들과 군사적으로 전면전을 벌여 이긴 몇 안 되는 한국인(?)이다. 근대 초기 국권이 위험해졌을 때 신채호는 『이순신전』(1908)을 쓰며 다음과 같은 서문을 남겼다.

> 아! 섬나라 별종이 대대로 한국의 혈적血敵이 되어 서로 아주 가까운 데서 마주보고 독하게 쏘아보며, 아홉 대가 흘러도 반드시 갚아야 할 원수가 뼈에 사무쳐, 한국 4천 년 역사에 외국 침략자를 헤아려 보면 '왜구' 두 글자가 거의 십에 팔구십을 차지하여, 변방 봉홧불의 경보와 해안의 소란으로 백 년 동안에 태평한 시절이 드물었다. (중략) 피비린내 나는 먼지가 팔도에 넘치고, 악한 기운이 동해를 뒤덮어 병화가 칠·팔 년에 이르니, 이같이 부패한 국정과 이같이 흩어져버린 인심에 무엇을 기대어 국가를 부흥하였는가? 아! 우리 이순신의 공적을 여기에서 상상할 수 있겠도다.

신채호는 일본을 '섬나라 별종' '왜구'라 지칭하며, 우리와 오랜 철천지원수 관계임을 강조한다. 일본의 침탈로 국가가 위험해졌기 때문에 죽

한국전쟁 중의 이순신 동상 제작. 한국전쟁이 발발하자 국난 극복 의지를 다지기 위해 이순신 장군 동상이 제작됐다. 1952년 진해에는 윤효중이, 1953년 충무와 1955년 부산에는 김경승이 제작한 동상이 봉안되었다.

은 이순신이라도 불러내야 했던 것이다.

이순신이야말로, 일본에 정치·군사적으로 패배하여 식민지가 되었던 한국의 민족영웅이 될 만한 자격을 고루 잘 갖춘 인물이다. 일본열도가 태평양 속으로 가라앉지 않는 한, 이순신은 한민족의 영웅일 수밖에 없다. 현재에나 가까운 미래에도 한국이 일본보다 더 강한 나라가 될 가능성은 적기에, 이 콤플렉스를 달래는 데 이순신만큼 좋은 매개가 없는 것이다. 그러나 상징에 의탁하는 것은 위로가 될지언정 '현실 인식'은 아니라는 점이 중요하다.

(64)

靑春도 劇團과 함께

민활의 잔정은 先天的인 「캣취」하는데

영화지의 「경애란」세가 나타나지 않는 영화는 드물다

화는 二二콤黃의 老闆役으로 나왔다

「몽고메리·크리프트」

「수입은?」

「적군으로 쳐들어 머일二十萬환……

「앞으로의 연기생활은 ?」

「이제 四十이었다 화장이었다 조용히었다」

「50 까진계속 해야죠」

영화에는 안 나가십니까?

「잔깐 쉬고 있는중에 간 사람에게 가끔식……」

다른 생각 하면 다 거짓말 _지게꾼 이야기

맑다가 오후 늦게 차차 흐려짐. 최고기온 16도

• 재일교포 학생조국방문단이 방한했다. 11월 5일 오후 5시 서울시내 사보이호텔에서 방문단 대표 구철재(와세다대학 1학년)가 기자회견을 했다. 그는 '북괴'가 조총련계 동포 학생을 A, B, C, D 네 등급으로 분류하여 매달 3천 엔에서 1만5천 엔까지 학자금을 보조하고 있다고 '폭로'했다.

• 11월 4일 민주당 구파 의원인 유청이 태극기 · 애국가 · 무궁화의 문제점을 지적하며 국기 · 국가 · 국화를 새로 제정할 수 없는지 국회 문교위에서 질의했다. 제5대 국회가 개원한 후 지난번 김영삼 · 박준규 의원이 4 · 19를 계기로 국기 · 국가 · 국화를 바꿀 필요가 있다고 제기한 이래 두 번째이다.

64회 〈파고다 영감〉의 주인공은 지게꾼이다. 이 남자는 지게 옆에 쭈그리고 앉아 둥근 달을 바라보며 펑펑 울고 있다. 쌀쌀해지기 시작하는 만추의 달밤에 전라도 사투리로 "촌에 있는 처자 생각이 난당께요."라며 우는 지게꾼의 모습은 김승옥이 그려낼 만한 장면이다.

그런데 파고다 영감은 지게꾼의 말을 듣고 "거짓말"이라며 돌아서 가버린다. 그의 표정도 화가 난 듯하다. 둥근 달을 보니 돈이 연상된다는 다른 이들의 말에는 수긍하면서, 지게꾼의 대답은 "거짓말"이라는 것이다.

이 만화는 두 단계의 반어로 그려져 있다. 첫째 단계는 달을 보며 "물론 돈 생각"이라는 대답에 드러나 있다. 이는 오로지 돈이 최고인, 다른 모든 것들이 결국 돈으로 귀일되는 세태에 대한 풍자이다. 이 단계의 풍자는 "돈예요! 현실적이죠?"라고 반문하는 젊은 아가씨의 대사에서 최고조에 달한다.

아가씨의 반문은, 돈으로 대변되는 '현실적인 것'이 최선의 가치는 아니라는 것. 휘황한 보름달을 보며 돈을 떠올리는 것이 경멸받을 만한 일임을 아가씨 자신이 너무나 잘 알고 있다는 것. 그럼에도 불구하고 솔직히 어쩔 수 없음을 말해준다. 아가씨는 제 주머니 사정과 자기 생각, 양자에 모두 충분히 성찰적이다. 이 간단하지 않은 사정을 그녀는 "현실적이죠?"라는 다섯 음절로, 젊은 서울 여자 특유의 튀는 듯한 간명한 말로 압축한다. 가난한 남자들 앞에서 이런 대답을 해야 했던 아가씨들이 서울에 많았을 것이다. 그래서 만화는 웃음짓게 만든다.

'현실적'이란 것은 그렇게 부정적인 것과 긍정적인 가치를 모순적으로 결합한다. 그해와 이듬해가 심각한 불경기이기도 했지만 소시민들은 너나 할 것 없이 언제나 돈이 궁하다. 그렇다면 정작 지게꾼들이야말로 '돈에 한이 맺혀야 할' 사람들이며, 그들이 만추의 둥근 달을 보며 생각해야 할 것은 당연히 '돈'이어야 한다. 그러나 전라도 어느 시골에서 올라온 이 지게꾼은 서울에 살기에는 좀 여린 사람이다. 눈물짓는 그 앞에서 파고다 영감은 외려 화가 나는 것이다.

지게꾼의 70퍼센트가 호남 출신

지게꾼은 거지만큼이나 〈파고다 영감〉에 자주 등장하는 인물이다. 평범한 소시민 축에도 못 드는 가난뱅이인 지게꾼은 대폿집에도 드나들고(22회), 정치에도 관심을 갖는 것(55회)으로 묘사되어 있다. 이런 만화들에서 지게꾼은 세상 돌아가는 동향을 전하는 조연으로 당당하게 등장한다. 그러나 기실 지게꾼의 차림새는 거지와 별 구분이 안 간다. 그들은 대개 찌그러진 벙거지 모자에 허름한 옷차림을 하고, 수염도 삐죽삐죽 아무렇게나 솟아 있다. 특히 앞의 64회에 등장하는 지게꾼은 여기저기 기운 윗도리와 바지를 입고 있다.

지게꾼은 '품팔이꾼' 이라고 불리기도 하고 '지게품팔이꾼' 이라고 불리기도 했다. 지게꾼들 대부분은 국졸 정도의 학력을 소지하고 있었고 연령은 18세부터 56세까지 다양했다. 1960년대 서울역이나 남대문시장

왼쪽부터 〈파고다 영감〉 22회와 55회. 〈파고다 영감〉에서 지게꾼은 세상 동향을 전하는 조연으로 자주 등장한다.

1950년대 중반 무악재의 지게꾼. 당시 거리의 주요 운송수단이었던 트럭, 마차도 함께 보인다.

주변에서 품을 팔던 지게꾼들은 대개 2~5명의 부양가족이 있는 가장들
이었다(《서울경제신문》 1960년 10월 29일). 주목할 점은 서울 지게꾼의 10퍼센
트 정도는 이북 출신, 그리고 무려 70퍼센트가 호남 농민 출신이었다는
사실이다. 호남 출신 이농민이 유독 서울에 많았고, 그들이 할 수 있는
일이 지게를 지는 것밖에 없었기 때문일 터이다.[57] "난당께요"라는 마지
막 대사는 이러한 사회적 현실을 촌철살인으로 잡아내고 있다.

금의환향을 꿈꾸었지만

이농민들은 고향을 떠나면서 서울에만 가면 맨주먹으로도 돈을 벌 수 있
을 거라는 기대와 모진 마음을 먹고 금의환향을 다짐했을 것이다. '모진
마음'이란, 남들이 다 겪고 혹 거꾸러지기도 하는 역경을 자신만은 간단
히 넘어서리라 믿는 헛된 마음이기도 하다. 서울은 이들 이농민을 영원
히 도시 하층민의 굴레에 가둘 거대한 함정이었는데 말이다.

역전이나 시장 주변에서 품을 팔기 위한 지게꾼들의 경쟁은 치열했다.

먼저 일거리를 붙잡기 위해 앞다투어 달려드는 통에 다툼도 잦았다. 그렇게 품을 팔아서 얻는 지게꾼들의 하루 수입은 최저 2백 환에서 최고 1천 환(《동아일보》 1960년 12월 16일). 액수도 적거니와 지나치게 들쑥날쑥했다. 그러니 고향에 조금이라도 보탬이 되려면, 조금이라도 돈을 더 부치려면, 이 날품팔이 가장들은 먹고 자는 값을 최대한 아끼는 수밖에 없다.

당시 서울에서 인간답게 하루를 보내려면, 하루 1백 환 정도 하는 하숙에 들어 3백 환짜리 밥을 세 끼 먹어야 했다. 그러나 보통 지게꾼들은 가마니를 깔고 노숙을 하면서 30환짜리 수제비로 세 끼를 때웠다(《서울경제신문》 1960년 10월 29일). 가끔은 남대문시장 노점식당에 가면 뜨끈한 순대국 한 그릇에 "철철 넘치게 담은" 막걸리 한 사발을 마실 수도 있었다. 돈벌이가 안 되는 날에는 그 집에서 파는 10환짜리 '꿀꿀이죽'을 택한다. 미군부대 취사반에서 버린 찌꺼기를 주워 모아서 끓인 '꿀꿀이죽'을 먹다 보면 어쩌다 큼직한 고깃덩어리를 횡재하기도 한다. 그러나 때로는 담배꽁초가 나오기도 한다(《동아일보》 1960년 12월 12일). 〈파고다 영감〉의 지게꾼들이 수염도 안 깎고 누더기 옷을 걸친 채 거지와 별다르지 않은 몰골로 등장하는 것도 이런 이유 때문이다.

열일곱 살이나 된 첫아들을 '국민학교'에도 못 보냈다는 한 지게꾼 가장의 말을 직접 들어보자(이하 《조선일보》 1961년 1월 3일). 그는 "왜정 때나 4·19 이후에나 달라진 게 없다."고 토로한다. 흥미로운 말이다. 이 지게꾼은 4·19를 '1945년의 해방'만큼 시기를 가르는 큰 역사적 계기로 인식하고 있는 것이다. 4·19의 획畵시기성이 사회 최하층민의 감각에까지 파고들어 있음을 알 수 있다. 그러나 문제는 이들 계층에게는 4·19도 '아무 소용도 없다.'는 사실이리라. 선거철의 떠들썩한 분위기에서 오히

서울역 앞의 풍경. 지게를 멘 이들이 많이 눈에 띈다. 서울역은 지게꾼들의 집결지였다.

려 밥을 굶는 날이 많았고, 혁명 이후에도 서울역에 진을 치고 있는 이들을 역무원이나 순경들은 '더럽다'고 내쫓기 일쑤였다. 그 와중에도 이들은 나라에 세금도 '바쳐야' 했다. 그리고 그걸 내고 나면 어쩔 수 없이 하루나 이틀을 굶어야 했다.

물론 대부분의 지게꾼이 지게를 져서 '금의환향'할 돈을 벌 수 있으리라 기대한 것은 아니었다. 그들은 지게를 지는 일은 단지 '금의환향'할 수 있는 '밑천'을 마련하기 위해 거쳐가는 한시적인 직업이라고 막연하게 생각했다. 그런 자위 혹은 자부심은, 남대문시장이나 서울역에서 하루 종일 품을 팔다가 밤이 되면 남대문국민학교 정문 앞, 조선호텔 돌담 밑, 서울역 광장, 그 어디든 가마니를 깔고 누워 잘 수 있게 하는 힘이 되었다. 그러나 결국 지게꾼들은 떳떳하게 돌아갈 수 없었다.

김승옥이 본 지게꾼의 마음

김승옥은 이들을 너무 잘 알고 있었다. 그는 1963년 6월 《산문시대》 4집에 발표한 소설 「누이를 이해하기 위하여」에서 다음과 같이 지게꾼의 마음을 묘파했다.

서울역전 광장의 남쪽에 있는 공중변소엘 들어가다.

먼지가 앉고 때 긴 벽에는 희미한 연필글씨로 편지 서두의 낙서가 있었다. −〔아바님 보옵소서〕 누더기를 입고 머리가 산발한 지게품팔이꾼이 손가락만 한 연필에 연방 침을 칠해가며 울면서 이 편지의 낙서를 하고 있는 게 상상된다. 고향에서는 예의 바르게, 매일 새벽, 아바님의 방문 밖에서 아침문안을 드리던 아들. 금의환향을 맹세하고 상경했지만 이제는 돌아가기도 부끄럽고 편지 올리기도 괴로워서……. 아, 왜 맹세했던가, 왜 맹세했던가.

「누이를 이해하기 위하여」에서 '누이'는 도시에서의 2년 동안 '침묵' 만을 배워왔다. 그녀는 벙어리가 된 양 입을 굳게 다물고 결코 서울에서 있었던 일에 대해 말하려 하지 않는다. 어느 날 '어머니'가 그 '침묵'에 대해 캐묻자 그저 울어버린다. 지게꾼 이야기는 이러한 '누이'의 이야기를 보여주기 위해 소설에 삽입된 짧은 서사이다. 이 소설에서 해풍을 맞으며 자란 '누이'나 공중변소에서 울면서 편지를 쓰는 '지게꾼', 그리고 시골 가난한 집안의 장남으로 서울에 유학 온 김승옥 자신은 형제남매지간이나 마찬가지이다.

64회 〈파고다 영감〉은, 「누이를 이해하기 위하여」의 서울역 광장 공중변소의 낙서가 하필 지게꾼의 것으로 설정되어 있는 까닭과, 서울 같은 타락한 교환가치의 세계에 살기 위해 침묵 혹은 눈물로 버텨내는 이러한 '순수한' 존재들에 대한 동정과 분노(둘은 같은 것이다.)라는 김승옥의 작가적 태도를 미리 보여주고 있다.

(65)

驗談을 묻어보기로 한다
(얘기의 성질상 이름은
밝히지 않음)

◆事務에 熱中한 꼼에…◆

× × × × × × × ×

H씨와 나는 일전부터 사랑하는 사이였으나 어느새 그의 마음이 바뀌고 있었다. 처음엔 무척 원망했다. 그리고 그를 떴다. 이때까지 나의 마음의 支柱가 되어

……하기도 했다. 그리고 그를 잊어버리지 않고 연애의 길로 다시 반문하면 아주머니 學校에요!

「미세스·왔」은 법써부터 淑大大學院 學生으로서 매일 학교에나 節도 있었던 모양이다. 專攻은 家庭管理學인데 내년 三月이면 大學院을 卒業하고 子를 낳으려는 金次兒 씨는……

「미세스·왔」은 金양이다. 大學에入學할경로 結婚이 아직도 남진없에서 자진「미세스·왔」이지만 아직도 남진없에서 金次兒……

만恒常「一金兒子」라는 自我는 잊어버리지 않고 明한 女性이라는 秘密이라할 아닌……

그 말을 듣게되는 努力이기도 한아……

이런 努力을 쌓음으로서 매인 학교에나 大學院學生이고 現在도 어머니로서……

그러면 그렇지

× × × × × × × ×

김장 하셨어요?_ 없는 사람들의 겨울나기

오전에 맑다가 오후에 흐려짐. 0~17도

- 임금 인상과 8시간 노동제를 주장하며 쟁의를 벌이던 부산 버스노조가 업자 측과의 교섭에 실패하고 일제 파업에 돌입했다. 이로 인해 시내 662대의 버스가 총 '스톱' 되었고 시내교통은 마비되었다.

- 서울시 교육위원회는 시내 대한극장에 대해 7, 8일 양일간 정관(영업정지)조치를 내렸다. 대한극장은 전 달 20일에 2백 장의 입견표(좌석이 없는 관람권)를 팔아 주의를 받았음에도, 23일 다시 1백 장의 입견표를 팔아 정관조치를 당하게 되었다.

지금은 그렇지 않지만, 가을에서 겨울로 접어들 무렵 그러니까 입동이 지난 11월 중순쯤 되면 으레 건네던 계절인사가 있었다. "김장했느냐"이다. "식사 하셨어요?"("진지 잡수셨어요?")라는 인사가 먹고 살기 힘든 시절의 유산이듯, "김장 하셨어요?"라는 인사도 살기 어려운 시절을 반영한다.

이때만 해도 겨울로 접어들 무렵이면 동네 이웃들끼리 서로의 살림살이 형편을 대강 짐작할 수 있었으니, 연탄을 몇 장 마련하는지 혹은 장작을 몇 단이나 들이는지 보면 되었다. 시골에서야 직접 장작을 패서 땔감을 쓸 수 있었지만, 도시 서민들에게는 겨울 난방이 여간 문제가 아니었

1960년 9월 3일 《동아일보》의 도매물가표. 밀가루, 달걀, 고무신 등과 함께 장작 시세도 포함되어 있다.

다. 1960년 당시, 연탄 아궁이를 만들고 연탄을 피울 수 있는 집은 그나마 나은 축에 속했고, 상당수는 아직도 시골처럼 나무를 때어서 난방을 했다. 그래서 신문 도매물가표에는 연탄 시세와 함께 장작 시세도 포함되었고, 시골 사람들이 땔나무를 팔기 위해 소달구지에 장작을 가득 싣고 도시로 들어오기도 했다.

장작 한 단 살 돈도 없는 형편이면 꼼짝없이 냉골에 자리를 펴야 할 판이니(나무를 때고 남은 잔불도 아까워 화로에 담아 방에 들여놓았고, 심지어 지푸라기로 화롯불을 피우기도 했다.), 얼어 죽지 않으려면 정말 도둑질이라도 하는 수밖에 없었다. 이 해, 12월 17일에는 '얼어 죽지 않으려고.' 새벽에 군용석탄을 훔치러 간 부녀자 세 명이, 석탄더미가 무너지는 바람에 깔려 죽는 사고까지 발생했다(《동아일보》 1960년 12월 18일). 사정이 이랬으니 연탄을 한꺼번에 수백 수천 장, 혹은 장작을 수십 단씩 들이는 모습은 동네 사람들의 구경거리가 될 만했다. '없는 사람들'에게는 얼마나 부러운 광경이었을까?

5인 가족이면 1백 포기는 담가야

김장 또한 이 계절 동네의 공통 관심사이자, 옆집 살림형편을 짐작할
수 있는 수단이었다. 한동네 사람끼리 식구 수야 뻔히 아는 마당이고,
김장을 몇 포기 담가야 적당한지는 대충 계산해보아도 알 수 있었다.
김장은 때를 놓치면 안 된다는 점에서 연탄과는 또 달랐다. 연탄은 사
정에 따라 몇 장씩 들여도 되지만, 김장은 날씨가 영하로 내려가면 배
추가 얼어 담글 수 없으니(지금은 한겨울에도 배추가 나오지만) '한 번에'
끝내야만 했다.

　겨울 한 철 꼬박, 그러니까 최소한 3개월 정도를 버티려면, 성인 기준
으로 1인당 20포기는 담가야 했다. 아이들을 포함해 5인 가족이라면 배
추 1백 포기 정도면 큰 걱정 없이 겨울을 날 만한 셈이다.

　당시 산출된 자료에 따르면, 이렇게 5인 가족 기준으로 배추 1백 포
기를 담그려면 5만 환 정도가 소요된다고 한다(《동아일보》 1960년 10월 31

김장철, 배추를 가득 실은 손수레를 밀고 가는 아주머니들(1957).

일). 지금 화폐가치로 70만 원 정도인데, 이 돈을 마련하기 어려운 집이 많았던 것이다. 그러니까 김장철이 되면, 빌리든 어쩌든 그만큼의 현금도 융통할 수 없는 집이 어느 집인지, 동네에서 그런 집이 몇 집이나 되는지 아주 분명히 드러났다. 게다가 김장은 여럿이 달려들어 하는 일이어서 동네 이웃끼리 품앗이하는 일이 많아 '동네 부끄러운' 일이 생기기 쉬웠다. 식구 수에 비해 턱없이 모자라게 배추를 준비한 게 그대로 드러나기 때문이다.

남편들의 김장 걱정

그럼 김장 걱정은 아내만 했을까? 남편들도 식구들의 겨울철 먹거리를 장만해야 한다는 부담감은 물론이거니와, 동네에서 아내의 자존심을 지켜줘야 할 의무감을 느꼈을 것이다. 73회 〈파고다 영감〉에서 돈이 생겼다며 술 한잔 하러 가자는 친구의 권유에, 파고다 영감이 "그 돈 나 빌려주." 한 것도 이런 이유 때문일 것이다. 술 한잔 거나하게 마시고 남자답게 호기를 부려보고 싶은 마음과, 김장거리를 장만해 아내의 근심을 덜어주어야 한다는 생각 사이에서 갈등이 없었을 리 없다. 그러니 호기롭게 거리를 활보하고 싶은 마음을 버리지 못해 술 취한 척, 순경이 쳐다볼 정도로 고성방가를 했겠지…….

이렇게 보면, 앞의 65회에서 국화 화분을 사들고 집에 들어간 '사람 좋게' 생긴 남자는, 칭찬받기 어렵다. 국화 화분 하나 사는 데 얼마나 큰 돈이 들었을 것이며, 그 돈 아낀다고 김장값 마련에 큰 보탬이야 되겠는 가마는, 아내의 속상한 마음을 전혀 헤아리지 못하였으니 화분이 깨진 것도 무리는 아니다.

11월 7일, 입동. 전통적으로 입동은 김장철의 시작을 알리는 신호였다. '동장군冬將軍'이라는 말은 살기 어려운 시절일수록 피부에 와닿는 말일 것이다. 그 계절이 막 시작되고 있었다.

(70)

또고다영감 畵二院

孤兒들의 어머니

"精神病患者돕겠다"고

거지가 개봉관으로 간 까닭 _1960년의 영화산업

갰다 흐렸다. 최고기온 10도

• 4월혁명 이후에도 일본 밀항자는 계속 증가 추세였다. 일본 정부는 한일 실무자 간의 밀입국자 송환 합의에 따라, 밀입국했다가 수용된 한국인 중 250명을 본 국으로 송환하기로 결정했다.

• 11일 밤 화재가 나 1960년 현재 우리나라에 단 하나뿐인 자동차 엔진조립공장 이 전소全燒됐다. 불은 서울 명륜동 2가 동명화학(크레파스공장)에서 발화하여 공장 내에 세들었던 엔진 조립공장, 사과창고, 식당, 당구장 등 건평 2백 평을 모두 태운 뒤 꺼졌다.

이 만화에서 파고다 영감은 두 번 놀란다. 구걸로 6백 환을 번 거지의 '평생소원'이 '김노박'이 주연한 영화 〈청춘은 즐거워〉를 보는 것이라 니! 거기다 극장 앞이 인산인해다!

　이 만화는 1960년 현재, 영화와 미디어의 영향력을 상큼하게 표현하 고 있다. 번 돈을 다 털어서 비록 '거지꼴'이나마 곧장 개봉관으로 달려 가 번듯이 줄을 서게 만드는 김승옥의 상상력은 그 자체로 빛을 발한다. 그것도 토요일에 말이다.

　거지가 하루에 벌어들인 6백 환은 어느 정도의 값어치가 있을까? 당 시 지게꾼의 하루 수입이 2백 환에서 최고 1천 환이고 마부의 하루벌이는 1천 환 정도였다(《동아일보》 1960년 12월 16일 ; 《조선일보》 1961년 1월 11일).
그러니까 영화관 입장료 6백 환은 결코 싼 편이 아니었고 '거지'는 이
날 운이 아주 좋았다는 얘기다. 그런데 어쩌다 '거지'가 영화 보는 것을
'평생소원'으로 갖게 되었을까? 그것도 '김노박'의 영화를? '김노박'
이 누군데?

1960년은 엄밀히 말해 아직 완전한 '시청각시대'가 아니었다. 그보다
는 '청각시대'에 가까웠다. 라디오가 있는 집은 꽤 많았지만 TV 수상기
를 갖춘 집은 한 동네에 한 집 있을까 말까 했기 때문이다. 1960년 전국
의 라디오 보급대수는 42만 대에 달했지만[58] 1961년 TV 보급대수는 2만
대밖에는 되지 않았다. TV는 한국이 본격적으로 베트남전에 뛰어든 이
후 폭발적으로 팔려 보급될 것이었다.

서울에서 라디오를 켜면 대한방송(KBS)과 기독교방송(CBS)이 나왔고
선교방송 채널인 극동방송(HLKX)도 나왔다. 부산에서는 대한방송(KBS)
과 부산문화방송(HLKU)이 나왔다. 그해 봄, 4·19가 일어났을 때 사람
들은 거의 라디오에 귀를 기울였다. 부산문화방송은 중계차까지 동원해
3·15 부정선거에 대한 마산시위부터 이 사태가 4·19로 발전하는 과정
을 신속·정확하게 보도했다. 서울에서는 기독교방송이 4·19 소식을
자세히 보도했다. 이에 비해 KBS 대한방송은 4월 19일 오전까지도 침묵
으로 일관했다. 1948년에 개국한 KBS는 정부 홍보를 위한 국가기구 소
속이었던 탓이다.[59] '테레비' 보는 집은 전체 인구의 5퍼센트도 안 되었
고, 대다수의 한국 사람들은 라디오 아니면 신문(심지어 소문으로)으로
4·19 소식을 들었던 것이다.

그처럼 '테레비'는 구경하기 어렵고 고작 라디오밖에 없는 '청각시

마라톤 경기 중계방송을 듣기 위해 라디오 중계차 앞에 모여든 사람들(1958).

대'였지만 영화관은 달랐다. 영화관에는 그 모든 것이 다 있었다. 사람이란 원래부터 '시청각'적 존재이고, 또 '이야기'를 좋아하지 않는가.

영화산업의 '황금시대'

시중에 돈이 마르고, 불경기와 빚 때문에 아우성치는 소리가 높았어도 왠일인지 영화판과는 무관한 일이었다. 1950년대 말부터 해마다 거의 1백 편의 방화가 쏟아져 나왔고 혁명과 정권교체의 격동 중에도 무려 91편의 한국영화가 1960년에 개봉되었다.[60]

1인당 국민소득 80달러의 찢어지게 가난한 살림에 비추어볼 때 이런 현상은 분명 '신비' 아닌가. 그 배경에는 한국산 영화를 육성하려는 정부의 의지가 있었고 영화제작사가 대는 '돈줄'도 한몫했다. 1960년 현재 38개의 영화제작사가 있었고 낙하산식 융자를 받아 영화판에 뛰어든 민간회사들도 생겼다. 가히 '영화산업의 황금시대'였던 것이다. 방화는 할리우드산을 비롯한 외화에 비해 관객 점유율에서도 뒤지지 않았다. 1959년 집계 결과를 보면 4~5만 명 이상의 관객을 동원한 작품은 방화가 13편, 외화는 11편 정도로 방화가 앞섰다.[61]

'황금시대' 답게 그해 가을에는 한국 최초의 민간 자율기관인 '영화윤리전국위원회'가 발족했다(《동아일보》 1960년 9월 2일). 약칭 '영윤'은 문교부에서 맡던 영화 검열 업무를 대신 맡을 기관이었는데 4·19의 영향으로 '민주적인 성격을 띤' 단체라는 점이 부각됐다. 그러나 이 단체가 '영화윤리를 높이 지도하는 문화적 기구'라는 말에 걸맞게 '검열'에서 자유로웠는지는 알 수 없다. 어차피 이듬해에는 모든 것이 변했으니까. 이 '황금시대'도 짧았지만.

1960년에 발표된 한국영화 중에는 길이 영화사에 남을 걸작들도 있었다. 김승호·조미령·김진규·엄앵란·황정순 등의 스타들이 대거 출연한 강대진 감독의 〈박서방〉. 연탄아궁이를 수리하는 서민 가장과 그 가족의 이야기를 다룬 이 영화는, 그 이듬해 같은 감독과 출연진이 만들어 베를린영화제에서 은곰상까지 수상한 〈마부〉의 전편 같은 영화였다.

신상옥 감독이 최은희·김진규·김승호 등을 출연시켜 만든 세태풍자 코미디 영화 〈로맨스 빠빠〉도 이때 만들어졌다. 보험회사 사원이었다가 실직한 서울의 중년 가장과 그 가족의 모습을 따뜻하게 그린 이 영화는 인기 있는 라디오 연속극을 영화화한 것으로,[62] 1960년대 최고 스타 신성일의 데뷔작이기도 하다. 그리고 천재 감독이자 한국영화사상 가장 문제적인 감독으로 꼽히는 김기영의 〈하녀〉도 있다. 서울대 치의대를 졸업하고 연극 연출가로 활동한 특이한 경력의 김기영 감독은, 이 영화에서 재

1960년에 발표된 영화들. 위에서부터 김기영 감독의 〈하녀〉, 신상옥 감독의
〈로맨스 빠빠〉, 강대진 감독의 〈박서방〉.

근대화가 야기한 욕망-도덕의 위기 상황을 여실히 보여줬다.

물론 국산영화가 해마다 1백 편 가까이 만들어지는 동안 외화도 그만큼 많이 수입됐고, 1960년 가을부터는 외화가 국산영화의 관객수를 압도하기 시작했다(《서울경제신문》 1960년 10월 28일). 이에 영화인들이 10월 28일 국제극장에 모여 외화수입을 제한해줄 것을 요구하는 등 대책 마련에 나섰다(《서울경제신문》 1960년 10월 29일). 그러나 정부가 오히려 1960년 늦가을 그동안 한국영화에 주었던 면세조치를 철폐하면서, 한국영화는 더 불리한 입장에 서게 되었다. 서울 시내 50개 극장주들은 이에 맞서 크리스마스 대목이 지난 직후인 12월 26일부터 일제히 무기 휴관에 들어가기로 했다(《동아일보》 1960년 12월 25일).

당시에는 대개 방화 전문 극장(국제·국도·명보·수도)과 외화 전문 극장(단성사·대한중앙·을지·아카데미)이 따로 있었는데, 개정된 특별행위세 때문에 방화극장이 큰 타격을 입었다. 이후 방화관은 하나 둘 외화관으로 탈바꿈하기 시작했다.

그러나 관객들이야 방화든 외화든 재미있는 영화를 보기만 하면 되었다. 겉으로 보기에 전체적으로 영화산업은 엄청난 호경기였다. 정세가 살얼음 같아도, 경기가 얼어붙었어도 극장 앞에만 가면 마음이 녹았다. 2,500만 인구에 극장이 3백 개 총 좌석 수는 20만 석이었고, 서울·부산·대구에 편중되긴 했으나 어쨌든 관객이 연인원 4,500만 명에 달했다.[63] 서울시민 한 사람이 한 해 통상 여덟 번 정도 영화관람을 하는 셈이었다(《서울경제신문》 1960년 10월 24일).

1961년 야외 영화 상영장에 모인 시민들.

'섹스 만점의 女子' 킴 노박

영화를 보러 가는 일은 대단한 즐거움이었다. 그러니 거지가 수중의 돈 6백 환을 다 털어 '평생 소원'을 한 번 푼댔자 손해날 것도 없다. 거기다 '김노박'이 나오는 영화라는데!

거지가 '평생소원'으로 보기를 원하는 '김노박'이 얼마나 대단했는지는 김승옥의 소설 「확인해본 열다섯 개의 고정관념」[64]에서도 확인할 수 있다. 이 소설에는 '킴·노박Kim Novak'으로 나온다.

소설의 주인공인 대학생은, 소설을 한 편 응모해놓고 당선소감까지 미리 써두고는, 상금을 받으면 그 돈으로 다방에 나가 '영이'를 만날 생각을 하며 2주 동안이나 냉방에 누워 있다. 밀린 하숙비 때문에 주인이 불을 안 넣어줘 차디찬 냉방에서 "기초 대사량조차 유지하지 못하"기 때문에 일어날래야 일어날 수도 없는 주인공은, 그 와중에도 '고구마 덴뿌'라 생각

1960년대 최고의 섹스 심벌 킴 노박.

이 간절하다.

　냉방에 누워 우리의 주인공이 생각하고 있는 것은 책상 위에 놓인 '킴·노박'의 얼굴 사진을 오려서 하숙방의 '허술한 벽'에 붙이는 일이다. 바라볼 때마다 허전한 하숙방 벽에 붙이려고 전날 길거리에 붙어 있던 광고지를 한 장 찢어다 놓은 것이다. "금빛과 연분홍색으로 장식된" 그 종이에 바로 '킴·노박'이 있다. '킴·노박의 볼을' 동그랗게 오려 붙이는 것에 대한 상념이 바로 이 소설의 첫머리이다. 물론 주인공은 소설 공모에서 낙선한다.

　'킴·노박'이 1960년의 만화에도, 몇 년 뒤 씌어진 소설에도 등장한 것은, 그녀가 당대의 표상이었기 때문이다. '킴·노박'은 마릴린 먼로·

브리짓 바르도와 함께 대표적인 섹스 심벌이었으며 관능官能의 최고치였다. 당시 신문광고에는 "노박의 섹스!"(《조선일보》 1960년 10월 22일)라는 문구가 노골적으로 제시되었다.

'킴·노박'의 영화는 하나가 끝나면 또 하나가 개봉되는 식으로 연이어 수입됐다. 1960년 6월 초에는 "제임스 스튜아트, 킴·노박"이 주연했다는 〈사랑의 비약秘藥〉이 개봉됐다. 원제인 'BELL, BOOK and CANDLE'이 광고 카피처럼 "사랑의 비약" 아래 상징적으로 따라붙었고, "노박은 '섹스 滿點의 女子'여서 나타나기만 하면 '엉뚱한 事件이 일어난다!'"는 게 이 광고의 내용이다. 어떤 광고는 "이 영화를 보시지 않고선 사랑을 논하지 마십시오."라고도 했다. 〈사랑의 비약〉은 총천연색 영화로 상영관은 '을지'였다(《조선일보》 1960년 6월 10일).

또한 같은 시기 명동극장에서는 또 다른 '킴 노박' 주연 영화 〈잊지 못할 그날 밤〉이 개봉했다. "킴·노박, 후레데릭·마취" 주연의 이 영화는 "結婚에 失敗한 젊은 女性이 찾는 眞實한 행복!!"이라는 카피를 달고 나왔다(《조선일보》 1960년 6월 16일). '킴·노박'이 나오는 영화는 전부 사랑영화였고 '후끈후끈한' 영화였던 것이다.

당시 관람료는 영화별·극장등급별로 달랐다. 국제극장은 5백 환 선이었고 국도는 440환 선이었다.[65] 개봉관의 상등급 영화가 보통 6백 환, 대학생 할인가는 4백 환이었으니까 만화에 나오는 〈청춘은 즐거워〉도 6백 환이면 개봉관에서 상영한 괜찮은 영화였다고 보면 된다.

(72)

요꼬다 영감

겨울새 장엔 종이문

굴껍질·계란껍질은 糊料

▲쌀=산에나 들에는 살고있지않으며 오랫세월동안 사람의손으로 길러진「킨새」입니다 그종류는 대개 그털색과 다름은「삼색십자매」인 한니다 이밖에관모(冠)십자매가있는데 이것은 원래밤색반점이 섞어있는것이나 방색반점이 있읍니다 삼모(三毛)게 서있는것인니다 정(錠)모이모 사용한니다

◇십자매(十姉妹) SR)는 이어하는데 새가 털을 잘대 나 새끼치기전에만난 머리번이 뾱숙하니다

◇기르는법=보이는새

▲참새=사람입니다 쩍지만 체진이 약하므 영향없었고 논이면고 새 ◦ 가장로 밝찬것) 그 모 기뭉기에 힘루니다 끼는 다루◦어도 꼰편 리고 뎟옇◦ 쌀쯩-주

(仁川市·)

어떻게 하면 감기에 걸릴 수 있나요?

흐리며 한때 비, 오후부터 갬. 4~10도

• 한국은행 조사에 의하면 1960년 일반근로자들의 월 평균생계비(경상지출)는 9만8,130환이다. 그런데 이 조사에 나타난 바, 남자 임금은 월 3만 환에서 6만 환 정도, 여자는 숙련공일 경우 3만 환이며 보통은 1~2만 환에 불과했다. 제대 군인이 많이 취직한다는 시내버스 배차계가 월 최고 2만6천 환, 자동차 정비공이 잘 받아야 4만5천 환, 각종 하역노무자는 한 달에 겨우 1만 환에서 2만 환을 번다. 이들 근로자들이 '먹고 살아가는 게 기적'이다.

• 보사부 통계에 의하면 4·19 이후 10월까지 108건의 노동쟁의가 일어났는데, 그중 임금 인상 요구 45건, 수당금 요구가 37건이었다. 4·19 이후 사회 분위기 때문에 노동쟁의 없이 기업주 스스로 임금을 인상한 예가 있지만 월 1천~3천 환 정도로 생색내기에 지나지 않았다. 노조의 노력으로 실질임금이 제대로 오른 방직업계는 4·19 이후 대부분 35~55퍼센트까지 임금이 인상되었다.

당대의 정신과 감성을 파악해내고 그것을 자신만의 토포스topos를 통해 재구성해내는 능력이 작가의 자질을 결정하고 그 운명적 지위를 정해준다. 어떤 작가가 시대를 선도하고 대표하게 되는가는, 그가 가진 정치의식이나 지성의 문제만은 아니다. '시대의 총아'나 '천재'는 신이 점지하고 동시대의 대중이 간택한다.

72회와 같이 김승옥은 〈파고다 영감〉을 그리며 때로 전혀 '비정치적'인 소재들을 택한다. 그는 어깨에 전혀 힘이 들어가 있지 않은 필치로 당대의 감성을 섬광처럼 보여준다. 물론 자신만의 제스처로. 그러나 그는 동시대인을 대표하는 새로운 '이념'으로 무장하고 있다. 감성은 곧 이념이다.

젊은 여성들의 일상을 통해 도시적 감수성을 그려내고 있는 이 만화는, 김승옥 자신의 운명에 대한 자기예고처럼 보인다. 이 텍스트에서 그는 이미 '준비된' 작가로서의 면모를 유감없이 보여준다. 첫 번째에서 세 번째 장면의 섬세한 '미장센'과 인물들의 미묘한 동작과 말씨, 그리고 네 번째 컷에서 일어난 이야기의 비약이 그러하다. 이와 같은 언어감각과 밀도 높은 구성과 '서울문화'에 대한 통찰력은 「서울 1964년 겨울」 같은 작품이 씌어지기 4년 전에 이미 성취되어 있다.

새세대 등장 알린 신호탄, 「광장」

한국문학사는 혁명이 있었던 1960년에 새롭게 씌어지기 시작했다. 신호탄처럼 그해 가을 한 편의 문제작이 등장하였다. 4 · 19 세대를 대표하는 비평가 김현이 이 문제작을 회고하며 했던 말로 이야기를 시작해보자.

정치사적인 측면에서 보자면 1960년은 학생들의 해였지만, 소설사적 측면에서 보자면 그것은 「광장」의 해였다고 할 수 있다. 그것을 《새벽》 잡지에서 처음 읽었을 때의 감동을 나는 잊을 수가 없다. 장용학의 지나치게 고압적인 관념어들과 손창섭 류의 밑바닥의 삶, 그렇지 않으면 김동리의 토속적인 세계에 식상하고 있던 나에게 그것은 지적으로 충분히 세련된 문체로, 이데올로기와 사랑에 대해서 말하고 있었던 것이다. 그것을 통해 나는 최인훈이라는 작가와 첫 대면을 한 셈이다.[66]

김현의 글에는 1960년의 소설계 판도가 잘 드러나 있다. 장용학 · 손창섭 · 김동리 그리고 새롭게 등장한 최인훈, 이 작가들 중 가장 나이가 많은 사람은 김동리로, 1960년 당시 마흔여덟 살이었다. 1945년 해방이 되고 좌파와 중도파 지식인의 다수가 북으로 넘어간 이후, 10년 넘는 세월 동안 김동리는 남한 문단에서 최고의 '권력자'로 군림하고 있었다.

장용학과 손창섭, 이 두 작가는 각각 1921년과 1922년에 태어난 동년배로, 우리 문학사에서 이른바 '전후세대'로 지칭되는 대표적인 인물들이다. 한국전쟁과 함께 문단에 등장한 이들은, 1960년 이때까지 줄곧 '김동리식' 세계에 적개심을 드러내고 있었다. 특히 장용학은 척결되어야 할 구세대 문학의 대표자로 언제나 김동리를 거론했다.[67] 장용학은 김동리를 '천자天子'에까지 비유하며 그의 권력과 문학을 함께 부정하고 싶어했다.

김동리식 세계가 대체 무엇이길래, '후배들'에게 이런 거부반응이 나왔던 것일까? 다음은 김동리의 소설 「황토기」(1949)의 첫 부분이다.

등천하려던 황룡 한 쌍이 때마침 금오산에서 굴러 떨어지는 바위에 맞아 허리가 상하니라. 그 상한 용의 허리에서 한없이 피가 흘러내려 부근 일대를 붉게 물들이니 이에서 황토골이 생기니라.

하늘로 오르려던 용이 피를 흘리고 등천에 실패하고, 그 피에 물든 고을에서 태어난 주인공이 결국 그런 '운명'의 굴레를 벗어나지 못한다는 식, 이런 '토속적' 세계관을 상대적으로 '젊은' 장용학은 견딜 수 없어했다. 장용학의 생각은 달랐다. 그는 우리 문학도 한국전쟁과 더불어 세계사의 정신적 흐름에 동참하게 되었다고 보았다. 우리도 전쟁이라는 미

증유의 극한적 '실존 상황'을 경험하고, '부조리'를 몸으로 체험한 마당에, 왜 자꾸 '샤머니즘'이 어떠니 '운명'이 어떠니 하는 소리를 들먹이는 것인가? 장용학에게, 자신이 살고 있는 시대는 분명 '현대'였다.

다시, 처음 김현의 이야기로 돌아가보자. 1942년생 김현에게, "1960년은 학생들의 해", 달리 말해 혁명은 자기 세대의 것이었다. 그러나 문학은 안타깝게도 아직 자신들의 것이 아니었다. 김동리는 아직도 건재했고, 그에 반기를 든 장용학도 고압적인 관념덩어리만을 뱉어내고 있었다.

새로운 세대의 힘

'김현 세대'는 '혁명'을 이룬 세대라는 자부심에 걸맞는 새로운 '자기 문학'을 위해 기꺼이 세대투쟁을 벌이고 기다릴 것이었다. 그러나 이 세대가 문학에서 '혁명'을 이루는 데에는 많은 시간이 걸리지 않았다. 김승옥이 「환상수첩」과 「생명연습」에 이어, 숨돌릴 여유도 없이 「무진기행」을 들고 나오면서 그 혁명은 완수되어버렸기 때문이다. 「무진기행」과 「서울 1964년 겨울」은 단지 자기 세대의 문학이었을 뿐 아니라, 전 계층의 독자를 설득할 수 있는 힘과 새로움을 가지고 있었다. 김승옥 이후에 사람들은 김승옥 이전의 문학을 아주 빨리 잊어갔다.

김현은 1960년 가을 최인훈의 『광장』이 등장했을 때 정말 '감동'했다고 썼다. 1936년생 최인훈이 『광장』에서 보여준 것은, 4·19세대에 의해 새롭게 꽃필 감수성과 지향성을 선취한 무엇이었던 것이다. 김현의 말에 의하면 그것은 '이데올로기' 그리고 '사랑'이었다.

소설 『광장』의 작가 최인훈.

"중립국"

"지식인일수록 불만이 많은 법입니다. 그러나 당신은 아직 젊습니다. 우리
사회에는 할 일이 태산 같습니다. 나는 당신보다 나이를 약간 더 먹었다는 의
미에서, 친구로서 충고하고 싶습니다. 조국의 품으로 돌아와서, 조국을 재건
하는 일꾼이 돼주십시오."

"중립국"[68]

　전쟁포로 석방 때 남한을 택하길 권하는 심문관 앞에서 「광장」의 주인
공이 하는 말은 오로지 "중립국" 한마디였다. 1960년 '조국재건'은 지배
적인 '구호'이자 '이데올로기'였지만, 이 세대의 '이데올로기'가 되기에
는 부족했다. 무조건적인 '재건'과 무조건적인 '반공'으로 4·19세대를

설득할 수는 없을 때였다. 김현의 말대로 필요한 것은 '사랑'이었다. 주인 공이 사랑했던 사람의 죽음, "은혜의 죽음을 당했을 때, 이명준 배에서는 마지막 돛대가 부러"지고 말았던 것이다.[69]

이 사랑은 '신의 사랑' 같은 것이 아닌 '에로스'였고, 이는 적어도 젊은이들에게는 이데올로기에 '더하여 필요한 무엇'이 아니라 '이데올로기' 자체였다. 이해, 혁명을 정말 '학생들'이 이루었을까? 그렇다고 대답한다면, 혁명을 이루었던 또 다른 힘은 사랑이라고 해야 맞을 것이다. 최인훈도, 김현도 그것을 보았다. 아직 4·19 세대의 문학은 없었지만, 이렇게 그것은 준비되고 있었다.

그래서 어찌 보면 『광장』은 1960년대가 아니라 1950년대 최후의 걸작이다. 전후문학이 절정의 경지에 올랐음을 예시하는 뛰어난 작품들이 1960년도에 많이 발표되었다. 황순원의 「나무들 비탈에 서다」, 장용학의 「현대의 야」, 서기원의 「이 성숙한 밤의 포옹」, 오상원의 「황선지대」, 그리고 이범선의 「오발탄」도 이 해에 발표된 소설이다. 이들 작품에서 젊은 주인공들은 한결같이 전쟁이 남긴 큰 상처를 껴안고 지향 없이 방황한다. 그 방황은 진정성을 가진 것이었지만 1960년에는 종결되지 않으면 안 되었다. 사실상 이들은 4·19 이전의, 그러나 4·19로 인해 뭔가 달라지지 않으면 안 되었던 그런 젊은이들이기도 하다.

한편 최인훈은 『광장』 이전에도 「구월의 다알리아」, 「우상의 집」 등을 발표하며 선풍을 예고하고 있었다. 또한 문단에 등장한 지 얼마 되지 않았던 최일남, 남정현, 이호철, 천승세 같은 작가들도 바뀌는 흐름에 동참하고 있었다.

또 1960년 여성 작가 강신재는 "그에게서는 언제나 비누냄새가 난다.

아니 그렇지는 않다. 언제나라고는 할 수 없다. 그가 학교에서 돌아와 욕실로 뛰어가서 물을 뒤집어쓰고 나오는 때면 비누냄새가 난다."라는 유명한 문장으로 시작되는 「젊은 느티나무」로 전혀 다른 감성의 문학이 가능함을 보여주었다.

평론가로는 이어령과 최일수가 활약하고 있었으며 그해에는 고은의 초기 대표 시집 『피안감성』(청우출판사)과 유치환의 시집 『뜨거운 노래는 땅에 묻는다』(동서문화사)도 발간되었다.

파고다영감 金二煥 (76)

李鍾根씨

一 女子의 嫉妬는 青色으로 象徵

보석은 다 하나도 빠짐없이 서로 다른 제 빛갈을 가지고 있으며 상징(象徵)의 뜻이 있소

◆◆ 취미
◆◆ 건강
◆◆ 소재

서양八시에와 영양해아민 석(石) 공자석(孔雀石) 청금(青金石) 황색계(黃色系)一 호박(琥珀)와 석영(水晶) 석류석(柘榴石) 자수정(紫水晶) 등을 들수있읍니다

◆경도(硬度)와 색(色)

보석은 그것도 값이 경도(硬質)에 따라서 어려가지 상징을 가지고 있으며

◆석(石)이지닌 상징성(象徵性)

보석은 그빛갈이나 종

다이어먼드는 순결(純潔) 진주(眞珠)로 구심장과 마음으로 남

화려한 남자의 마음은 남

학생과 군인은 모름지기_학생과 군인의 본분론

흐리고 비 또는 눈 내린 후 갬. 8~2도

• 국가의 양대 동맥을 책임지고 있는 철도·체신 공무원 노조가 임금인상 등의 요구조건을 내걸고 쟁의 중이다. 철도노조의 조합원은 무려 2만3천 명, 체신노조의 조합원은 5천여 명이다. 체신노조는 기본급 150퍼센트 인상과 법정공휴일 준수 등을 주장했는데, 이에 대해 체신부는 '애국적인 견지'에서 쟁의를 중지해주기를 바라면서, 재정 빈곤을 이유로 야근수당만 올려주기로 방침을 정했다.

• 11월 21일 국회운영위원회에서는 혁명특별법 입법을 가능하게 할 헌법 부분 개정안을 24일 민의원 본회의에서 표결하기로 했다. 그러나 반민주행위자의 공민권 제한과 부정축재처리법안에 대한 정파 간 이견이 조정되지 못하고 있는 가운데, 정부는 공민권 제한과 부정축재자의 처벌 범위를 대폭 완화하는 특별법안을 내놓았다.

1960년 4·19 혁명은, '학생'과 '군인' 두 집단이 한국 현대사의 전면에 등장하게 된 계기가 되었다. 혁명에서 학생이 한 역할에 대해서는 재삼 말할 필요가 없을 것이다. 군은 4·19 혁명의 결정적 날에 '중립'을 지키거나, 이승만에게 등을 돌림으로써 더 큰 '유혈'을 막았다. 4월 26일 새벽 1시에 송요찬 계엄사령관은 데모 군중에게 발포하지 말라고 전 군에 지시했다. 사실상 이승만이 하야하는 데 결정적인 역할을 한 것이다. 당시 급박한 상황에서 국민들은 군의 상황 발표를 믿었고, 경찰을 악마로 여긴 반면 군은 천사로 여겼다.[70] 한국인들은 군의 힘과 역할을 새삼 깨달았다.

그로부터 딱 한 세대 동안 학생과 군인은 한국 사회를 좌지우지했다. 4·19 이후 군은 권력을 쥐었고 학생은 권력에 저항했다. 그럼으로써 군은 타락했다가 겨우 제자리로 돌아갔으며, 학생은 한국 사회의 소금 구실을 하다가 1990년대 이후 아무것도 아닌 것이 되었다.

한국 현대사에서 '학생의 본분', '군인의 본분'은 수없이 되뇌어졌다. 학생과 군인을 '제자리'로 돌아가도록 하는 것, 그것은 곧 한국 민주주의가 성숙해가는 길이기도 했다. 군과 학생이 있던 자리에, 이제 '시민'과 '노동자계급'과 '제도'가 자리를 잡고 있다.

학생 본분론의 실내용

1960년의 여름 이후, 최초로 자각과 실천을 통해 '대오'를 형성한 학생들은 '혁명'에 의식적으로 개입하기 시작했다. 그 노력은, 4·19를 계승하려는 혹은 4·19가 파생시킨 여러 각도의 학생운동(가장 대표적인 것이 연세대와 한양대 등의 싸움으로 대표되는 '학원 민주화운동'과 '신생활운동'이다.)과 그 최종적인 정치적 귀착점으로서 '통일운동'에 의해 개화하기 시작했다. 그러자 한편 학생운동을 좌경용공시하고, 한편 학원을 온건하게 탈-정치화하려는 전방위적인 반격이 시작되었다. 이 반격이 '학생 본분론'에 담긴 실제 내용이다.

11월 3일 장면 총리는 기자회견을 통해 중립화 통일방안에 반대한다는 입장을 재확인하고 학생들의 주장, 곧 '민통련' 결성과 중립화 통일방안 그리고 이를 위해 장 총리가 미국·소련을 방문해야 한다는 주장에 대하여 다음과 같은 위협으로 답변을 대신했다. '4·19 이후 안보가 문란한 틈을 타 북괴가 간첩을 남파하고 있다. 간첩들을 잡아 취조한 결과

학생들과 접선을 기도하고 있다. 그러므로 학생들은 이를 경계해야 하며 '순수한 학술연구단체의 성격을 떠나 행동화할 때는 의법조치 하겠다.'고 말이다(《동아일보》 1960년 11월 4~5일).

이어 장면 총리는 이튿날인 11월 4일, 문교부가 소집한 서울 시내 28개 대학 총장 · 학장 회의에도 직접 참석하여, 학생들의 학원 내 활동의 자유는 보장하겠으나 활동을 학내로 제한하고 군중을 선동하는 교외활동을 시정해주기 바란다고 발언했다.

문교부는 이날 다음 다섯 개 항으로 된 '학생지도 원칙'을 총장 · 학장들에게 시달했다. 1) 자율성에 기초한 그러나 적극적인 학생지도를 시행한다. 2) 학생활동은 민주사회 건설을 위한 학문적이고 '연구적인' 활동에 국한한다. 3) 이론적이고 실천적인 반공생활을 강조한다. 4) 강의 중심의 지육智育 편중 교육을 지양하고 정신건강에 기초한 다채로운 교내 학생활동을 장려한다. 5) 지도교수 별 · 대학 별 학생지도위원회와 지역별 학생지도위원회를 둔다(《동아일보》 1960년 11월 4~5일).

다음 날인 5일 부산에서 발생한 사건은, 이러한 정부의 '방침'과 학생의 힘이 어떻게 맞부딪쳤는지를 여실히 보여준다. 5일 오전 8시 40분경 부산대생 1백여 명은, 부산의 중심가인 서면로타리에 집결하여 '통한(통일한국) 궐기 선언문'을 배포하면서, 부산지역 대학생 · 고교생 4천여 명이 참여하는 궐기대회를 준비하고 있었다. 그러나 이들의 시도는 아침부터 총출동한 부산대 교수들의 만류로 무산되었다. '학교로 가서 시위하자'는 교수들의 만류가 학생들에게 먹혔다. 학생들은 이날 부산대 교내 시위에서 '통일만이 살 길이다, 민족이여 단결하라'고 외치고 '학생의 통일열을 공산시視하지 마라', '실속 없는 통일방안을 유엔에 상정 말라' 는 등 정부에 대한 비판도 내놓았다.

박정희 · 김종필, 본분 망각한 군인들

그럼 군인들은 어땠을까? 대한민국 가난한 집안의 똘똘한 아들들이 국가 엘리트가 되겠다는 희망을 품거나 계층상승을 꿈꾸며 육군사관학교로 향하기 시작한 것은, 군사정권이 만든 신화에서 비롯된 것이라 보는 게 타당할 것이다. 전통적 숭문주의 가치관이 지배해온 한국 사회에서 5 · 16 이전까지 한국 '군' 의 장교는 비교적 낮은 계층 출신들로 충원되었고, 군에 대한 존경심은 없었다.[71] 그런 까닭에 사회적인 선망의 대상이거나 신분상승의 사다리로 여겨지기 힘들었다. 더구나 전쟁이 온전한 평화로 종결되지 않은 불안한 상태에서, 제 아들이 군인이 되는 것을 지배계급의 아비 어미가 좋아할 리가 있겠는가. 더구나 군에는 북한 출신의 거친 사람들이 많았다. 군은 '반공의 보루'여야 했기 때문에.

1950년대 한국군은 미군의 직접 관할 하에 놓여 매년 4억 달러 이상의 군사원조를 한국 정부의 간섭을 받지 않고 직접 공여받고 있었다. 이승만 정권은 이런 군을 장악하고 싶어했다. 독재정권을 유지하고 부패를 생산하는 또 다른 온상으로 삼고자 말이다.[72] 군에는 전쟁의 여파 때문에 장성과 고급지휘관이 필요 이상 많았고 부패하고 무능한 장교가 허다했다. 그렇기에 감군減軍 · 숙군肅軍은 물론 구조개혁, 사병 처우 개선 등의 시급한 당면 개혁 과제가 쌓여 있었다. 하지만 장면 정권이 군을 제대로 장악하여 개혁을 행할 사회적 지지 기반도 권위도 마련되어 있지 않았다 (《경향신문》 1960년 11월 6일).

박정희라는 일본 관동군 출신의 고위장성 하나가 자신의 대구사범 동기인 부산일보 주필 황용주, 조카사위이며 육사 8기 출신인 영관급 장교 김종필, 그리고 그 동기생 김형욱·오치성 등과 함께 4·19 이전부터 정부 전복을 모의하고 있었다. 그러나 이들의 쿠데타 의지는 4·19 혁명으로 인해 꺾였다. 이들은 쿠데타를 잠시 잊고 대신 정군整軍운동을 벌이기로 했다. 김종필 등은 1960년 5월 송요찬 참모총장에게 '3·15 부정선거의 군 책임자로서 책임을 지고 물러나라.'고 요구하는 '하극상'을 벌이고 연판장을 돌려 부패한 고위장성들이 물러나게 하는 운동을 벌였다. 하지만 주동자 김종필 등이 오히려 구속되어 군법회의에 회부되었다.

사실 미군은 진작부터 박정희와 그 일당의 쿠데타 획책 움직임을 알고, 1960년 가을부터 박정희의 군복을 벗길 것을 장면 정권에 요구했다. 그러나 무능한 장면 정권은 박정희를 육본 참모차장에서 대구 2군 사령관으로 좌천시키는 데 그쳤고, 이 좌천은 김종필의 구속과 함께 박정희의 쿠데타 결심을 더욱 강화하는 계기가 되었다.[73] 박정희의 무리들은 그렇게 기회를 놓칠 가능성이 더 높았으나, 장면 정권의 안일과 무능이 그들에게 다시 기회와 핑계를 만들어주었다.

많은 사람들이 쿠데타 가능성을 여러 번 경고했지만 장면 정권은 제대로 대처하지 않았다. 박정희 외에도 군 내 불만세력이 많았는데, 장면 정권은 군을 완전히 장악하지 못했고 또한 미국이 자신들을 지켜주리라 맹신했다. 특히 군을 주시해야 한다면서도 쿠데타의 가능성은 없다고 한 〈콜론 보고서〉를 너무 믿었다. 〈콜론 보고서〉는 1959년 미국 상원 외교분과위원회의 요청에 의하여 콜론연구소Colon Associates Institution가 작성한 한국 정세 보고서로서, 특히 이승만 정권에 대한 미국의 불만을 노골적으로 드러내고 이 정권의 몰락을 예견한 것으로 유명하다. 1960

1961년 1월 육·해·공 3군 참모총장의 예방을 받고 있는 장면 총리. 장면은 군을 확실하게 장악하지 못하였고, 쿠데타 가능성을 경고하는 목소리가 높았음에도 제대로 대처하지 못했다.

년《사상계》1월호는 이 〈콜론 보고서〉를 번역 게재했다. 〈콜론 보고서〉는 "적어도 당분간"은 한국에서 쿠데타가 일어날 가능성이 없다고 하면서, 그 근거로 군 내에 그만한 조직력을 가진 지휘관이 없다는 것을 들었다. 그러나 박정희는 "적어도 당분간"을 "순식간"으로 만들 수 있는 인물이었고, 박정희 외에도 일단 쿠데타가 일어나면 거기에 동조할 군인이 많다는 것을 장면은 몰랐던 것이다.

1961년 '4월 위기설'이 떠돈 뒤 '과연' 쿠데타가 일어났을 때, 대부분의 사람들은 '올 것이 왔구나'라는 분위기로 쿠데타를 받아들인다. 심지어 대통령 윤보선조차 그랬다. 장면 정권의 무능과 그 때문에 초래된 민주주의에 대한 '회의', 강력한 리더십에 대한 요청 등 몇 가지 필요가 쿠데타를 쉽게 용인하게 만들었다. 더구나 당시 제3세계 국가들에서 유행처럼 군사쿠데타가 일어나고 있었다.

정치가는 모름지기?

만약 당시의 모든 상황에 대해 정확한 통찰력을 가진 정치가라면, 이 만화에 등장하는 본분本分론이 그저 원론적인 이야기가 아닌 당시의 절박한 과제임을 알았어야 했다. 학생들을 진정시키고 정권에 대한 군의 지지를 확고하게 하기 위한 방책을 쓰고, 믿을 만한 인사에게 군을 장악하게 하여 박정희 같은 정치군인은 감옥으로 보냈어야 한다. 그러나 정치인은 정작 자기가 해야 할 일에 대해서는 자신감 있게 이야기하지 못한다. 그래서 앞의 76회 네 번째 칸에서 보듯 학생과 군인은 정치인에게 불신의 눈길을 보낸다. 이 만화는 사실 그대로였다.

정치가의 본분은 무엇인가? 정치가란 어떤 사람인가? 정치는 만인의 것이고, 혁명의 시기는 특히 그렇다. 혁명이 혁명일 수 있는 것은 평소 정치에서 소외된 대다수 민중과 계층이 정치에 참여할 수 있기 때문이다. 그럼 평화롭고 일상적인 시기에는? 그때에는 그것이 정치가의 것이라고 말할 수 있을까? 결코 그렇지 않다. '정치가들만'의 정치야말로 정치의 타락을, 그리고 정치로부터 민중들을 소외시키는 길이기 때문이다. 정치는 언제나 시민과 민중의 것이어야 한다.

정치에 대한 젊은 만화가의 회의는 깊어지고 있다. 겨울에 접어들면서 〈파고다 영감〉이 시사성과 날카로운 비판에서 점점 벗어나, 추상적이고 문학적인 내용으로 채워지는 것도 이러한 여유에서일 것이다.

파고다 영감 金二龍

(79)

서울의 김장시세

품 명	피	叭	叺			
배 추 (보도종)	上	한접	上	25,000	上	
	中		中	13,000	中下	
			下	15,000	下	
조선배추 (옷배추)	上		上	12,000	上	
			中	7,000		
무 꾸	100단			2,500		
왜 무		언단	上	3,000		
조 선 무	上	한접		4,000	(초	
	中	한단		200		
마 늘		한접	1,000-600	1,1		
고 추		난 근	950-800	1,0		
새 우 젓		한 독	(一年묵은것)	5,500		
		大		4,000	(통	
면 지		中		3,500		
		小		1,000		

비 온 날의 김장

여 앉아 쌓덕거리다가 손님이 잔뜩 몰려지면 이 나타난 것도 모기가 죽었다 나라난경도 수없 손님에게 넌지시 고 손님에게 넌지시 ...

태도 등대문 영천은 고 던지고 있었다 문시장은 돈대문 영천편 이나 남원동파남대 낙원동파남대 ...

비온 날 비 김장 새 배추가 싱싱한달걀은 반듯이 구워있게 되고 끝이 닮고

(중략)

김장철에 대하는 것이 손가 다.

(어제 김장 시장에서)

"김일성이 놈한테 할 말이 있시요"

—1960년의 통일운동(2)

흐리고 한때 비 또는 눈. 2~8도

- 흐루시초프의 평화공존안을 두고 소련과 중공 사이의 의견 대립이 심각해지고
  있다. 11월 9일부터 모스크바에서 80개 국 정상이 참석한 '동방東方' 정상회담
  이 열렸으나 갈등은 해소되지 않았다. 중공은 경제적 경쟁만으로 서방을 이길
  수 있다는 소련의 입장에 반대하여 제국주의가 건재하는 한 무력투쟁은 종식될
  수 없다는 입장을 견지하고 있다(AP 통신).

- 구 진보당계 사회대중당의 김달호 계파가 24일 상오 10시 반 시내 삼일당에
  서 전국 대의원 533명 중 362명이 참석한 가운데 사회대중당 공식 결당대회
  를 열고 '민주사회주의의 원리 위에서 자본주의를 개혁하고 좌우의 전체주의
  와 대결하여 일체의 억압과 착취로부터 사회대중을 해방한다'는 결당 선언문
  과 강령을 채택했다. 이로써 혁신계는 혁신통일추진위, 독립사회당, 사회대중
  당 세 갈래로 나눠지게 되었다.

북한은 11월 24일 다음과 같은 7개 항으로 된 통일방법에 대한 제안을
내놓았다. 남한은 1) 유엔 감시하 남북한 총선거안을 폐기하여 이승만
정권의 전철을 밟지 않아야 한다. 2) 남한은 현재의 정치체제를 당분간
유지하고 2개 정부의 독립적 활동을 지속하면서 김일성 수상이 임시조
치로 제안한 연방제로 경제·문화의 발전을 기한다. 3) 이마저 수락하기
힘들다면 경제협력위원회를 구성하여 경제교류라도 할 것을 제안한다.
4) 남한의 토지 문제 해결을 위해 무상몰수 무상분배의 토지개혁 실시.
5) 자유 여행과 우편 교환을 허락하고 기자 교환. 6) 쌍방의 병력을 3
만 내외로 감축. 7) 이를 위해 남북협의회를 곧 판문점이나 서울·평양

에서 연다(《동아일보》 1960년. 11월. 25일).

미군 문제를 비롯한 정치와 외교 문제를 다루지 않는 한에서 이는 현실적인 남북 화해와 접근의 통로를 제안한 것이라 볼 수 있다. 그러나 북한의 움직임은 곧 남한 내부의 계급투쟁과 연관된다. 색깔론과 용공조작은 '북한의 주장과 같다'는 매우 단순하고 치명적인 딱지를 적대자에게 사용한다. '중립화 통일론'이 본격적인 논의의 대상으로 떠오르고 통일운동이 본격화되자, 모든 보수적인 당사자들이 그 비현실성 내지 '위험성'을 지적하고 나섰다. 거기에 더하여 서울대 '민통련' 같은 조직이 '통일'을 매개로 혁명을 '의식화'하려 한다는 것이 분명해지면서 정권과 보수세력의 공포는 더욱 커졌다.

서울대 '민통련' 결성 직후부터 중립화론과 학생들이 준 충격에 대한 '반동'이 쏟아져나왔다. 장면 총리는 "한국 중립화론에 대하여"라는 제하의 공식담화를 발표했다. 이는 중립화론에 대한 제2공화국 정부의 공식 입장이었다.

"…… 제15차 유엔총회를 앞두고 근래 국내 외에 오지리(오스트리아)식 중립화 운운의 논의가 있으나 한국은 오지리와는 근본적인 차이가 있다. 중립화론은 한국의 전략적 위치와 국제적 · 국내적 제 조건을 무시한 무모와 위험을 내포하는 것이며 필경 민주세력의 내부착란과 정신무장 해제를 기도하는 공산주의자들의 모략에 빠지는 결과를 초래하는 것이다. 결국 중립화론에 의한 통일은 공산노예로의 제일보가 될 위험이 많은 것이다. 자손만대의 자유독립과 번영을 확보하기 위해서 전 국민은 이에 대해 철저한 인식과 각오를 가져주기 바란다.……"(《동아일보》 1960년. 11월. 3일)

'공산노예', '자유독립' 같은 1950년대 이래 만들어진 여러 표상적 어휘들을 동원한 이 담화는, 전쟁에 대한 공포를 환기하고 중립화론을 용공시하고 있다. 이는 중대한 공격이었다.

중립화 통일론은 빨갱이들의 모략?

《동아일보》같은 매체도 공격에 나섰다. 11월 2일의 《동아일보》는 4·19의 수혜세력인 장면 정권과 보수적 자유주의자들이, 학생들에게 더 이상 우호적이지 않거나 반혁명의 일부로 돌아섰음을 보여주는 확실한 증거처럼 보인다. 《동아일보》는 명확하지 않은 출처를 인용하며 위협조로 말했다. 미국의 '정통한 소식'에 따르면 중립화론을 요구한 한국 대학생들의 시위가 "오산된 것이거나 침투 (북한) 공작원들에 의해 주도된 것"이며 "연방안이나 중립화안을 수락하는 것은 오직 자유와 안전을 상실하는 길"이라고 말이다.

동아일보 가십란인 〈횡설수설〉은 더욱 노골적이었다. "군 방첩당국의 발표에 의거", "북한 괴뢰들이 간첩전술을 바꾸어서 학생들을 포섭하는 데 주력하고 있다."면서, 현명한 학생들이 그들 괴뢰(혹은 간첩)의 장단에 춤을 추리라고는 생각지 않으나, "공산 간첩들은 특별훈련을 받은 묘한 동물인지 속는 사람이 자신이 결코 속는다는 생각을 못한다는 것이 문제"라고 했다. 나름대로는 '유머'라 생각한 유치한 너스레를 떤 것이다.

이런 분위기가 조성되자 학생들의 행동에 실질적으로 타격을 가하려는 움직임도 나타났다. 조재천 법무장관은 기자회견을 열고 "학생들은 불순분자들에게 이용당하지 않도록 스스로 경계할 줄 알아야" 한다고 언명했으며, 서울지검 정보부는 서울대 민통련에 대응하기 위해 소속

검사들을 소집하여 단체 성격을 파악하고 기민하게 대처하기로 했다.

이처럼 '반공'이야말로 공포를 자극하여 혁명의 진전을 가로막는 가장 중요한 기제였다. 그리고 그것은 1960년 당시의 한계 개념, 상상력의 한계점 같은 것이었다. 진보세력은 민주사회주의나 중립화 통일론을 이념적 지향으로 삼았다. 그러나 이들 분파가 가지고 있는 합리성과 이상주의, 그리고 그것이 낳은 중립적인 성격과 탈-냉전적 사고는 당시로서는 '반공'의 공격에 취약했다. 특히 그들 중 일부가 '북한'이나 '좌익'과 관계 맺을 수밖에 없었던 '과거'는, 그러한 공격의 움직일 수 없는 증거가 되기도 했다.

'간첩' 혹은 '빨갱이'라는 공격은 워낙 치명적이어서 그 앞에서는 사실상 어떤 반격도 가능하지 않았다. 예컨대 평화통일론을 주창했던 조봉암은 이승만 정권 하에서 장관직을 지냈고 유력한 대통령 후보이기도 했지만, 북한의 자금을 받았다는 혐의로 1959년 처형당했다. 남한에서 그들 진보세력과 그 변혁의 논리가 설 수 있는 땅은 아주 좁았던 것이다. 군사독재가 최종적으로 종식될 때까지 계속 그랬다. 1960년대 남한은 좀 더 온전하게 신경증적인 반공국가가 되어야 했다.

《사상계》의 레드 콤플렉스

이런 점에서 《사상계》의 태도도 주목된다. 1950~1960년대 '지성知性'을 대표하는 매체로서, 《사상계》는 줄곧 이승만과 박정희의 독재에 항거한 민주주의와 민족주의의 '진지陣地'였다. 발행인 장준하는 결국 박정희의 하수인에게 암살당했다. 그렇기에 우리는 《사상계》만큼은 '지성'이 어떠한 한계 없이 민족의 미래와 이상에 대해 자유롭게 토론하는 장이었을

것이라 상상한다. 그러나 실상은 그렇지
않았다.

1960년 11월 발간된 《사상계》 제88호
〈권두언〉의 제목은 '이데올로기적 혼돈의
극복을 위하여'였다. 논지인즉, 평화공존
론이나 중립화 논의가 소련의 '세계 적화
의 새로운 방법론'에 불과하니, 이러한
'술책'에 넘어가지 말고 정신 차려야 한
다는 것이다. 더 풀어서 말하면, 현재 아
시아와 아프리카의 십수 개 국가들은 약

《사상계》. 1952년 9월 '사상'이라는
제호로 창간하여 4호까지 발간된 후
'사상계'로 이름을 바꾸었다. 초대 발
행인은 장준하.

속이나 한 듯 '독립 ― 부패 ― 정변 ― 혼
란 ― 쿠데타 ― 혼란'의 과정을 밟고 있고, 또 이들 나라에서 소련의 책
동에 부화뇌동하여 반미구호와 중립화론이 튀어나오고 있는데, 결국
이 나라들은 소련의 정복대상이 될 뿐이며 우리 한국의 처지도 이들 나
라와 다르지 않으니, 주변에서 우리 정신을 혼미하게 하는 요소들을 정
화하는 일대 국민운동을 일으킬 필요가 있다는 것이다.

이 같은 사고는 당시의 '냉전완화'와 함께 형성되고 있던 '제3세계'에
대한 극우적 해석이다. 중립화론에 대한 입장 또한 장면 정권이나 《동아
일보》의 그것과 한 치도 다를 바 없다. 《사상계》조차 민주주의를 급진화
할 때 수반되는 '공포'와 '피해의식'에서 자유롭지 못했던 것이다. 진보
진영은 극소수에 불과했고 중립적이거나 민족적인 외관을 갖고 있던
《사상계》 또한 '반공'의 한 보루였다. 《사상계》는 월남한 보수주의자 우
파의 문화민족주의를 기반으로 하고 있었으며,[74] 애초에 미국의 원조 덕

에 창간된 미국식 민주주의 신봉자들의 잡지였다.[75]

반동으로의 급격한 선회

한편 공산주의는 전쟁과 극한적 빈곤을 겪은 대다수 남한 사람들이 느끼는 현실의 공포와 고통의 원인을 대유하는 말이었다. 따라서 5·16 쿠데타를 일으킨 박정희와 그 세력이 "반공을 제일의 국시"로 정한 것은, 미친 반공주의자였기 때문만은 아니다. 그리고 반복하건대, 중립화론은 분명 혁명에 대한 사고를 한반도 전체로 확장할 때 필연적으로 도출되는 총체적 상상력의 결과이기도 하다. 그런데 그것보다 더 시급하고 현실적인 '국내 문제'는 없었는가? 신생활운동과 중립화 통일운동 사이에 있는 어떤 것들로 혁명을 이어나가고 민주주의를 발전시킬 가능성은 없었던가? 거기에 1960년에서 1961년 사이의 운동이 가진 한계가 있다. 통일운동은 분명 필요 이상 앞서 나갔고 관념적이었다.

초기 민주당 내부의 통일 논의에서 적어도 이전까지는 '중립화 통일

정부의 용공 태도를 규탄하기 위해 거리로 나온 우익단체들의 시위 행렬(1961년 3월 28일).

방안'이 '용공'으로까지 간주되지는 않았다. 그러나 그 가을 뭔가 급격히 달라지고 있었다. 장면 정권이 이러한 정황에서 가장 반동적인 방침을 택하였다. 정권은 문제의 '2대 악법' 즉, '데모 규제법'과 '반공 임시 특별법'을 제정하고자 했다. 이 법들은 '혁명'과 '민주주의'가 민주당 정권을 위협하지 못하게 하기 위한 장치였다. 이들 법의 제정을 둘러싼 치열한 공방이 시작되었다.

서울의 김장시세

品名	때	大小	小
호배추 (보도중)	上中下	上 25,000 中 18,000 下 15,000	上 中 下
조선배추 (꽃배추)	上中	上 12,000 中 7,000	上
총각무		100단 2,500	
왜 무		열단 上 3,000	
조 선 무	上 한접	4,000	(진
	中 한단	200	
마 늘	한 접	1,000 — 600	1,10
고 추	한 근	950 — 800	1,00
새 우 젓	한 독	(一年묵은 육젓 것) 5,500	
멸 치	大	4,000	(똥
	中	3,500	
	小	1,000	

꿀에더한 서심한 주의

식물에더한 서심한 주의가 가져야한다

개누구나 의해서 생기가 이끼는 여파 감기는 여파 감기 다음으로 완결기에는 감기는 경리기쉬운 감 가 일이가 인가가 일반의 관심거리로 되고있다.

▲ 멸어가는短波 (KA) (1)

각종방의 토산물을 소개해주고하며 이번에는 각지방의 各所店過絕 추수 후 7·20

역이 약해지므로 여리가 춥것이 기대된다

세여에따라서 저항 력이 세균의 전염성이다 나오는 점도이지만 病 기고나는곳을이 모르고 기침 는그자체는 별다. 성병원체에 력이 약해지므로 기가있다. 기침입상의

경순임엮음 이훈원슨 「바 식을취하지말고 시정되고 또 시간에 걸쳐서 放送된다.

보도고節 첫 아침 다하廊이 胎인 혼인 세年이 첫 출지 (慶지 딸지 그긴반 멋내 하게 문산비 여녀

"히야!"

대체로 맑음. 최고기온 4도

- 교통부 시설국에서는 1959년 2월부터 건설해온 삼척 비행장이 완공되었다고 발표했다. 활주로가 1킬로미터에 달하는 삼척 비행장의 건설은 우리나라 기술력이 올린 개가로 총 공사비는 3억 환이 들었다. 시험비행을 마친 삼척 비행장을 중심으로 산업 개발 및 관광을 위해 서울─삼척─강릉 간 항로가 마련될 전망이다.

- 희대의 섹스 심벌이자 존 F. 케네디의 정부였던, 영화배우 '마릴린·먼로'가 1954년에 이어 올해 크리스마스에 모든 일을 제쳐놓고 한국 전선에서 복무하는 미군 장병들을 위로하기 위해 내한할 예정이라고 《동경 TP세계》가 보도했다. 그런데 이 계획은 취소됐다. 그해 크리스마스경 마릴린 먼로는, "당신의 머리를 닮고 내 얼굴을 닮은 아이가 나오면 큰일"이라 했던 세 번째 남편 극작가 아서 밀러Arthur Miller와 파경을 맞았다.

시골 사람이 '서울 구경'을 왔다. 파고다 영감은 한복을 입은 시골 청년에게 국회의사당, 아카데미극장, 중앙청 같은 서울의 '상징'들을 열심히 설명해준다.

11월 하순, 당시 아카데미극장에서는 〈낙인 찍힌 처녀〉라는 야릇한 제목의 영화를 상영하고 있다. "戰爭(전쟁)이란 命題(명제) 앞에서 5女性(여성)들이 겪는 男性(남성)들과의 性的關係(섹슈얼·리레이숀스)"(《조선일보》 1960년 12월 7일)라는 6백 환짜리 영화 광고를 보고 왔는지 알 수 없지만, 시골 청년은 극장 간판 앞에서 눈이 휘둥그레지지 않을 수 없다.

그러다 큰 건물, 높은 데로만 눈길을 보내며 열심히 설명하던 파고다 영감이 흙탕물에 빠지는데, 얼이 나간 시골 청년은 그 모습에까지 "히야"라는 탄성을 내지른다. 웅덩이에서 흙탕물이 튀는 네 번째 장면은 서울의 허상에 대한 신랄한 풍자가 아닌가. 화려한 외관에도 불구하고 서울은 사실 흙탕물 그 자체란 것, 또는 그런 흙탕물이야말로 서울에서만 볼 수 있는 명물이라는 것, 그렇기에 "아이쿠"라는 감탄사 뒤에도 잊지 않고 붙인 "이건 흙탕물이고"라는 파고다 영감의 친절한 설명은 풍자를 완성하고 웃음을 자아낸다. 서울에 와서 산 지 채 1년도 안 된 어린 대학생의 눈에 '서울 구경'은 그처럼 우스꽝스럽고 복잡한 심경이 담길 일이었다.

욕망의 도가니, 서울

김승옥의 문학에서 서울은 그 자체로 가장 중요한 주제이자 소재였다. 소설 「환상수첩」(1962)과 「서울 1964년 겨울」(1965)로부터 영화 〈도시로 간 처녀〉(1981)까지. 김승옥의 시선 속에서 창경원, 단성사, 청계극장, 화신백화점, 적십자병원, 세브란스병원, 평화시장, 서울의 어느 거리 어떤 세세한 구석이라도 정밀한 관찰과 세밀한 표현으로 되살아나곤 했다. 김승옥이야말로 시골에서 올라온 가장 섬세하고 예민한 청년 중 한 사람이었기 때문이다.

"카바이트 불꽃이 바람에 흔들리는 선술집", 약 광고가 붙어 있는 전봇대, 빌딩의 옥상에서 번쩍이는 소주 광고의 네온사인, 영화 포스터, 그리고 길 위에 "돌덩이처럼 여기저기 엎드려" 있는 거지, 바람에 휙 날리어 와 발 아래 뒹구는 "美姬(미희)서비스, 特別廉價(특별염가)"라고 씌어진 "어느 비어홀의 광고지."(「서울 1964년 겨울」 등에 등장하는 표현) 이런 풍경들 속에서 김승옥이 담아내고자 한 것은 욕망의 도가니로서의 '서울'이었다.

명동 골목 야경(1959)과 창경원.

　그의 인물들은 서울에서 "사람을 미워하는 법을 배우고 말았다."(「환상
수첩」) 자기가 죽든지 '남을 죽이든지' 해야 하는 경쟁 때문이다. 그들에
게 서울은, "부글부글 끓어오르는 내부를" "무관심한 표정으로 가려버리
는 법을"(「환상수첩」) 가르쳐주었다. 서울 사람이 되어간다는 것은 '서울스
러운' 표정, 그러니까 기만적인 포즈를 배워간다는 뜻이었던 거다.

　그런 서울에서 "계절의 바뀜을 알리는 것이 라디오 정도였다. 서울에

서 조금만 떨어져도 풍경과 계절은 믿어지지 않을 만큼 친한 사이여서 창경원 숲마저 무척 외로운 놈이었다는 것을 알게 된다."(「다산성」) 서울은 라디오로만 계절을 느낄 만큼 각박했고 복잡했고 그래서 외로웠다. 대신, 과연, "서울은 모든 욕망의 집결지"(「서울 1964년 겨울」)였다.

당시 서울에는 영화관 139개 소, 극장 201개 소, 공설운동장 32개 소, 탁구장 87개 소, 농구장 1,558개 소, 골프장 48개 소, 공원 49개 소가 있었다. 아니, 그런 것들이 모두 서울에만 집중적으로 모여 있었다. 영화관의 경우 1961년 현재, 전체의 32.9퍼센트에 해당하는 57개 소가 서울에 집중되었던 반면, 제주도에는 상설영화관이 아예 없었고, 전라남·북도 전체에는 5개 소, 충청남·북도에는 14개 소가 있었을 뿐이다. 근대적인 교통 및 통신수단도 서울에 집중되어 있었다. 1962년 현재 전체 차량 3만814대 가운데 1만1,449대의 등록지가 서울이었다.[76] '히야!' 서울은 정말 스펙터클한 도시였다.

'도라지다방' 박 마담의 하소연

1960년 12월 29일에는 처음으로 서울특별시장 선거가 실시되었다(《조선일보》 1960년 12월 18일). 민주주의 바람 덕분에 처음 실시된 지자체 선거의 일환이었다. 이날 서울 시민들은 기명투표가 아니라 입후보자의 이름을 적는 식으로 투표를 했다.

새로 선출된 김상돈 시장은 시민의 요구를 들어주기 위한 몇 가지 방안을 발표했다(《조선일보》 1961년 1월 13일). 제일 급한 것은 상수도 공급과 전기 문제였다. 겉만 스펙터클했지 실제 서울 시민들의 살림은 곤궁하고 불편했다. 일단 물도 전기도 늘 부족했다.

서울 시민들은 전력공급에 대한 불만이 가장 컸다. 배정 전력량 초과를 막기 위해 가정 전기를 윤번제로 송전하는 탓에(《동아일보》 1960년 10월 5일) 툭 하고 알전등이 나가기 일쑤였다. 수험생이 있는 집에서는 애가 탔다. 윤번제라지만 전압이 낮아 '옆집에 불이 오는데 우리 집에는 불이 안 들어오는' 일도 허다했다. 그러니 이웃을 생각해서 높은 촉수를 켜서도 안 되었다. 규정을 넘는 전구를 사용하다 걸리면 벌금이었다. 그러면서 전기료는 수시로 올라갔다.

1960년 11월 장면 정부는 국무회의에서 전기요금을 85퍼센트 올리기로 결의했다. 당연히 시민들의 항의가 빗발쳤다. 특히 주부들은 신문에 '민주당은 데모만 겁나고 우리들 주부들의 눈에 보이지 않는 심판은 두렵지 않다는 말인가?'라고 항의성 투고를 해댔다(《서울경제신문》 1960년 11월 25일).

'도라지다방' 마담 박성실 씨의 사연을 잠시 들어보자. '도라지 다방'은 "영업 관계상" 열여섯 개의 등을 쓰고 있는데 전기요금이 한 달에 1만 5천 환에서 1만7천 환이 나온다. 전기는 아침 7시, 낮 12시, 저녁 5시에 각각 한 시간 정도씩 오락가락 들어온다. '도라지다방'을 밝히려면 매일 6~7백 환씩 들여 촛불을 켜놓을 도리밖에는 없다. 이렇게 되면 '도라지다방'은 '소위 문화인의 휴식처'라는 다방의 구실을 제대로 다할 수 없다. 이상이 박 마담의 하소연이다.

'높은 데' 올라 서울을 한눈에 내려다본다 해도, 그 야경은 보잘것없었을 것이다. 1960년 하반기 관계당국은 카바레와 바, 댄스홀, 요릿집 등 접객업소의 신규허가를 당분간 내주지 않기로 했다. '도라지다방'은 그나마 촛불이라도 켜고 '문화인'을 받을 수 있으니 다행이었다.

양초 사는 값이 전기요금만큼 들고, 전기요금을 내도 불은 감질나게 들어오고, 전기요금은 올라 "열불 나는" 판에, 북한이 전기를 주겠다는 대남 제안을 하고 삐라도 뿌렸다(《서울경제신문》 1960년 11월 24일). 이 기사는 "전기 망국亡國론이 나오는 판국에 이북 괴뢰정권까지 전기를 주겠다고 추파를 보내고 있다."며 서두를 뗐다. 북한의 제안에 대한 관심이야말로 전기 공급을 확충하라는 강력한 항의가 될 것이었다.

서울에 불을 넉넉히 밝히려면 12만 킬로와트의 전력이 새로 필요했다. 새 서울시장은 취임을 하면서 전력을 확보하기 위해 시가 운영하는 자체 발전시설을 마련하겠다고 약속했다.

'신데렐라'의 서울 구경

끓는 욕망과 빈곤, 그리고 혁명. 서울, 1960년의 겨울은 그렇게 다가왔다. 스무 살짜리 시골 청년 김승옥이 서울에서 보내는 첫 번째 겨울도 깊어가기 시작했다. 어느 날 밤 그는 달을 바라보며 공상에 잠겼을 것이다. 세상 어디든 비추는 달빛이라면 사람도 어디든 다 데려가줄 수 있지 않을까? 눈 쌓인 고향 집 마당으로, 한 번도 못 가본 서울로.

1966년에 발표된 소설 「빛의 무덤 속」에 달빛과 서울에 대한 이야기가 있다. 주인공 '이 양'은 집에 돈이 없어서 친구들이 다들 서울에 있는 대학을 갈 때 혼자만 지방에 있는 2년제 대학을 갔고, '빽'도 없어서 친구들이 서울로 발령받을 때 혼자만 지방 P시에 있는 초등학교로 발령을 받았다. '이 양'이 못 견딜 만큼, P시는 이름에 '시市'를 달고 있지만 문화라곤 없는, 있다면 풍금을 갖춘 초등학교가 고작인 시골에 불과했다.

어느 날 밤, '이 양'의 "너무나 허망한 눈초리를" 보다 못한 달빛이 그녀를 찾아왔다. 이제부터 '이 양'은 달빛에게 빌기만 하면 저녁 7시부터

서울 도동 일대 판자촌(1957).

12시까지, 자신이 가장 견디기 어려웠던 그 시간에 어디든 갈 수 있게 되었다. 그녀는 서울로 발령받은 친구가 적어준 주소를 댔다. 서울시 성동구 신당동 삼백사십육 번지.

과연 달은 '이 양'을 성동구 신당동에 데려다주었다. 그러나 그녀는 "길 잃어버린 아이 같은 착각이 들었다." 서울 성동구 신당동은 이 양이 꿈꾸던 서울이 아니라 초라한 골목과 땅에 다닥다닥 붙은 집들이 모여 있는 초라한 마을에 지나지 않았던 것이다.

"서울엔 고등학교 수학여행 때 와본 적이 있었다. 그러니 그 여자의 서울은 창경원이나 덕수궁이나 종로나 서울역이었지 이런 비좁은 골목이 아니었고 낮고 음산한 기와지붕들은 아니었다."

이 소설의 부제는 다름아닌 '신데렐라'이다. '서울 구경'이야말로 큰 구경의 하나였고 서울로 발령받거나 서울로 시집가는 것은 바로 '신데렐라'가 되는 것이나 다름없던 시절이다.

(81)

서울의 김장시세

品　　名	等級	比價	比價
호배추(포구장)	上	上 27,000	
	中	中 18,000	
	下	下 15,000	
조선배추(장백수)	上	上 15,000	
		7,000	
왕 　과 　무	100	2,500	
쇄 　　 무	억단	3,500	
조 　선 　무	上 한접	4,000	
	中 한단	200	
마 　　 늘	한 접	1,000 ─ 600	
고 　　 추	한 근	950 ─ 600	
새 　우 　젓	한 두	(一斗基準) 5,500	
멸 　　 치	大	4,000	
	中	3,500	
	小	1,000	

로비

（밥메리나）

黃水蓮

鳥人의 天分 담북
民俗예술 使節로 脚光

黃水蓮하면 앞난이 쓰
망되는「밥메리나」로 안
고있다。젰大 體育科에
서 무용을 수업하였다。
이런정도의 인상만 퍼
렷하고 있던 黃양이 자
그마치 五五년에
林默男씨와 결혼하고
공연한 「白鳥의 溯水」의
裂大絲經科정도에서 수
드리고 있었던 黃양이
자기 화제의
언한「스바디오」도차
개인「스바디오」도차
기시작한것은 지난 二년
려놓고 제자휼 기른다는
「제트族行社」에서 무

미친 개와 비구승 _불교정화운동

대체로 맑음. 영하 5도~영상 4도

- 11월 26일 서울 지방의 기온이 갑자기 영하 4도까지 떨어진 가운데 올 겨울 "동사자 제1호"가 나왔다. 서울 영등포구 본동 33번지에 적을 둔 정신이상 부랑자 이선옥(45) 씨가 "얼어죽은" 시체로 발견되었다. 이 씨는 며칠 전 집을 나와 영양실조 상태에서 거리를 헤매고 있었다.

- 11월 24일 미국 브루킹스 연구소에서 파견된 제임스 K. 홀 박사를 단장으로 한 재무부 조세고문단이 1년 반의 활동을 마치고 해산·이한했다. 제임스의 보고서에 따르면 1955~1959년까지 5년간 한국의 세무공무원이 비리로 징계조치를 받은 것은 100명 당 2명 꼴에 불과하고 그중 고급공무원이 처벌을 받은 일은 전무했다. 제임스는 세무공무원에 대한 자체 감찰·징계 절차를 제대로 제도화하는 방안을 정부에 건의했다.

81회 〈파고다 영감〉은 한국 불교사의 물줄기를 크게 돌려놓은 사건과 관계가 있다. 1,500년 역사를 지닌 한국 불교는 근대 이후 큰 변화를 겪었다. 어느 수준 이상 힘이 커진 종교는 반드시 세속의 권력과 관계를 맺게 된다. 국가권력과 종교는 갈등하거나 손을 잡는 과정을 통해 서로의 필요를 만족시킨다. 종교는 국가권력의 정당성을 보완해주고, 국가권력은 종교집단의 포교와 치부를 합법화해준다. 국가와 잘 지내지 못하는 종교는 범죄집단과 매우 유사해진다. 따라서 국가와 종교의 갈등·결합 과정은 근대사회에 존재하는 모든 종교가 세속적 제도의 하나라는 점을 역설해준다.

승려를 폭력배로 만든 정치권력

한국 불교의 근대사와 제도적 틀은, 총독부 → 이승만 정권 → 박정희 정권으로 이어지는 근대 국가권력에 의해 결정되고 만들어졌다. 일제는 무단통치 시절 이른바 '조선사찰령'(1911)을 공포하여 불교를 통치권력 아래 묶고 조선인들의 '불심'마저 장악하고 싶어했다. 주지 임명권을 조선총독이 갖고, 사찰 통폐합과 재산 처분권도 총독부가 가졌으며, 30곳의 본산本山을 따로 정하여 사찰이 '국가' 밖으로 벗어나는 것을 원천적으로 막고자 했다. 또한 한국 불교를 일본화하는 데도 주력했던 바, 승려들을 친일화·대처승화시키는 것이 그 핵심이었다.*

일제에 협력하고 정책에 충실히 따른 승려들은 일제 하에서 세속화하고 '친일'에 앞장서기도 했다. 그리하여 당시의 주류 불교는 불교 본래의 뜻을 완전히 잃었다. 파계가 오히려 일상이나 제도가 되었고 불교계와 총독부의 유착관계는 다른 종교의 '친일'에 비해 더욱 심각했다.[77] 그래서 한국 불교는 일제 하에서 극한의 위기를 경험했다.

해방이 되고 나자 대처와 부일에서 자유로운 소수의 '청정淸淨 비구'(출가하여 구족계具足戒를 받은 남자 중)가 나서기 시작했다. 그들은 또 다른 국가권력인 미군정청과 이승만 정권의 지원을 받아 불교계를 개신해 갔다. 이승만은 기본적으로 불교를 '미신'시 하면서도 계율을 파기하고 일제에 협력했던 불교계를 비구승들에게 넘겨주었다. 그리하여 이승만

---

* 이와 별도로 한용운 등의 불교유신운동도 있었다. 불교계도 스스로 '근대화'되어야 할 필요가 있었다. 한용운의 '불교유신론'은 변혁적인 내용을 담고 있었다. 불교계가 시대에 맞지 않는 고식적인 계율과 허례를 청산하고, 진정한 '대승'을 실천할 것을 내용으로 한다. 이 가운데에는 '대처'도 포함되어 있었고, 한용운 자신도 승려이지만 아내와 아들을 두었다.

불교정화운동을 벌이는 비구승.

의 불교정화 지시와 1955년의 전국 승려대회를 계기로 일대 역전이 일어났다. 친일 대처승들의 수중에 있던 전국의 사찰들이 비구승들에게 본격적으로 넘어가기 시작한 것이다.[78] 국가권력을 등에 업은 비구승들은, 기득권을 놓치지 않으려는 대처승들의 사찰을 '주먹'으로 '접수'하기 시작하였고, 수없이 많은 폭력사태와 법정공방이 본격화되었다. 승려들이 폭력배가 되고 폭력배가 승려가 되었다.

'대법원' 접수한 비구승들

이런 와중에 이승만이 물러나고 상대적으로 대처승들과 가까운 장면 정권이 들어서자, 다시 상황이 역전되어 비구승들이 불리해졌다. 사찰을 뺏는 비구승들의 행동은 법적으로도 문제의 소지가 있었다. 그래서 결국

1960년 가을, 가진 것 없는 비구승들은 이 싸움에 목숨을 걸고 나서기 시작했다.

비구승들은 1960년 11월 19일 제2차 전국승려대회를 개최하여 '종권소송'에서 대처 측이 승소할 경우, '순교항쟁' 하겠다는 결의를 다지고 "불법佛法에 대처승 없다"는 플래카드를 들고 시내를 시위 행진했다. 또한 소장승려 12명이 '순교단'을 구성하고, 11월 21일부터 조계사에서 비구승의 입장을 지지하는 신도들과 함께 단식농성에 돌입했다.[79]

문제의 11월 24일. 대법원은 대처승 측이 제기한 '종헌 등의 결의 무효에 대한 판결'을 통해, 이전에 비구승 측의 손을 들어줬던 고등법원의 판결을 파기했다. 그러자 판결 직후인 오후 3시경 석월탄釋月呑 등 "극렬파"(사건을 보도한 《동아일보》 1960년 11월 25일 보도의 표현이다.) 비구승 6명이 배정민 대법관(대법원장 직무대행)을 면담하러 왔다. 당연히 면담은 거절당했다. 그러자 그중 한 스님이 가지고 있던 잭 나이프로 자기 배를 찌르고 "대법원장이 안 나오면 여기서 당장 죽고 말겠다."고 고함을 쳤다. 뒤따라 다른 비구들도 칼로 자기 배를 찔렀다. 이들의 난동은 곧 법원경관들에 의해 진압되고 배를 찌른 비구들은 병원으로 옮겨졌다. 그러나 채 10분도 못 돼 조계사의 비구니 및 신도 4백여 명이 대법원으로 들이닥쳤다. 할복한 비구 중 한 명이 죽었다는 헛소문이 퍼지면서 시위대는 격렬해졌다. 이들은 "우리도 다 같이 죽자." "대법원이 대처승 돈을 먹고 판결했다." 등의 구호를 외치면서 대법원 청사에 난입하여 경관 3백여 명과 대치했다. 결국 승려와 신도 37명이 구속되고 20여 명이 부상당하면서 사태는 진압되었지만, 무려 2시간 동안 최고의 독립성과 권위를 자랑한다는 대한민국 대법원은 마비 상태에 빠졌다. 사법사상 "전대

미문의 혼란"이었다(《경향신문》 1960년 11월 26일 등).

불교 사태는 4월혁명의 불운

종교분쟁은 때로 국가 공권력의 권위나 권력에 도전할 만큼 심각한 양상을 띤다. 전 존재를 걸고, 목숨을 걸고, 그들은 자신이 믿는 신성神性과 선善을 수호하기 위해 행동한다. 법의 테두리나 세속의 상식 따위는 신도들에게는 아무것도 아닐 수 있다. 전 재산을 갖다 바치고, 법원을 점거하고, 방송국을 점거하고, 심지어 집단자살하는 일들은, 물론 그 종교에 대해 객관적인 혹은 범속한 눈을 가진 사람들이 보면 도저히 이해할 수 없는 미친 짓에 불과하다.

그래서 만화도 비구승을 '미친 개'로, 아니 '미친 개'도 못 당하는 막가는 존재로 묘사했다. 그래서 사실 이 만화는 위험하다. '청정 비구'들이 이 만화를 어떻게 받아들였겠는가. 이런 극단적인 묘사를 한 것은 김승옥이 기독교 문화의 세례를 입은 때문일지도 모르겠다. 어쨌든 이 사태에 대한 여론은 극단적인 행위를 한 비구승들에게 급격히 불리하게 돌아갔다. 비구승단의 "보스"(《경향신문》 1960년 11월 26일 보도의 표현이다.) 김서운 씨는 25일 문무 · 내무 · 법무 당국자를 일일이 찾아다니며 사과해야 했고, 조계사에서는 '사부대중 대책회의'도 열렸다. 지금이 어떤 때인데 대법원을 점거한다는 말인가. 4 · 19 혁명 부상자들이 국회를 25분간 점거했을 때 쏟아진 비난을 승려들은 모른다는 말인가.

국가권력의 최후 · 최고의 보루로 간주되는 대법원이 점거당해 마비되는 일이 하필 1960년 11월에 일어났다는 것은, 장면 정권의 불행이자 4월혁명의 불운이다. 이런 사건 하나하나가 장면 정권의 부실과 무능 특히 공권력의 무능, 그리고 '사회 혼란'으로 간주됨으로써 '안정에 대한 희구'는 더욱 커졌다. 그 희구는 반혁명의 여지를 더욱 크게 하는 일이기도 했다. 불교계의 혼란도 결국 박정희 정권에 의해 '정리'된다.

연이은 '박장로교'의 《동아일보》 습격사건

한편 그해 12월 10일 동아일보사가 박태선의 '박장로교' 신도 1천여 명에게 습격당하는 사건도 발생했다. '박장로교'는 가난한 전후의 한국 민중이 믿은 '신흥종교' 중 하나로, 신도들은 '신앙촌'에서 집단거주하며 공동생산·공동분배 생활을 하고 있었다. 그러나 이 종교는 기존 기독교를 강하게 비판하고 '신비주의' 신앙관을 펴, 초기부터 기성 교단에게 '이단'으로 찍혔다.

신도들은 《동아일보》가 12월 6일자 석간 3면에, 교주 박태선이 만들어 놓고 신도들이 신봉하는 이른바 '성화聖火'가 과학수사연구소의 감식 결과 인위조작된 것으로 판명되었다고 보도한 데 항의하기 위해 나섰다. 그들은 기사 취소를 요구하는 시위를 벌이다 동아일보 사옥에 난입하여 윤전기 등 기물을 파손했다.

경찰이 출동하여 무려 1,173명의 신도를 연행했다. 국립경찰 창설 이래 단일사건으로는 가장 많은 사람이 연행되었는데, 그 가운데에는 14세 이하의 어린이와 노인도 끼어 있었고, 전체 연행자 중 여성이 767명으로 과반수를 훨씬 넘었다.

이 사건 또한 비구승들의 대법원 점거와 똑같은 파장을 불러왔다. 즉, '치안태세 확립'과 '폭력에 대한 불관용'의 필요성을 증명하는 중요한 사례가 된 것이다(《경향신문》 1960년 12월 11일). 이 사건으로 내무부장관은 사표를 써야 했다. 내무장관은 사퇴의 변으로 "난동 방지와 오열(간첩) 색출에 있어 현행법은 너무나 미약한 것"이라 했다. "법질서 강화"는 장면 정권의 최대 과제가 되어가고 있었다.

(90)

'새침 양'과 '지라우 양'의 결혼 — 1960년의 결혼 풍속도

때때로 눈 또는 비. 1~5도

- 12월 11일 오후 종로경찰서는 사창가 단속에서 왕년의 유명 무희 홍청자 씨(33)를 붙잡아 경범죄 구류 5일에 처했다. 홍씨는 3년 전 마약법 위반으로 서대문형무소에서 징역 6월을 언도받고 복역한 적이 있다.

- 12월 12일 지방의회 선거가 실시되었다. 투표율은 기록적으로 저조하여 서울·부산·대구 등 주요도시의 투표율이 45~50퍼센트 선에 그쳤다. 패배를 미리 예상한 집권 민주당은 적극적으로 선거 참여를 유도하지 않았다. 결과는 민주당의 패배. 대신 신민당과 무소속의 약진이 두드러졌다.

사랑의 결실. 이똘똘 군과 정새침 양이 결혼한다. 동서고금을 막론하고 결혼은 곧 집안끼리의 결합이며, 그 결합은 통용되는 사회적 윤리에 따라 성사된다. 사회적 윤리란 곧 적절한 '재산'과 '지위'의 결합을 의미한다. 그래서 부모들은 지위나 돈이 너무 높고 많거나 혹은 그 반대인 집안의 배우자를 선택하려는 철없는 자식에게 화를 내곤 한다. 낭만적 사랑의 이데올로기에 젖어 '콩깍지가 눈꺼풀에 씐', 즉 열정적 사랑의 포로가 된 젊은이들은 이 엄연한 결혼의 '도덕-욕망'을 잘 이해하지 못한다.

'오억환' 탄생 기념식

그러나 결혼에 참석한 하객들은 이러한 역설을 잘 알고 있고, 그래서 옹기종기 모여 신랑과 신부에 대해 '품평'한다. 품평의 가장 중요한 항목은 재산과 학벌(그리고 통상 신랑, 신부의 외모이다.). 만화에 등장하는 두 사람은 각각 2억 환과 3억 환의 재산을 소유한 집안의 아들·딸이다. 이들의 결혼식에 참석한 어느 여자 하객은 입을 삐죽이다 "후유" 하고 긴 한숨을 내뱉고, 파고다 영감은 결혼식장을 '오억환 탄생 기념식장'으로, 신랑·신부의 이름을 '이억환 군과 삼억환 양'으로 바꿔놓는다.

한숨을 내뱉거나 분노하는 이유는 여러 가지일 것이다. 가진 자들은 가진 자들끼리 결합한다. 못 가진 자들보다 가진 자들이 '사랑'보다 사랑의 조건에 더 충실하다. 그들은 기성의 윤리를 충실히 따름으로써 가진 자의 세상을 재생산하려 한다. 물론 사랑의 이름으로 그렇게 한다. 파고다와 같은 서민에게 몇 억대 재산을 가진 며느리나 사위는 가당치도 않은 일이다.

그런데 이 만화는 '만화에 대한 만화'라는 점에서 눈에 띈다. 만화는 간결하거나 과장된 표상으로 세계를 뒤틀어 보여주는 그림인데, 김승옥은 만화에서 자기가 명명하고 그려놓은 그림을 파고다를 통해 한 번 더 고치고 있다. "정새침, 이똘똘"이라 명명된 인물들이 "삼억환, 이억환"으로 고쳐 명명되는 것이다. 풍자하고 한 번 뒤튼 것을 한 번 더 뒤트는 재미, 이를 통해 만화의 풍자성은 더욱 깊이 있어지고 만화는 더욱 만화스럽게 된다.

새침 양, '일등 신랑감은 엔지니어'

앞의 90회에 제시된 결혼 풍경은 오늘날에도 거의 그대로 이어지고 있다. 결혼이라는 제도에 개재된 계급·계층의 분화는, 71회 〈파고다 영감〉과 함께 보면 더 선명하게 드러난다.

'이똘똘' 군과 '정새침' 양은 서울에 사는 상류층의 자식들로서, '똘똘' 하거나 '새침' 한 그들의 캐릭터는 부모의 재산 규모와 깊이 연관되며 또한 학습된 후천적 기질이다.

이들과 71회에 등장하는 시골 처녀의 모습을 비교해보라. 얼마나 한심하고 가련한가. 똘똘하지도 새침하지도 않아 보이는 이 처녀, 말끝에 "~지라우"가 붙는 걸로 보아 전라도 어느 시골에 사는 듯하다. 짚을 꼬아 가마니를 짜고 헤진 옷 기우느라 바느질이나 하고 있는 처녀의 아비·어미는, 가을이 오기 전 시집을 보내주겠다고 한 약속을 지킬 능력이 없다. '지라우' 처녀와 '정새침' 양의 차이에 비하면, 도시에 사는 이들 사이의 차이는 또 작은 것이라 할 수 있다. 단지 경제적으로만 그런 것이 아니라 문화적·윤리적으로 그러하다.

《동아일보》 1960년 12월 13일자의 특집기사는 당시 '정새침' 양들의 의식의

서울시내 여대생들의 결혼관·직업관을 다룬 《동아일보》 1960년 12월 31일 특집기사. '자녀는 딸보다 아들을' '연애보다는 중매결혼을 희망한다'고 했다.

일면을 보여준다. 학부 졸업을 앞둔 이대·숙대·서울대 문리대·성균관대·고려대·중앙대·동국대 등 서울시내 여대생 1,040명의 결혼관·직업관을 설문조사한 기사였는데, 《동아일보》는 설문에 답한 여학생을 '미혼자'(797명, 74.8퍼센트), '약혼 상태에 있는 여학생'(29명, 2.79퍼센트), '교제 중인 여학생'(175명, 16.8퍼센트), '기혼자'(10명, 0.96퍼센트)로 나눴다.

설문은 졸업을 앞둔 여대생들이 결혼을 원하는지 취업을 원하는지를 먼저 묻고, 그에 따라 원하는 결혼 시기, 자녀의 수 그리고 결혼 상대자의 조건에 대한 질문을 던졌다. 조사 결과, 당시 여대생의 압도적 다수가 대학 졸업 후 '가정 경제를 위해서' 또는 '전문 분야를 살리고 싶어서' 결혼보다는 취업을 원했다. 대학 졸업장을 순수하게 혼수로 생각하는 여

이화여자대학교 학생들(1955). 당시 여대생들도 결혼보다는 취업을 원했다. 그러나 자녀는 셋 이상을 선호했고(70.4퍼센트), 결혼 상대자의 직업은 엔지니어가 좋다고 했다.

대생은 그때에도 소수(8퍼센트)에 불과했다.

당시 여대생과 오늘날 여대생의 인식차이가 가장 커 보이는 대목은 희망 자녀 수와, 배우자를 만나는 방식이다. 우선 가장 적당하다고 생각하는 자녀 수가 '아들 둘에 딸 하나'(45.2퍼센트)와 '아들 둘에 딸 둘'(합하면 넷, 25.2퍼센트)이었다. 그리고 '연애결혼'(19퍼센트)보다 '중매연애'를 통한 결혼이 바람직하다고 생각하는 여학생(72퍼센트)이 훨씬 더 많았는데, '중매연애'란 부모나 친지가 결혼을 목적으로 소개시켜주는 남성과 일정한 교제 기간을 가져 "확인"한 후 결혼하는 "편리하고 안전한"

방법이라 한다. 그냥 '중매'라 답한 사람은 3.7퍼센트에 불과했다.

그 밖에 배우자와의 나이 차이는 대략 다섯 살 정도가 적당하다고 보는 여대생이 가장 많았다는 것, 시부모와 함께 사는 게 좋다는 대답이 47퍼센트, 싫다는 대답이 40퍼센트 정도로 비슷했다는 것도 오늘날과 다소 다른 점이다.

한편 결혼 상대자의 조건은 사회·경제적 현실을 바로 드러내는 척도이기도 한데, 당시 결혼적령기의 여대생들은 남편의 학력이 대학원 이상 (46퍼센트)이나 대졸(45퍼센트)이었으면 좋겠다고 생각했다. 바람직한 남편의 직업으로는 뜻밖에도 '엔지니어'가 의사·학자·실업가·교직자를 누르고 당당히 1위를 차지했다. '엔지니어'가 무엇을 뜻하는지는 정확히 알 수 없으나, 어쨌든 '공업화'를 국가적 슬로건으로 내걸었던 1970년대까지 '엔지니어'는 늘 신랑감 상위에 올랐다.

지라우 양, '자식 많은 게 제일 큰 복'

이러한 도시 '새침 양'들의 의식은, 농촌에 거주하는 '지라우 양'들의 의식과 차이가 컸다. 《사상계》 1961년 8월호에, 1959년도 한국 농촌 가족의 의식을 설문조사한 사회학자 이만갑의 논문이 실렸는데, 경북 군위군과 전남 담양군에 거주하는 남성 711명, 여성 833명을 대상으로 한 이 조사결과는, 그때까지 남아 있는 전통적인 관념과 생활의식, 관습의 흔적을 잘 보여준다(응답자의 연령, 소득 등의 지표는 구별되지 않았다.).

첫 번째 '어떤 사람이 복 있는 사람인가?'라는 질문에 남성은 '가정이 화목한 사람'(24퍼센트), 여성은 '자식이 많은 사람'(28퍼센트)이라 답한 사람이 가장 많았다. 남자의 경우 '자식이 많은 사람'을 꼽은 사람도 23

퍼센트로 '가정이 화목한 사람'과 비슷했다. 여성은 '돈 있는 사람'(19퍼센트)과 '가정이 화목한 사람'(19퍼센트)이 거의 같았다. '다복多福'이 곧 '다자녀'로 이해되던, 전쟁과 질병으로 사람 목숨이 파리 목숨보다 별 나을 게 없던 시절, 혹은 여성의 존재가 '인큐베이터'로 자리매김된 시절의 의식이다. 지금도 어느 정도 그렇지만 자식을 몇이나, 어떻게 낳았는가가 가족 내에서 주부의 위치에 결정적인 영향을 미쳤다.

농촌 여성들의 대답 중에 현재의 시점에서 가장 '충격적'인 것도, 역시 자식 문제와 관련된 것이다. 이들은 자신이 아이를 가질 수 없을 경우 '남편에게 소실을 얻게 하는 것이 좋다'는 데 65퍼센트가 동의했으며, '아들은 없고 딸만 낳았을 경우'에도 45퍼센트가 동의했다. 또한 '애기 배지 않는 방법', 즉 피임법에 대해 들어본 적이 있는 여성은 전체의 13.7퍼센트에 불과했으며, 나머지 86퍼센트는 아예 들어본 적이 없고, 피임이 나쁜 것이라 생각하는 여성도 40퍼센트나 됐다(좋다고 생각한 비율은 52.7퍼센트).

(99)

한국의 유행병

―「닷꼬짱」人形과 「캡」―

權　純　永

선물 세 개를 샀더니 _ 뇌물 권하는 사회

북서풍 불고 오전 한때 흐림. 영하 16도~영하 5도

• 교통부는, 격증하는 서울시내 교통량을 맞추기 위해 시외버스 중 한가한 노선을 운행하는 차량 1~2백 대 가량을 서울시내 버스로 편입시키기로 결정하였다.

• 30일 새벽 서울의 기온이 영하 16도까지 내려가 한강이 꽁꽁 얼어붙었다. 썰매를 타기 위해 한강이 얼기를 기다리던 꼬마들에겐 더없이 기쁜 일이겠으나, 판자벽도 제대로 유지할 길 없는 빈궁한 서민들에게는 이번 한파가 더욱 원망스러운 노릇이라고.

'뇌물'이라는 표현은 신문지상 같은 데가 아니면 일상에서 잘 쓰이지 않는 말이다. 정확히 말하면 쓰긴 쓰되 남의 이야기를 할 때만 쓰는 말이다. 신문이나 뉴스를 보고 사람들은, '아무개가 아무개한테 뇌물을 주었다더라' 식으로 이야기한다. 그러나 자기 일로 뭔가를 주고받을 때, 돈봉투나 선물 꾸러미를 안기면서 "이거 뇌물입니다." 하고 말하는 사람은 없다.

표면적인 의미는 전혀 다르지만, 실제로는 뇌물을 가리키는 다른 말이 있다. '촌지寸志'가 그것이다. '촌지' 역시 신문지상에 심심찮게 등장하는데, '조그만 정성' '변변치 않은 선물'이란 뜻을 가진 일본어에서 온

이 말도, 일상에서는 당사자들이 잘 주고받지 않는다. 표면적인 뜻과는 달리 부정적인 뉘앙스를 갖고 있기 때문이다. 대신 사람들은 돈봉투나 선물을 내밀며 "저의 조그만 정성입니다."(말뜻 그대로 촌지이다.)라고 말한다. 이 말은 물론 '잘 봐주십시오.'라는 뜻이다.

뇌물 같지 않은 뇌물, 와이로

그런데 김승옥이 이 만화를 그리던 1960년에는 특이한 말이 또 하나 있었다. '와이로わいろ'란 표현이다. '와이로'는 뇌물이란 뜻의 일본어인데, 사람들은 곧잘 '와이로 먹이다'라는 표현을 썼다. 우리말이 있는데도 왜 뇌물이라고 하지 않고 굳이 와이로라고 했을까?

　'와이로'는 일제 때부터 사용된 단어이다. 일본어 '와이로'는 매우 강하고 분명하게 '뇌물'이라는 뜻을 가지고 있다. 그런데 한국의 '와이로'는 분명 뇌물을 의미하지만 좀 더 '우회적인' 뉘앙스를 품은 말로 사용되었다. 역 구내 입장권만 가지고 기차에 올라탈 때도, 소포를 부치면서 저울 눈금을 조금 줄여주었으면 할 때도, 말하자면 아주 '사소하고 작은' 일에도 이 말은 죄책감이나 부담감을 동반하지 않고 사용되었다.

　1960년 당시(그 이후로도 오랫동안 쓰이긴 했지만) '와이로'라는 표현을 사람들이 즐겨 사용했다는 것은 무엇을 뜻할까? 그만큼 일상 구석구석까지 '뇌물문화'가 뿌리를 내리고 있었던 것이다. 그 뉘앙스만큼이나 '와이로'는 광범위하게 '사용'되었다.

뇌물 탓에 굶고, 뇌물 덕에 살고

99회 〈파고다 영감〉에는 직장 상사들에게 줄 선물을 마련하느라 월급을 탕진하고 자리에 드러누운 말단직원이 등장한다. 이 말단직원이 상사들에게 건넨 '선물'은 분명 '와이로'이다. 새해를 앞둔 연말이라고는 하지만, 그가 건넨 선물을 단순한 새해 인사로 보기는 어렵다. 밤에 "남 모르게 가져왔다."고 하는 데서 선물의 정체를 쉽게 알 수 있다. 말하자면 이 불쌍한 말단직원은 국장, 과장, 계장에 이르기까지 줄줄이 와이로를 먹이느라 쥐꼬리만한 월급을 다 써버린 것이다. 이 말단직원은 도대체 무슨 이유로 모든 상사에게 뇌물을 먹였을까? 월급을 탕진할 정도로까지 상사들에게 뇌물을 먹여야만 했던 절박한 이유가 있었을까?

만화에서 부하직원에게 '선물'을 받은 상사들은 국장, 과장, 계장들이다. 그런데 국장이라는 직급이 눈에 띈다. 과장, 계장은 일반 회사의 직급이지만 국장은 좀 다르다. 일반적인 기업의 직급체계에 부장은 있지만 국장은 없다. 지금도 그렇지만, 당시 국장은 공무원 사회나 언론사에 있는 직급이었다.

이 만화가 그려지기 조금 전, 정부는 법안 하나를 마련해 국회에 상정할 준비를 하고 있었다. 이름하여 '공무원정년퇴직에 관한 법률안'이다. 공무원이 일정한 연령에 도달하면 자동으로 퇴직하도록 하는 법안인데, 문제는 퇴직연한을 급수에 따라 차등적용하는 데 있었다. 내용을 살펴보면, 1급 공무원은 65세, 2급은 60세, 3급은 55세, 4급은 50세로 정년을 정하였다(《동아일보》 1960년 12월 9일).

당시 공무원 직급체계 상, 2급은 중앙관서의 국장급, 3급은 중앙관서의 과장급이거나 지방관서의 국장급이었다. 말하자면 중앙관서의 경우

과장이라 하더라도 55세 이전에 국장으로 승진을 못 하면, 꼼짝없이 쫓겨날 판이다. 얼마 안 되는 공무원 월급에 나이 오십을 조금 넘겨 직장에서 쫓겨나면 먹고 살 길이 막막할 수밖에 없다. 더구나 법안의 발효 시점이 당장 다음해로 예고되었다. 곧 있게 될 인사고과를 통해 승진을 하느냐 못 하느냐에, 가족의 생존이 달려 있었던 것이다.

가혹한 조치였지만, 당시 정부로서는 나름의 고심 끝에 내놓은 법안이었다. 사실 이 법안의 골자는, 국가공무원 정원을 줄이는 데 있는 게 아니라 내폭 '물갈이'하려는 데 있었다. 이 법안이 예고되기 불과 보름 전, 정부는 이미 대학졸업 예정자 수천 명을 공무원으로 채용하겠다고 밝힌 바 있다(《동아일보》 1960년 11월 25일).

1950년대 말에 이르러 대학생 수는 급격히 불어나게 된다. 해방 직후 8개에 불과하던 대학(초급 포함)은 1952년 31개, 1956년에는 90개로 급격히 증가했다.[80] 이렇게 갑자기 불어난 대학생들이 사회로 쏟아져나오기 시작한 때가 바로 이때쯤이었다. 이들을 실직자로 만들지 않기 위해 정부는 어떻게든 일자리를 만들어야 했을 터인데, 국민 다수가 농업에 종사하던 상황에서 무슨 수로 이 문제를 해결한단 말인가. 예산의 대폭 증액도 불가능한 상황에서, 수천 명의 공무원을 새로 채용하려면 수천 명을 '자르는' 수밖에 없었다. 참으로 눈물 겨운 아수라장이 벌어지고 있었다.

수요가 한정된 상황에서 공급이 넘쳐날 때, 값을 떨어뜨리지 않는 한 공급자 간의 무한경쟁은 불가피하다. 양보가 곧 죽음을 의미하는 사회에서, 사람들은 살아남기 위해 수단방법을 가릴 처지가 아니었다. '와이로'는 당시 한국 사회 곳곳에 스며들어 있었다. 말단 공무원들은 상사에

1961년 1월 4일에는 공무원 2만 명의 감원을 전제한 추가경정예산 편성에 착수한다는 정부 발표가 있었다. 105회와 108회는 이런 사정을 반영한다.

게 뇌물을 바치느라 빈 주머니를, 민원인들에게 받아 채웠다. 이 시기, 민족의 앞날을 걱정하던 한 지식인이 "민원서류를 결재할 아리衙吏들이 그 서류 결재를 통해 생활비를 얻는" 현실을 통절히 비판하기도 했지만,[81] 사정은 쉽게 바뀔 태세가 아니었다. 한국의 뇌물(와이로)문화는 민족성 따위의 문제가 아니었다. 그 끈은 생존과 이어져 있었다.

〈100〉

파고다영감 金二

(만화 말풍선)
- 갑자기 멋좀 내시네
- 좋은 색씨가 생겼나봐
- 서쪽으로
- 앞차를 둥 지지말아줘요

송년
___ 혁명의 해를 보내는 다짐

개겠으나 한때 흐림. 영하 13도~영하 3도

- 12월 30일 대통령비서실은 대통령 관저 경무대의 이름을 '청와대'로 바꾸기로 결정했다. '경무대景武臺'는 조선시대부터 내려오는 명칭이지만, 이승만 정권 시절 폭정의 상징이 된 원부怨府라 이름을 바꾸는 게 좋겠다는 것이 윤보선 대통령과 관계자들의 뜻이다.

- 일본 프로야구 도에이 플라이어즈 구단의 4번 타자로 대활약하고 있는 재일교포 장훈 선수가 12월 30일 금의환향했다. 장훈은 1959년 고교 졸업 후 프로에 데뷔하여 퍼시픽리그 신인왕을 차지하고 1960년에는 3할 타자가 되었다. 1961년에 장훈은 처음으로 타격왕타이틀(0.336)을 따내고, 1962년에는 타율 3할3푼 3리, 31홈런, 99타점, 23도루의 대기록을 작성하며 퍼시픽리그 MVP가 된다.

1960년의 5월 18일, 시인 김수영은 시 「기도 - 4 · 19 순국학도 위령제에 부치는 노래」에서 다음과 같이 노래했다.

시를 쓰는 마음으로
꽃을 꺾는 마음으로
자는 아이의 고운 숨소리를 듣는 마음으로
죽은 옛 연인을 찾는 마음으로
잊어버린 길을 다시 찾은 반가운 마음으로
우리가 찾은 혁명을 마지막까지 이룩하자

(중략)

그러나 정글보다도 더 험하고

소용돌이보다도 더 어지럽고 해저보다도 더 깊게

아직까지도 부패와 부정과 살인자와 강도가 남아 있는 사회

이 심연이나 사막이나 산악보다도

더 어려운 사회를 넘어서

이번에는 우리가 배암이 되고 쐐기가 되더라도

이번에는 우리가 쥐가 되고 삵쾡이가 되고 진드기가 되더라도

이번에는 우리가 악어가 되고 표범이 되고 승냥이가 되더라도

(하략)

심지어 쥐새끼나 악어, 진드기나 승냥이처럼 질기고 간악해지더라도, 우리가 만난 이 역사적인 절호의 기회를 놓치지 말자. 혁명의 역사적 의미를 누구보다 정확하게 간취하여 이처럼 절절하게 다짐했던 김수영은 1960년 겨울에는 달라졌다. 그는 그해 11월에 쓴 시「그 방을 생각하며」에서, 짙은 절망과 희망이 교차하는 심사를 말했다.

혁명은 안 되고 나는 방만 바꾸어버렸다.

그 방의 벽에는 싸우라 싸우라 싸우라는 말이

헛소리처럼 아직도 어둠을 지키고 있을 것이다

나는 모든 노래를 그 방에 함께 남기고 왔을 게다

그렇듯 이제 나의 가슴은 이유 없이 메말랐다

그 방의 벽은 나의 가슴이고 나의 사지일까

일하라 일하라 일하라는 말이

헛소리처럼 아직도 나의 가슴을 울리고 있지만

나는 그 노래도 그 전의 노래도 함께 다 잊어버리고 말았다

혁명은 안 되고 나는 방만 바꾸어버렸다

나는 인제 녹슬은 펜과 뼈와 광기―

실망의 가벼움을 재산으로 삼을 줄 안다

이 가벼움 혹시나 역사일지도 모르는

이 가벼움을 나는 나의 재산으로 삼았다

혁명은 안 되고 나는 방만 바꾸었지만

나의 입속에는 달콤한 의지의 잔재 대신에

다시 쓰디쓴 냄새만 되살아났지만

방을 잃고 낙서를 잃고 기대를 잃고

노래를 잃고 가벼움마저 잃어도

이제 나는 무엇인지 모르게 기쁘고

나의 가슴은 이유 없이 풍성하다

이보다 더 섬세하게 1960년 겨울 한국인의 심경을 말할 수 있을까? 더

싸우고 더 일해야 할 의지는 꺾이고 있다. 벅찬 환희와 투쟁의 다짐은 모호한 기억이 되고 말았다. 그러나 거듭된 실망마저 '가볍게' 재산으로 삼아야 한다. 더 잃고 초탈해지지 않으면 안 되니까.

혁명은 계속 되어야 했다. 지치지 말고 좀 더 참으며, 혁명에서 뿌린 피가 제도를 바꾸고 살림을 낫게 하는 밑거름이 되게끔 더 싸우고 더 일할 때였다. 실망도 자산으로 삼고, 더 잃을 것도 없다는 심경으로 다시 각오를 다질 때였다.

서울 지방의 기온을 영하 15도까지 떨어지게 하고 한강을 꽁꽁 얼게 만든 한파와 함께, 민중혁명의 해 1960년은 갔다. 그러나 파고다 영감처럼 몸을 단장하고 옷깃을 여미며 새해를 맞아야 했다.

1961년 1월, 2월

파고다 영감의 밥그릇에 담긴 밥의 양이
아침, 점심, 저녁으로 갈수록 줄고 있다.
영감의 부인은 쌀값이 올라서 어쩔 수 없다고 하는데,
그럼 하루에 쌀값이 두 번이나 올랐단 말인가?

(101)

파고다영감

- 애국 동포여 두고보시오
- 새해엔 꼭 좋은 정치를 하겠읍니다 / 피이―
- 요 방정 맞은 것아
- 그것만 아니라 / 그모습 처량쿠나

로비
…酒牛…
馬山號氏

이묘 전개되는 아담한
牧畜와 飼料밧풍경은
마치 寓話책속에 나오
는 그림과도 갓다.

韓國屈指의 種牛「馬
山號」는 이곳 第二이
마구 한섬당할만하면
牧區의 비판속에서 開眼

六·二五 이무렵 초가
온남씨였다한다. 그는
타고 낳때부터의 音녕한
體默와 생긋웃는듯한

로운 새월을 反芻한다.

▲生年月日=一九五二
年九月十四日=一九五二

全國八十餘頭의 牛族

無抵抗의 抵抗…一聲
索引·負荷力에 韓國最高의 貫祿

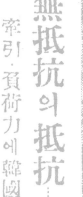

◇寫眞=牛

새해 희망, 고양이가 비웃는다 _ 장면 정부의 경제제일주의

대체로 갬. 영하 12도~영하 3도

- 윤보선 대통령은 12월 31일 용산역 부근의 빈민굴을 돌아보고 남대문시장과 동대문시장의 세모 풍경도 살폈다. 왜정시대 방공호였던 컴컴한 토굴 속에 거주하는 세궁민 50여 호를 방문하여 금일봉을 나눠준 대통령은, "사람이 어쩌면 이렇게 하고도 살 수 있을까? 다 잘살 수는 없어도 이렇게 처참하게 사는 사람은 없어야겠는데"라는 소감을 밝혔다.

- 경찰의 연말연시 비상경계에도 불구하고 강력범죄가 줄을 이었다. 가난에 못 이겨 도둑질한 20대에게 정축년 새해 1호로 구속영장이 청구되었다. 영등포구 문래동에 사는 실직자 장 모(26세) 씨는 12월 31일 밤 11시경 종로 6가의 동대문 사진관에서 시가 2만5천 원 상당의 카메라 1대를 훔쳐 달아났다가 1일 오전에 잡혔다.

치명적인 가난과 개혁의 지체는, 기대를 품었던 이들에게 총체적인 실망감을 가져다주었다. 사실 절망은 꽤나 깊어지고 있었고, 이에 따라 실망은 배신감으로 심화되었다. 신년 첫날 만화에서, 희망을 품는 사람들을 보고 짐승새끼가 "피이"하고 비웃는다. 사실은 별로 희망이 없다는 것.

그럼에도 희망을 가지지 않을 수는 없다. 12년간 지속된 부패와 독재를 갈아엎는 혁명 뒤 8개월 만에 맞는 첫 새해가 아닌가.

희망의 메시지는 '경제제일주의'

장면 총리는 신년 기자회견에서 "국민들로 하여금 '전진의 기쁨과 희망'

을 갖도록 하겠다."면서, "1961년 새해 정국에는 급격한 변동이 일어날 만한 징조를 발견할 수 없다."고 전망했다. 지도자의 안일함인가? 또는 낙관을 유포하려는 정치가의 술책인가? 지도자라면 당연히 위기를 조장하기보다는 낙관을 유포해야 할 것이다. 그리고 모든 가능성에 대비해야 할 것이다.

나름의 근거는 있었다. 연초에 정부기구를 개편하고 이에 따라 부분 개각을 하고 나면 정치는 어느 정도 안정될 것이고 무엇보다 최우선적으로 경제 발전을 이루겠다는 포부였다. 철강·시멘트·비료 등의 기간산업에 '캄풀' 주사를 놓듯 우선 지원을 하고, 일본과의 국교 정상화를 추진하여 대일청구권을 행사하며, 독일의 기술원조도 받아낸다. 거기에 미국의 원조를 낭비 없이 집행하고 3월부터 시행될 국토건설 사업으로 실업난을 해소한다. 계획대로라면 경제 사정도 정치도 훨씬 안정될 수도 있었다(《동아일보》 1961년 1월 1일). 그렇게 장면 정부는 경제개발과 경기호전을 통해 민중의 불만을 가라앉히려 했다.

한편 1961년《동아일보》신년호 1면 톱기사를 장식한 것은 기실 장면이 아니라 김영선 재무장관의 회견 기사였다. 역시 '경제' 때문이었다. 이 기사의 문장은 다음과 같이 시작된다.

"경제제일주의를 지향하는 장면 정권은 금 1961년을 기旣히 성안된 모든 경제 계획에 대한 '실천의 해'로 작정하고 이를 과감히 수행해나갈 것이라고 한다."

박정희에게로 넘어간 '경제개발'의 공

이 문장에 1960년대 전체와 박정희 정권을 표상하는 두 가지 키워드가

《경향신문》 1961년 새해 1면. 장면 총리는 신년 기자회견에서 1961년이 '경제제일주의의 첫해'가 될 것임을 선포하였다.

다 들어 있다. '경제제일주의'와 '경제계획'이 그것이다. 결론부터 말하면 박정희가 탁월한 추진력으로 달성했다는 경제개발계획의 성공은 준비되고 있던 것이었다. 민주당 정권은 역사상 최초로 5개년 경제개발계획을 시행하기 위해 매우 구체적인 준비를 하고 있었다.[82]

물론 민주당의 경제개발계획 구상이 박정희 군사정권의 것과 완전히 똑같지는 않았다. 민주당의 경제개발 구상은 훨씬 '덜' 국가 주도적이었다. 그러나 국가가 핵심 역할을 하여 실업 문제 해결과 자본 축적을 가장 우선적으로 이루고, 균형 성장과 농업 발전이 중요하다고 강조한 것은 공통적이었다. 그리고 무엇보다 중요한 사실은 장면 정권이야말로 처음부터 '경제제일주의'를 표방한 정권이라는 것, 또한 대대적인 국토개발사업을 준비하고 있었다는 것, 이것이 이승만 정권 말기부터 본격화된 경제개발계획의 수립과 추진에 대한 사회적 공감을 배경으로 한다는 것이다.

즉, 1950년 말 이래 경제제일주의는 다른 어떤 가치보다 앞서는 최우선적인 정치·사회적 과제로 인식되었고, 여기에 반론을 내놓기는 어려웠다. 예컨대 1950년대를 대표하는 지성의 한 사람으로 실존주의 철학자였던 조가경(서울대 교수)은 1961년 발표한 글에서 "우리가 원하는 것은 민주주의적 복지사회이며 그 첫길이 경제제일주의라는 데 중론이 하나로 모이고 있다."면서 '경제 발전'이 '자유'보다 더 앞선 가치로 인식되고 있는 사실에 경계를 표했다.[83]

그러나 1961년 당시, 한국이라는 나라는 독자적으로 경제개발을 추진하고 성공시킬 만한 힘이 전혀 없었다. 경제정책 책임자인 김영선 재무장관의 인터뷰 기사도 그러한 내용을 담고 있었다. 그는 1961년 3월부터 한국 경제가 호전될 것이라는 희망 섞인 견해를 밝히면서, 그 근거로 미국의 신년도 대 한국 경제원조 계획 중에 아직 발표되지 않은 2개 항목의 원조가 있다는 것을 들었다. 이것이 한국 정부의 경기부양책 성공의 밑받침이 될 것이라는 말이었다.

당시 한국을 둘러싼 국제환경은, 경제개발계획 추진에 결정적으로 유리한 방향으로 형성되고 있었다. 1960년 새로 집권한 케네디 정부는 한국의 경제개발계획에 공감했을 뿐 아니라, 절대적인 영향력을 행사하여 그 방향과 구체적인 정책에 간섭했다.[84] 뿐만 아니라 일본이 한국의 경제개발계획에 적극적인 도움을 주도록 압력을 행사했다. 그래서 박정희 정권이 무리수를 두면서 일본과의 관계 정상화를 이루어낸 것이다. '경제 발전'을 위한 내외적인 준비는 그렇게 1960년대 초에 갖춰진다.

하지만 박정희가 승승장구 경제 발전을 이루었다는 세간의 오해와 달리, 초기 박정희 정권의 경제정책은 실패했다. 무리하게 단행한 통화개혁의 실패, 1962년의 흉작에 이어진 1963년의 쌀 위기로 인해 개발계획은 제대로 추진되지 못했고, 박정희는 정치적으로도 궁지에 몰렸다. 박정희가 집권한 첫 두 해 동안 경제는 전혀 나아지지 않았고, 특히 1962년의 경제성장률은 마이너스 2.8퍼센트를 기록했다. 미국이 박정희의 경제정책에 더 적극적으로 개입하고, 통화개혁을 주도했던 관료들을 다 물러나게 한 뒤, 1964년이 되어서야 경제개발정책은 새롭게 실시되었다.[85]

'파고다영감' (102) 金二싼

邦傀勳氏

나를 안다는 것은 여러가지로 말할수있고 흔히 말하는 이른바 "…에 해도 아는 모 있읍니다.

이즈막 짧지않은 歲月에 가장 잡아왔던 일은 나를 오난 머리에 몇곱되는 白髮이 늘어 있는것 갈습니다.

몇달동안에는 民의 稲祉와 殷을 하여준 仁川市民의 德으로 피어가는 主류산투 엇하나 두렷이 하지못하고 있었으나 래서 와도 어지간히 있다는것을 하라서 피못지않겠 고있다는것을 어찌 피못지않겠 으니까 …

다는데 하찮은 십年이면 江山도 變한 다는데 나 한人 의 年輪의 첫바귀 속에 하나이기도 합니다.

니눈을 지그시감으면 입 눈에서 딱닥하고 졸 감싱을 뜨고 살 숙에서 맴도는 나이기도 합니다.

치고 마았던 股監을 번씨 잊고 먹어 호롱이 이것 참 아니 딱할수 없는 일이지 내만감으면야

이번엔 股인 숙에서 넘어 아마 나는 태어난 사람인것 간 합니다 国숲의 잘못은 吳을어腦

管으로 하였고 拘하고는 안될 萬쩍水도 통일이라는 래에서는 나딱한 것 둔 느

白髮이라 기구품이 감돌때가 옛모습을 찾을집 먼지 한곳 찾아든 곳이며 一世俗은 싸워 가야 해배 하는 간

인생은 깜짝은 하나 에 사이 맛이 모자란 하면서도 망그러나 망한파거 한뻔생

단군 이래 최대 국책사업_국토개발사업

흐렸다 갰다. 영하 1도~0도

- 혁명특별법에 의해 혁명재판소장으로 임명된 문기선 변호사(65세)가 첫 기자회견을 열고 1월 말까지 법관과 변호사, 4월혁명단체 대표, 대학교수, 언론인 등으로 구성된 재판부를 구성하겠다고 밝혔다. 문 변호사는 경성고보와 경성법전을 나와서 1923년부터 변호사로 일해왔다.

- 프랑스의 드골 대통령은, 자신이 내건 대 알제리 정책이 다음달 8일에 실시될 국민투표에서 과반수 이상의 지지를 못 받을 경우 대통령직을 사임하겠다고 했다(AP통신). 알제리의 지난한 반제 · 반프랑스 투쟁은 결국 드골에게 알제리 자결원칙을 끌어냈다. 이를 결정하기 위해 국민투표를 실시한 것이다.

장면 정부의 1961년 시정 목표는 1) 경제요소 정상화, 2) 장기개발계획 시행, 3) 국토건설계획 실천, 4) 고용 향상과 무역증대, 5) 주택 건설, 6) 경비태세 강화와 관기官紀 확립 등이었다. 대부분 경제 살리기와 관련된 것으로, 특히 경제 발전을 위한 기본적인 인프라 구축에 초점이 맞추어졌다. 대한민국 정부의 1961년도 예산은 전년에 비해 무려 22퍼센트 증액되었다. 미국의 추가원조로 가능했던 이 증액분 가운데 영농자금은 전년보다 67억 환, 전력 개발을 위한 자금은 무려 5배가 더 많아졌다. 전력 부문은 국토건설사업의 성패와 직접 연관되는 것이었다.[86]

국토건설사업 시공식에 참석한 윤보선 대통령과 장면 총리(1961년 3월 1일). 국토건설
사업 추진요원 연합 종강식(1961년 2월 27일). '자조와 봉사정신으로 우리 국토 살찌우
고 민족자원 개발하자'는 구호가 보인다.

1961년 3월부터 시작될 국토개발사업은 장면 정권의 명운을 좌우할
것이었다. 이 사업은 정말 전국민적인, 단군 이래 최대 국책사업이 될 예
정이었다. 40만 킬로와트의 전력을 더 생산할 수 있는 소양강댐 등 5개

댐을 건설하고, 경지 정리·제방관개 및 배수·산림녹화사업을 통해 농촌의 기반시설을 확충하고, 위생시설과 도로를 개량하고, 지역 학교를 건설하는 것이 구체적인 실행 계획이었다. 이를 위한 재원은 미국의 잉여 농산물로 조달되고 이를 통해 연인원 4천5백만 명이 동원될 예정이었다.[87]

이러한 전국민적 사업을 위해 1960년 12월부터 '국토건설대' 모집도 시작되었다. 대졸자를 대상으로 사무직 1,614명과 기술직 452명을 우선 선발했는데 무려 1만 명이 넘는 지원자가 몰렸다.[88] 정부는 국무총리 직속으로 국토건설본부를 두고, 각계 대표로 구성된 자문위원회, 정부 중앙부처의 차관과 국장들로 구성된 실무위원회, 그리고 시와 군에는 지방 국토건설위원회를 설치했다.[89]

장준하가 꿈꾼 근대화의 기획

장준하와 《사상계》가 이 국토건설운동의 한 주체였다는 사실은 특기할 만하다. 그들의 참여는 장준하가 장관급인 국토건설사업본부장직을 맡아달라는 재무장관 김영선의 요청을 수락함으로써 이루어졌다. 이는 단지 새로운 정부에 지식인이 참여하는 일 이상의 의미를 지니고 있다. 우선 이는 장준하와 《사상계》가 꿈꾼 민주주의와 근대화의 기획이 어떤 성격을 지녔는가 하는 문제와 연관된다. 그리고 이는 특정 시대 한국사회의 비판적 지성과 '현실'이 조우하는 방식을 보여준다. 대저 지식인이 꿈꾸는 사회개조는 현실과 동떨어진 것이기 쉽다. 현실에서 할 수 있는 것은 머리를 굴려 생각하고 글로 써서 비판하는 일과는 다르며, 그러한 '참여'는 제도 바깥에서 그저 '이빨 까거나' '운동'하는 일과도 완전히 다르다. 현실의 벽은 높고 이해관계도 훨씬 복잡하기 때문이다. 그런데 어떤 지식인들은 정권이라는 도구를 통해 그 이상을 실제로 실행해볼 기회를 얻기도 한다.

장준하와 《사상계》는 국토건설운동을 통해 자신들의 이상과 현실이 조우하는 지점을 만나게 될 예정이었다. 서구적 민주주의와 문화민족주의가 당대의 정황에서 어떻게 달성 가능한 이념인지를 현실에서 증명할 기회를 얻은 것이다. 장준하는 공채로 뽑힌 건설대원을 일정 기간 훈련하고 일종의 '건설 특공대원'으로 전국의 농어촌에 배치했다. 장준하는 이들 젊은 국토건설 요원이 경향 각지의 행정을 대체하기를 바랐다고 한다.[90] 국토건설운동을 기존 질서와 제도를 바꾸는 계기로 활용하고자 한 것이다. 그러나 안타깝게도 이 모두는 5·16 쿠데타로 중단된다. 장면 정권과 장준하가 심혈을 기울였던 국토건설운동에 대한 국민적 호응과 성과도 군사정부가 그대로 접수하게 된다. 이로써 장준하가 박정희와 얼마나 비슷한 면을 지닌 근대주의자인지 증명할 길이 없어진 것이다.

서민들에게 진정 필요한 것은?

앞의 102회와 132회 〈파고다 영감〉은 국토건설운동을 비롯한 여러 캠페인들이 얼마나 큰 영향력을 발휘했는지 보여준다. 102회에서 '배설을 하지 맙시다'라는 슬로건은 유치하거나 황당해 보인다. 그러나 이 슬로건은 나름대로 절실한 1960년의 도시 풍경을 담아내고 있다. 지금은 거의 만날 수 없는 풍경, 그것은 거지와 똥 푸기다.

만화 두 번째 칸의 거지는 부자父子 간이다. 도시의 후미진 곳에 사는 가장 가난한 민초인 거지들은 만화에서 거적때기를 쓰고 깡통을 옆에 놓고 있다. 이 깡통 속에 식은 밥덩이가 담길 것이다. 하지만 그마저도 너무 적어 자주 배가 허전해지니, 창자에 '똥'이라도 채워놓으려고 가급적 적게 누기를 바란 것이다.

세 번째 칸에서 똥장군(똥을 담아 옮길 때 쓰는, 오지 또는 나무로 만든 통)을 진 텁석부리가 거리를 아무렇지도 않게 누빈다. 이 텁석부리는 "똥 퍼"를 외치면서 서울의 골목을 누비고 다녔을 것이다. 텁석부리가 멘 똥통 위로는 똥국물이 튀어오르고 지린내, 구린내가 '그림 ∭'처럼 피어오른다.

당시 웬만한 도시의 뒷골목은 똥냄새로 넘쳐났다. 하수도와 정화조시설은 제대로 안 되어 있었다. 그래서 똥냄새를 덜 맡으며 거리를 걷고 싶다는 일반 시민들의 바람도 거지들 못지않게 절실했다. 시민들의 심정을 너무 잘 아는 파고다 영감의 머리 위에 굵은 느낌표(!)가 솟아올라 있다. 그러나 기실 필요한 것은 '배설'을 줄이는 게 아니라 영양 상태를 개선하고 위생시설을 개량 정비하는 일이었을 것이다. 참으로 요원한 과제였다.

(103)

기발하게 살기 _어려움을 극복하는 김승옥의 방법

갰다 흐렸다. 영하 1도~0도

- 3일 오후 4시부터 흥국弘國직업소년학교 창립 1주년 기념 '부랑아 교도 위안의 밤' 행사가 청량리 광신상고 강당에서 열렸다. 대학생들의 희생적인 지도로 "사회로부터 버림받았던 부랑고아들"이 합창, 독창, 무용, 연극 공연을 했다. 이 학교의 전체 학생은 450명. 그 중 1, 2학년 오전반 120명은 밤에 벌이에 나서는 "펨푸와 뽀이"들이었고, 낮에 벌이를 하는 신문팔이와 구두닦이 소년들은 오후반이었다.

- 4·9 혁명 당시 경무대 경호책임자로 발포책임자인 '원흉' 곽영주의 13세 난 아들이 유괴당하는 사건이 발생했다. 범인들은 식모 차림의 소녀를 사주하여 곽의 아들에게 접근하여 "네 아버지가 감옥에서 나와 미국으로 간다니 빨리 오너라."라는 쪽지를 보여 유괴한 후 10일 동안 감금한 채 몸값 1천만 환을 요구하다가 풀어주었다. 검찰은 철저한 수사를 경찰에 지시했다.

1960년 김장철부터 1961년 2월 14일 연재를 끝낼 때까지, 〈파고다 영감〉의 주제는 '빈곤'에 집중되어 있다. 정치현실에 대한 구체적인 비판은 훨씬 줄어들고 대신 각계 각층의 한국인들이 겪는 생활고와 그에 대한 반응이 압도적인 비중으로 다뤄진다.

〈파고다 영감〉의 등장인물들 대부분은 굶주리고 있고 불경기 때문에 고통스러워한다. 대안은 없고 탈출의 전망도 보이지 않아서 고통은 더욱 쓰라리다. 103회에서 파고다 영감은 혼자 궁싯거리다 중얼댄다. 누운 채로 그렇게 한다. 무기력하고 가난한 사람들이 곧잘 누워 있는 법이다.

고통을 피하는 혹은 탈출하는

누운 채 영감님이 중얼거린 말은 "금년엔 기발하게 살아야 할 텐데……."이다. 살인적인 생활고 앞에서 파고다 영감이 내놓은 '대안'이 바로 '기발하게 살기'이다. 무엇이 '기발하게 살기'인가? 파고다 영감은 그 답을 1961년 1월의 만화 여러 군데에서 직접 실천해 보인다. 그리고 이는 김승옥이라는 작가의 세계관과도 깊은 연관이 있다.

먼저 앞의 103회(1월 4일)에서 중하 정도의 생활수준을 지닌 파고다 영감의 가족은 설이지만 "떡맛도 못" 봤다. 아내의 불평불만은 높다. 쏟아지는 핀잔과 잔소리를 피할 도리가 없다. 파고다 영감은 이불을 덮어쓴 채로 방구들을 뚫고 어디론가 획 증발해버렸다. '기발하게 살기'란 남들이 상상하지 못하는 아이디어를 내어 고통을 피하거나 고통에서 탈출하기를 뜻하는 것이다.

104회(1월 5일)에서는 난방이 되는 따뜻한 가게를 가진 친구가 "물건이 안 팔려서 죽겠"다고 파고다 영감에게 하소연한다. 그러나 한데에 노점을 차린 점집은 신년운수를 보는 사람들로 성시를 이루고 있다. 파고다 영감의 '기발한' 아이디어에 따라 친구는 '난방장치가 완비'된 가게를 토정비결 보는 점쟁이에게 세를 놓는다.

106회(1월 7일)를 보자. 파고다 영감은 "불경기 극복강좌"를 듣고 온다. 이 강좌의 주제 또한 '기발하게 살기'였던 것 같다. 파고다 영감은 세탁소를 개업하고 가게 앞에 물을 뿌린다. 물은 금세 얼어 가게 앞은 빙판이 되고, 미끄러운 빙판에서 넘어져 옷을 버린 이들이 세탁소를 찾으면서 영감은 돈을 벌게 된다.

106회 만화가 보여주는 것처럼, '기발하게 살기'는 굶어죽어가다시피

하는 공동체가 함께 그 고통을 함께 탈출하는 방법을 제시하는 것만은
아니다. 104회에서는 파고다 영감이 친구에게 기발한 아이디어를 제공
하기도 하지만, 기본적으로 기발하게 살기는 내가 "돈 벌 일"을 구상하
는 것이다. 일단 내가 그 궁지에서 탈출하여 살아남아야 한다는 윤리의
식이 '기발하게 살기'에 작동하고 있는 것이다.

나 혼자 기발하게 살 수 있을까?

기발하게 살기에는 두 가지 차원이 있다. 첫째 기발하게 살기는 예술적이며 창발적인 아이디어를 내놓는 것으로서, 어떤 사고의 막힌 지점을 파고들어 누구도 흉내내지 못할 상상력을 발휘함으로써 가능해진다.

둘째 기발하게 살기는 106회가 보여주는 바와 같이 '기만'과 관계가 있다. 찌들려서 비루해지거나 더 이상 상상력이 작동하지 않을 만큼 고통이 심할 때에는 별로 좋지 않은 기발한 생각이 빚어져 나온다. 그러나 김승옥의 주인공들이 행하는 이 두 번째 방법조차 남을 결정적으로 해치지는 않는다.

김승옥의 단편소설 「싸게 사들이기」(1964)에서는 가난에 찌들려 '기발해진' 사람들 이야기가 나온다. 돈이 없어 여자를 사귀지도 못하고 친구에게 담배나 얻어 피는 가난뱅이 대학생인 '나'는 책 살 돈을 아끼기 위해 기발한 방법을 쓴다. 사고 싶은 책이 있을 때 단골 헌책방의 책장을 몇 페이지 찢어놓고 며칠 후 그 집에 다시 가서 책에 찢어진 페이지가 있다며 트집을 잡아 싸게 사들인다는 것이다. 책방 주인인 곰보 영감은 그럴 줄은 꿈도 꾸지 못하고 나에게 속고 있다. 그런데 알고 보니 곰보 영감은 자기의 젊은 아내로 하여금 몸을 팔게 해서 부수입을 올리는 사람이었고, 바로 '나'의 친구 'R'이 그 아내의 몸을 사러 오는 손님이었다. 나보다 훨씬 단수가 높게 약아빠진 사람들이 많은 것이다.

결국 '나 혼자 기발하게 살기'는 절실한 상황에서 나온 것이기는 하되 자체로 한계가 많은 방법이다. 단지 나보다 더 머리가 좋고 약삭빠른 사람들이 셀 수 없이 많아서가 아니다. 세상 자체가 기발한 나보다 더 기발하고 오랜 시간을 두고 꽉 짜여져 있기 때문이다. 그래서 소설에서처럼 기발한 자들은 세상을 속였다 생각하지만 결국 제가 세상에 속고마는 '극적 아이러니'의 희생자가 된다. 더구나 '나 혼자 기발하게 살기'는 윤리적으로 온전하지 않은 방법이다. 누가누가 더 약삭빠른가로 경쟁하는 대열에서 이탈해야 오히려 경쟁에서 제대로 승리하게 되는 것이다. 그래서 더더욱 높은 상상력을 발휘해서 선하게, 그리고 진정으로 기발해져야 한다. 기발한 아이디어, 그것은 김승옥이 걸었던 남다른 삶의 행로와 관계가 깊다.

파고다영감 金二次 (107)

記錄映畵같은 敍事詩

"大河를삼키는 女人"

(乙文劇場)

하는 얘기를 던지려는 뜻 부당국과 과 하고있으나 영화전편 주민간의 軋轢相을 통하여 社會問題作品으로서의 「엔」의 印象으로는 美國南部 리아·카잔」감독의 거대한 敍事詩로 보 여주고있다. 그러나 「엔리아·카잔」감독의 수준으로 정통파연기의 「샘」과 파격적인것을 보여주고 있다. 「던」은 무섭게만들어진 色共은

(乙文劇場)

아편쟁이 같은 초등학생 — 입시경쟁에 내몰린 어린이들

곳에 따라 눈, 오후부터 차차 갬. 최고기온 영하 4도

• 서른한 살의 신광우는 밀수업자였던 아버지가 누군가의 밀고로 일본 경찰에 잡혀가 옥사한 것에 앙심을 품고, 깡패 두 명을 동원하여 밀고자로 보이는 선원 이 모 씨(47)를 납치했다. 이들은 이 씨를 영하 6도의 추운 날씨에 백사장 모래 속에 파묻어 동상을 입힌 혐의로 금산경찰서에 구속되었다.

• 1961년도 4월 신학년 초 약 250억 환의 막대한 돈이 각급 학교에 일시에 쏠릴 전망이다. 중·고·대학 학부형들이 입학금과 등록금으로 낼 이 돈은 한은권韓 銀券 총 발행고 1,450억 환의 17퍼센트에 해당하는 거액이다.

빼빼 마른 초등학생이 외투도 입지 않고 어깨를 잔뜩 움츠린 채 두리번 거리며 어딘가로 가고 있다. 깡마른 체구에 초점을 잃은 듯 불안한 시선의 이 어린이가 파고다 영감의 눈에는 "꼭 아편쟁이 같아" 보인다.

'아편쟁이 같다'는 비유가 일간지 시사만화에 등장한 것은, 이 말이 매우 일상적으로 통용되었기 때문이겠다. 그만큼 '아편쟁이'가 많았다는 이야기.

1961년 2월에는 초등학교 6학년생이 마약중독자인 자기 아버지를 계도해달라고 경찰서에 절절한 편지를 써 보낸 일도 있었다(《조선일보》 1961년 2월 17일). 이 어린이는 서울 덕수중학교를 목표로 목하 입시 준비에 한창

초등학생 과외지도 광고(1964). 중학교가 일류 진입 경쟁의 첫 관문이었기에 초등학교 5, 6학년생의 과외열풍이 대단했다.

인 수험생이었는데, 아버지가 병으로 마약을 상복하다가 중독이 되고부터는 한밤중이라도 아버지가 깨우면 "쌍림동 조씨" 집에 직접 가서 마약을 사오곤 했다. 그렇게 하지 않으면 매를 맞기 때문에 그날도 마약 5백환 어치를 사왔다. "집안의 부끄러운 사정"과 약도만 그려 보낸 익명의 편지가 경찰서에 배달된 것은 이날 오후였다.

'일류' 사회 진입의 첫 관문, 중학교 입시

당시에는 중학교 입학시험이 3월에 치러졌다. 그래서 1월, 2월은 비록 겨울방학 기간이지만 초등학교 졸업생들이 입시 준비에 막바지 열을 올릴 때였다. 만화에 등장하는 '아편쟁이 같은' 초등학생도 돌아오는 3월에는 중학교 입학시험을 치러야 하고, 아마도 그래서 '그룹 과외'를 받으러 가는 길인 모양인데 무언가를 의식해서인지 두리번거리며 '몰래' 가는 듯한 분위기가 난다.

1960년대 초반 중학교 입시에는, 1990년대 중반까지의 대학입시처럼 전·후기제가 있었다. 3월 10~15일에 치르는 전기시험에 실패하면, 3월 20~25일에 있는 후기시험을 쳐야 한다(《서울경제신문》 1960년 11월 17일). 후기시험을 친다는 것은, 이른바 '일류학교'에는 떨어져 들어가지 못한다는 뜻이다.

　　대학교뿐 아니라 고등학교, 심지어 중학교도 학교별 서열이 뚜렷했다. 중학교는 '일류' 진입 경쟁에서 통과해야 하는 첫 관문이었던 셈이다. 이런 마당이니 '좋은 중학교'에 들어가기 위한 전초전으로, 서울시내 중심부의 일류 초등학교에 들어가기 위한 '위장전입'이 사회문제로 떠오를 지경이 되었다. 치열한 입시경쟁이 사회 문제가 되자 1960년 12월 정부는 이른바 '교구제' 또는 '학구제'라는 이름의 학군제를 초등학교에서 중·고등학교까지 확대 시행하는 방안을 결의하기에 이르렀다(《동아일보》 1960년 12월 1일). 학구제를 엄격히 시행한다는 발표가 나자, 《조선일보》 1960년 12월 13일자 〈아동문제상담〉란에는, 학구제에 따라 아이를 "변두리 너절한 학교"에 보내느니 차라리 셋방이라도 얻어 일류학교 근처에 기류(寄留 : 남의 집이나 다른 곳에 일시적으로 머물러 삶)를 시키고 싶다는 한 어머니의 편지가 실렸다. 이 어머니는 위로 형제 두 아이는 "무사히" 일류학교에 넣었지만, 막내가 수월치 않아 고민이었다. 게다가 일류학교 근처는 "집집이 만원이요 방세도 호되"었다.

　　〈아동문제상담〉란을 맡고 있던 아동문학가 윤석중은 이에 대해 "근시안이요 이기적인 테두리를 벗어나지 못하신 모습이 딱하"다고 신랄하게 답변했다. 이 어머니의 '정성'은 "허영에 찬 모성애의 발로"이니 솔선해서 학구제를 지켜 "동네마다 일류학교를 이"루는 데 일조하라는 처방이

서울시내 전기 중학교 입시를 치르는 어린이들(왼쪽). 1969년 중학교 입시가 폐지되고 추첨제로 바뀌면서, 어린이들은 입시 부담에서 벗어나게 된다. 학생들은 숫자가 적힌 은행알이나 구슬이 들어 있는 통을 돌려 나오는 숫자에 따라 학교를 배정받게 되었다(오른쪽).

었다. 동네마다 일류학교를 이루기 위해 학구제를 지키자니, 말은 좋지만 예나 지금이나 잘 지켜지지 않는 게 문제 아닌가.

치맛바람 · 우골탑 · 위장전입, 뜨거운 교육열이 낳은 풍속도

'일류학교'에 대한 열망은 정부시책만으로 막을 수 있는 게 아니었다. 부모들 덕분에 초등학생들이 벌써 일류 · 이류를 가르는 '줄서기'의 치열한 세계를 알아버렸고, 치열한 경쟁 탓에 '아편쟁이' 같은 눈빛을 갖게 되기도 한다. 이 어린이들의 부모들 즉 전후시대 한국의 부모들은 교육을 통해 출세에 접근하려는 열망으로 자식 교육에 온 힘을 쏟았던 사람들이다. 다만 그때도 돈이 있어야 더 쉽게 '일류학교'에 대한 욕망을 성취할 수 있기는, 오늘날과 마찬가지였다.

1960년 11월에 치른 서울시내 초등학교 5학년 대상 학력시험 결과를 보면, 8개 과목 200점 만점에 전체 평균이 98.8점이었는데, 최고성적을 기록한 종로구의 평균점수가(108.1점) 최저 구의 평균보다 무려 10.7점이 높았다(《조선일보》 1960년 12월 18일). 강남구도 서초구도 없던 시절, 종로구에 고학력·고소득 계층이 모여 있었고, 과외 때문에 지역마다 뚜렷한 학력차가 존재했던 것이다. 그렇게 이미 초등학교 때부터 빈부격차에 따라 삶이 달라졌다. 학구제의 제한을 받지 않고 들어갈 수 있는 '특수국민학교'인 이대부속초등학교의 입학시험 날이면 "자모들은 모두 화려한 옷차림을 하고 어린이들도 멋진 차림"으로 학교에 나타났다(《조선일보》 1961년 2월 10일).

그러나 1960년대 '교육열'은 단지 도시 중산층만의 문제는 아니었다. 중산층 주부의 '교육열'이 '치맛바람'이라는 말로 표상된다면 '땅 팔고 소 팔아서라도' 자식 공부를 시키려는 농민들의 헌신은 '우골탑'이라는 가슴 아픈 말로 상징된다. 그뿐인가. 38선을 넘어 맨 몸으로 월남해서 가족을 꾸리고 '북청 물장수 신화'를 이룬 '38따라지'들의 '교육열'도 대단했다.[91] 이들은 주로 용산구 한남동 기슭에 있는 해방촌 판잣집에 살면서 자식 교육에 고단한 삶의 희망을 걸었다.

한 자字 한 구句에 운명을 건 아이들

어쨌든 3월이 오면 몰래 과외를 했던 아편쟁이 아버지를 두었든 결전을 치러야 한다. '과외수업하는 6학년생'들이 입학시험을 치르던 그날의 풍경은 어땠을까? 1961학년도에는 남자 중학교 411개 교, 여자 중학교 214

개 교에서 총 2만3,600명을 모집했는데, 지원자 수는 2배가 넘는 4만8천 명이었다. 이중 지방 출신 응시생도 4,500여 명이나 되었다. 전체 경쟁률은 2.1 대 1이었지만 전·후기 및 특차로 나눠지는 학교별 경쟁률은 천차만별이었다.

1961년 3월 10일. 이른 봄날이라 약간 쌀쌀했지만 날은 맑게 개었다. 어린이들이 시험을 치르는 중학교 교문 앞은 이른 아침부터 '자동차의 홍수'를 이루었고, 수험생 한 사람당 세 사람꼴의 학부형이 따라나섰다. 시험이 시작되었지만 학부형들은 교문 앞을 떠날 생각을 않는다. 자식들이 "처음 부딪히는 시련에 안타까워"서 차마 교문 앞을 떠나지 못하는 것이다. 어떤 부모들은 시험이 끝날 때까지 기다릴 셈으로 아예 양지바른 곳에 자리를 잡고 앉기도 했다(《조선일보》 1961년 3월 10일).

이해의 중학교 입학시험은 초등학교 6학년 교과서 전 범위에서 출제되었다. 시험 범위는 지난 초겨울부터 신문마다 공고를 해두었다. 1교시는 9시 15분부터 10시까지 국어와 보건 필기시험을, 2교시부터는 산수·미술·사회생활·음악·자연·실과 등 나머지 여덟 과목을 각 45분 동안 4시간에 걸쳐 치렀다. 어린이들은 "한 字 한 句에 運命을 걸"었다. 시험은 오후 1시에 끝났다(《조선일보》 1961년 2월 10일).

합격자 발표는 3월 15일부터 각 학교별로 시작했다. 신문이 '처음 부딪히는 시련'이라고 적절히 표현했듯이, 어린이들은 서열화되기 시작하는 자신들의 인생을 중학교 입시에서 처음 경험했을 것이다. 어린이들은 어떻게 그런 감정을 소화하고 감당할 수 있었을까.

《조선일보》 1961년 3월 9일자에 실린 서울사대부속중학교의 특차시험 발표장 풍경을 보자. 14 대 1이라는 치열한 경쟁을 보인 서울사대부속중학교는 1차 합격자를 모집정원보다 70~80명 더 발표했다. "아! 저기 내 번호가 있다!"고 소리치면서 어머니 가슴을 두드리는 단발머리 소녀, "어이 가슴이 막 떨렸네!" 하며 즐거운 웃음으로 아버지를 돌아보는 소년도 있다. 아무리 찾아보아도 합격자 명단에서 자신의 이름을 찾을 수 없어서 눈물을 글썽대는 어린이들이 더 많았지만.

내적 기억은 세상으로 향한 우리의 창을 휘게 만든다.[92] '과외 수업하는 6학년생'의 눈빛이 '아편쟁이 같아' 보이는 것은, 몰래 과외를 하느라 남의 눈치를 보기 때문만은 아닐 것이다. 어린 만화가 김승옥은 그 어린 '아편쟁이'에게서 자신의 모습을 겹쳐본 것이다. 1960년대 초반 김승옥이 쓴 소설 「누이를 이해하기 위하여」에는 다음과 같은 구절이 있다.

돈이 있었으면 좋겠다. 상냥한 여인이 있었으면 좋겠다. 이것들만 있으면 문학도 버리겠다고 장담해본다. 쓴다는 것도 결국은 아편阿片. 말라만 가고 헛소리를 하게 되고. 건강한 사람이 되고 싶다. 파이프를 물고 소파에 파묻혀 앉은 독자가 되고 싶다.

'창작'의 처절한 고통, 그리고 그 중독성은 '아편' 같기만 한 것이다. 만화를 그린 1960년의 서울대 1학년생 김승옥 역시 이 만화를 통해 지나간 자신의 내적 기억 한 자락을 꺼내본 것이다.

(109)

大韓服飾
研友會長
崔 敬 子

東洋에서

죽거나 혹은 나쁘거나(1) _ 생활고에서 탈출하는 두 가지 방법

아침 한때 눈. 영하 5도~0도

- 문교부는 1961년을 '문맹일소의 해'로 정하고 문맹퇴치를 위해 강력한 시책을 펴기로 했다. 도·군·면 단위로 '문맹일소 추진 원호위원회'를 구성하여 교육자와 언론인, 각계 원로를 참여시키고 부락 단위로 사범학교 학생 전원과 중학교 3학년 이상의 학생들로 조직된 '문맹퇴치실천대'도 편성하여 '문맹'을 가차없이 공격하기로 했다. 문교부는 이를 위해 1억7천8백만여 원의 예산을 편성하고 유솜(USOM : 주한미국경제협조처) 측에 250만 불 원조를 요구하기로 했다.

- 10일 상오 10시 30분 KNA기 편으로 부모 없는 혼혈아 122명이, 미국인 호트 씨의 인솔로 스코틀랜드로 입양되기 위해 김포공항을 출발했다. 이들은 모두 '포드 고아원'에서 보육되어온 고아들인데 하와이를 거쳐 스코틀랜드로 가게 된다.

앞에서 '나쁘게 기발하게 살기'의 경우, 타인을 해치지 않는 선에서, 혹은 그리 크지 않아 애교로 봐줄 정도의 악을 행하여 개인에게 닥친 고통을 회피하는 방법이라 했다. 그러나 모든 이들이 파고다 영감처럼, 혹은 김승옥 본인처럼 기발하고 창발적인 아이디어를 갖고 있지는 못하다. 그래서 사람들은 다른 방법을 택한다. 빈곤을 다룬 만화들을 통해 김승옥은 '기발하게 살기'가 불가능한 사람들이 택하는 길 아닌 길에 대해 보여주며, 이런 만화들을 통해 리얼리스트로서의 면모를 보여주고 있다.

'죽거나, 혹은 나쁘거나.' (2000년 류승완 감독이 발표한 영화 제목이다.)

'빈·곤'이란 무엇인가? 최신 사회과학에서 빈곤은 '소득이 중간소

득median income의 50퍼센트에 미치지 못하는 개인이나 가구'로 정의
된다. 2004년 현재 한국에는 국민의 20퍼센트가 이 빈곤 상태에 있다.

그럼 '절·대·빈·곤'은 또 무엇인가? 상식적으로 통용되는 '절대빈
곤과 상대빈곤'이라는 대립적 개념쌍은 실천적으로는 무용하다고 한다.
또한 이 개념쌍은 '상대빈곤'의 엄연한 '빈곤' 상태를 '빈곤'이 아닌 것
처럼 만들기 때문에 문제의 소지가 있다.[93] 그럼에도 불구하고 절대빈곤
이라는 말이 계속 사용되는 이유는 무엇일까? 아마도 그 '절대'적인 뉘
앙스 때문일 것이다. '절대'라는 말은 가난이 인간 조건 자체에 흠을 내
고 결국 인간과 그 공동체를 파괴한다는 내포를 지닌다. 의식주의 기본
을 위협하는 가난이, 인간의 존엄을 위협하여 인간에 대한 불신을 만들
고 죄를 양산해낸다. 쉽게 말해 극단적인 생활고에 몰린 한국 사람들이
택한 길은 두 가지, 자살과 강력범죄이다. 죽거나 혹은 나쁘거나.

일견 자살과 강력범죄는 전혀 상관없는, 혹은 정반대 행동으로 보인다.
그러나 많은 심리학자나 정신과 의사들이 인정하는 바, 둘은 동전의 양
면이다. 자아를 더 이상 온전하게 지킬 수 없는 상황에 치달았을 때, 나를
향한 공격을 통해 고통을 종식시키고자 하는 '수동적 능동성'이 자살인
데, 이는 타자에 대한 공격으로 전치轉置될 수 있다. 상식적으로 생각해보
아도 그렇다. 감당하기 어려운 빚을 지고 자살을 결심하는 젊은이와 강도
로 나서는 사람이 서로 다른 인간이겠는가.

범죄율과 경기의 상관관계

우리나라는 1960년대 중반부터 체계적인 범죄통계를 내기 시작했는데,
대검찰청이 공식집계를 시작한 1964년의 형법범죄율(인구 10만명당 살

인·상해·강도·강간·사기 등의 범죄 발생 건수)[94]을 보면 938.9로 매우 높았다. 이는 전두환 집권 직후인 1981년(934.95)이나 IMF 구제금융이 시작된 1997년(962.4)의 수준과 비슷하다. 이를 통해 만화에서 묘사된 1960년대 초의 사회를 짐작해볼 수 있다. 1980년대나 세기말보다 사회가 덜 복잡하고 사람들이 훨씬 '순진'했을 것 같은 1960년대 초의 범죄율이 그렇게 높았다는 것은 약간 뜻밖이지만, 강력범죄의 발생률은 워낙 '경기'와 깊은 관련이 있다.

한국의 범죄율은 박정희 정권이 차차 안정되어가고 경제개발계획이 본격적으로 실시된 1964년부터 약 10년간 꾸준히 낮아진다. 그래서 한국의 형법범죄율은 1969년(558.5)에서 1973년(539.6) 사이에 사상 최저를 기록했다. 또 대한민국에서 가장 범죄율이 낮았던 때는 1988년(570.9)에서 1992년(591.2)[95]사이였다. 고도성장이 이루어지던 시기, 혹은 그 과실이 조금이나마 분배되던 시기에 범죄율도 낮아졌던 것이다.

그런데 여기서 놓치지 말아야 할 중요한 사실은, 범죄율이 '치안'이나 '사회안정'과는 무관하다는 것이다. 군인들이 철권을 휘둘러 '혁명'을 진압하고 전 사회를 바짝 긴장시켰던 제3공화국과 5공화국 초기의 범죄율은 결코 낮지 않았다. 경기와 높은 상관성을 가진 강·절도와 사기는, 사회 전체를 놓고 보면 마치 자연현상처럼 먹고 살기가 나아지면 저절로 줄어든다. '치안'은 '공안'과 다른 것이며, 엄격한 법과 이데올로기로 일상적 치안을 얻을 수 있는 게 아니라는 뜻이다.

권총강도와 〈오발탄〉

이범선의 뛰어난 '전후소설'「오발탄」을 원작으로 한 영화 〈오발탄〉.

영화 〈오발탄〉의 한 장면.

한국영화사상 가장 뛰어난 리얼리즘 작품으로 꼽히는 이 영화는 바로 이해 발표되었다. 이 작품의 주인공들이 살아가는 세상도 〈파고다 영 감〉이 묘사하고 있는 세상과 비슷하다. 〈오발탄〉의 주인공 가족들은 실 업과 가난에 몰려 강도가 되고 양공주가 된다. 주목할 점은 〈오발탄〉의 가족은 성인 가장이 성실하게 노동을 하고 있고, 또 가장말고도 경제활 동 능력이 있는 젊은이가 둘이나 더 있는데도 가난을 탈출할 수 없다는 것이다.

〈오발탄〉에서 제대군인이며 실업자인 차남 영호(최무룡 분)는 권총 강도가 되기로 결심하는데, 그의 입을 통해 강력범죄의 '윤리적' 배 경이 설파된다. 영호는 '어쨌든' 목숨을 부지하고 살아가야 한다는 엄연한 명제 앞에서 '양심'이 한갓 허위의식이며, 법률이 가하는 제 약이 지배의 도구일 뿐이라는 점을 깨달았기 때문에 '범죄'를 택할 수 있었다.

싫어도 살아야 하니까 문제지요. 사실이지 자살을 할 만치 소중한 인생도 아니고요. 살자니까 돈이 필요하구요. 필요한 돈이니까 구해야죠. 왜 우리라고 좀더 넓은 테두리. 법률선法律線까지 못 나아가란 법이 어디 있어요. 아니 남들은 다 벗어던지구 법률선까지도 넘나들면서 사는데, 왜 우리만이 옹색한 양심의 울타리 안에서 숨이 막혀야 해요?(이범선, 「오발탄」 중에서)

그렇게 영호는 기성의 도덕에서 자유로워지고 나름의 기발한 아이디어를 내어 상업은행 명동 지점을 털러 갔다.* 하지만 그는 도덕적으로는 잘 준비된 강도였을지 몰라도, 강도 행위는 어설퍼서 곧 경찰에 잡힌다.

앞의 109회 〈파고다 영감〉에 등장한 강도도 영호처럼 권총을 들고 있다. 1960년대 초에는 민간인들 가운데 몰래 총을 소지한 사람이 적지 않았던 것이다. 영화 〈오발탄〉에서 영호는 간호장교 출신인 애인에게 권총을 얻는다. 그 권총은 여자의 또 다른 애인인 장교로부터 난 것이었다. 그런 총은 1950년에서 1953년 사이 수백만의 한국인이 일시에 총을 들었던 전쟁의 흔적이다. 〈파고다 영감〉 30회에 등장하는 강도들은 권총이 아니라 아예 카빈이나 M1처럼 보이는 장총을 메고 있다.

30회

---

* 영화와 소설의 이야기에 다소 차이가 있다. 소설에서는 이와 달리 은행에서 돈을 찾아나오는 사람을 2인조로 털었다가 검거된다.

줄까 不安

「最高級」映畵製作

俳優 朱善泰

남아서 저금을 하는것 이 아니고 단 만환식이 라도 저금을 한다. 최 고급의 명화를 만들어 내고 싶다. 나의 「最高級」소망 (그림은 주선태)

환이라서 내가 좋아하는 영화물만 들어보는 것, 이런 소망은실 천한만한 「군선태」

는것, 그래서 내가 좋아하는 영화물만

◆콩나물밥법

재료 (五인분) 콩나물 五흡 쇠고기 三○돈중 쌀 五흡 깨소금 갖은양념 조금식

△만드는법
① 콩나물은 깨끗이 씻어 파리미
② 쇠고기는 곱게 다져 갖은약념에무쳐놓는다
③ 쌀은 二시간전에 깨 끗이 씻어 건져놓는다
④ 솥에 쌀과 콩나물 쇠 화료에 얹어

◆닭국수
잘五개시금치一단 김二장 갖은양념 (파 마늘 깨 후추 성냥 참기름)
속씀 △만드는법
① 닭고기는 물에넣고 만 국를 마
② 남비에 국자 반설탕 一국자 론솥에 다져넣어 갖은양 닭고기넣고 기름넣고 닭삶은 국물

◆춘분히
잠윽 자야
겨울천은 추운날세에 모

美 容

윤태

죽거나 혹은 나쁘거나(2)_생활고를 극복하는 3단계 계획

맑고 한때 흐림. 영하 1도~0도

- 또다시 개각이 논의되고 있다. '정권 안정화' 라는 명분을 내세워 장면 정권은 '구파 장관' 들이 물러나기를 바라고 있었다. 민주당은 구파가 신민당을 창당하고 나간 데 이어, 신파 내부의 노장파와 소장파의 정쟁이 한창이었다. 거국내각 구성과 '정쟁 지양' 을 요구하는 여론은 높았지만 장면 정권은 그럴 만한 능력이나 의지가 없었다.

- 미쓰비시, 미쓰이 등 재벌기업을 포함한 대규모의 일본 산업시찰단이 한국을 방문할 예정이다. 시찰단은 기계공업, 철강, 정유, 전기 등의 중화학공업 외에도 '대일본문구', '삼영유업' 등 무려 211개 기업의 중역들로 이루어졌다. 이는 점점 현실화되는 한일 국교 정상화를 예고하는 것이었지만 반발도 만만치 않았다. 문제는 정부가 이 사실을 숨기고 있다는 것이었다. 박흥식 같은 옛 친일 자본가가 일본의 자금지원을 받기 위해 정부에 압력을 행사하고 있다는 설도 나돌았다.

112회 〈파고다 영감〉뿐 아니라 117회(343쪽 참조), 123회(384쪽 참조) 등에서 인물들은 모두 '죽음' 을 입에 올리고 있다. 한국인의 입버릇 중 하나인 '죽겠다' '못살겠다' 가 어떻게 재생산되어왔는지 이 만화들은 보여준다. 죽음은 심오한 데 있지 않다. 만성화된 일상적인 고통이 곧 죽음이다. 기발하거나 또는 평범한 대안이 불가능할 때 인간들은 곧 '죽음' 앞에 서게 된다.

112회 만화는 뛰어난 사회적 통찰력을 보여준다. 이 만화는 1961년 한국 사람들의 가난에 대한 극진한 묘사와 더불어, 빈곤과 범죄 그리고 자살의 상호관계에 관한 웅변을 담고 있다.

쌀독, 식칼, 다음은……

살기가 어렵다는 친구를 찾아갔다. 이불을 둘러쓰고 앉은 친구가 '금년 계획'을 이야기해준다. 이불을 쓰고 앉아 있다는 것은 그가 앉은 방이 냉골이라는 뜻이다. 연탄도 땔나무도 없는 집이다. 그런데 파고다 영감 앞에는 화롯불이 놓여 있다. 가난하지만 착한 친구는 밖에서 들어와 손과 몸이 시린 친구에게 화롯불을 양보하고 자신은 이불을 둘러쓴 것이다. 1월 초의 서울. 화롯불로 덥힐 수 있는 공간은 너무 미미하다.

친구가 보여주는 연간계획표는 흥미롭고도 함축적인 아이콘으로 그려져 있다. 친구는 1차, 2차, 3차 단계로 생활고를 해결할 작정이라 한다. "1차 계획은 지금 쌀독을 의지하는 것." 쌀독 항아리에 얼마나 쌀이 남아 있는지 알 수 없지만 일단 거기 담긴 쌀을 먹고 버티는 것, 2차 계획은 식칼이다. 식칼은 "강도질"을 말하는 아이콘이다. 친구에게 2차 계획까지 들은 파고다 영감의 고개가 절로 숙여진다.

만화는 구성도 뛰어나다. 네 번째 칸이 더욱 극적으로 보이는 것은, 왼쪽에서 오른쪽으로 읽게끔 되어 있는 화면구성이 세 번째 칸에서 바뀐다는 점 때문이다. 두 번째 칸까지는 왼쪽에서 오른쪽으로 읽어야 하지만 세 번째와 네 번째 칸은 오른쪽에서 왼쪽으로 읽어야 한다.

네 번째 칸에서 파고다 영감은 고개를 숙이며 "삼차 계획은 알겠네"라고 한다. "알겠네" 앞에는 "말 안 해도"가 생략되어 있다. '말하지 않아도 알 수 있는' 3차 계획은 매듭이 지어져 있는 밧줄 그림으로 압축되어 있다. 모든 것이 불가능할 때 가능한 일은 스스로 목숨을 끊어 고통을 중단하는 것이다.

앞에서도 보았듯 불경기와 강·절도 등의 강력범죄, 그리고 자살 증감의 상관성은 아주 직접적이며 인과가 뚜렷하다. 그리고 한국 자본주의는 자연법칙처럼 이를 관철해왔다. 세계적으로도 높다는 오늘날 한국의 자살률은, 1998년 IMF 구제금융 시절의 기록적 증가와 2002년의 반등으로 달성된 것이다. 특히 1998년 자살자 수는 전년 대비 42.6퍼센트나 증가했다. 이 대단한 기록은 앞으로도 깨지기 어려울 듯한데, 자살이 경제와 깊은 관련이 있음은, 자살자의 구성에 잘 나타나 있다. 이 시기 모든 연령대 사람의 자살이 늘었지만, 그중에서도 25세~44세 남성 자살자는 49.7퍼센트, 45~64세 남성 자살자는 무려 67.8퍼센트가 늘었다. 폭증을 주도한 이들은 실업자와 사업 실패자들이다.

1998년에 너무 높았기 때문인지 자살률은 1999년과 2000년에 각각 17.4퍼센트, 8.3퍼센트 줄었다. 자살이 극적으로 감소할 수도 있음을 보여준 이 역사적 양상을 'IMF 극복 경기활성화' 말고 다른 이유로 설명할 길이 있을까? 이 감소는 청·장년층 남성들의 자살이 20퍼센트 이상 줄었기에 가능했다.

그러나 2002년부터 자살자 수는 IMF 때를 능가하기 시작했다. 2002년 자살자가 2001년에 비해 24.6퍼센트 늘었는데, 이때 왠일인지 여성 자살자가 더 많이 늘어났다. 2002년의 한국인들은 '월드컵 4강'이나 '대선' 같은 집단적 항우울제를 맞은 듯했지만, 내실은 나빴던 것이다. 그해 여름과 겨울, '대한민국'은 뭔가 한껏 폼이 났지만 대한민국의 개개 구성원들은 더 불행해지고 가난해졌다. '붉은 악마'로 하나가 된 듯 잠시 착각했지만 '하나'는커녕 가난한 사람은 더 가난해지고 '붉은 악마' 티셔

츠를 벗은 그들은 곧 '청년실업자'나 '비정규직' 대열에 편입됐을 터이다. 이제 한국의 자살률은 OECD 국가 중 4위이며, 그 증가율은 1등이라 한다. 우리가 교통사고로 죽을 확률은 자살할 확률보다 낮다.

자살의 이타성?

자살자들은 '돈 때문에', '빚에 쪼들려' 이미 인간됨의 훼손을 맛보았을 것이다. 그들이 맞닥뜨린 인간됨의 '훼손'은, 자살의 또 다른 원인이 되는 인정認定이나 사랑의 상실, 자존감의 훼손과는 종류가 좀 다를 것이다. 그 자살은 오랜 시간 반복적으로 깊게 누적된 절망, 갑갑하고 초라하게 반복된 일상에 의해 천천히 준비되었을 것이며, 그렇게 '쪼들려' 죽는 자살은 낭만적이지도 인간적이지도 않다. 그 자살은 사장님이나 시장님의 자살처럼 우발적인 것도, 깊이 있는 것도 아니다. 굶어죽는 자들은 때깔도 좋지 않다.

'생활고 때문에', '빚에 내몰려' 목숨을 끊는 사람들의 존재는, 인간들도 축생과 다를 바 없다는 사실을 말해준다. 죽은 그들은 차라리 여린 짐승이며, 살아 있는 우리는 질기고 냉정한 것들이다. 인간 사회가 곧 아귀지옥인 것을, 제 목숨을 끊는 짐승, 자해하는 왕따들이 말해주고 있지 않은가.

진화생물학자들은 집단생활을 하는 동물 전체가 '우울'이라는 자살 소질을 갖고 있으며, 먹을 것이 넉넉하지 않은 동물 집단은 집단을 유지하기 위해 약한 개체를 자살로 내몬다고 설명한다. 약한 개체들은 기꺼이 자살을 택하며, 유전자도 그것을 명한다는 것이다. 그렇게 죽는 그들은 '이타적'이다.

117회 〈파고다 영감〉은 생존을 향한 무한경쟁의 양상을 희비극으로 보여준다. 식당 아낙, 병원 의사, 장의사가 모두 장사가 되지 않아 거리에 나앉아 있다. 나타난 잠재적 손님 하나의 팔·다리를 그들은 사정없이 자기 쪽으로 끌어당긴다. 나눠 먹을 것이 없기 때문에 희생자가 필요하다.

(113)

저런 / 변소치는 없이 오늘도 못하대요 / ?

자물쇠를 달자! / 시구외에는 못들어가게… / W.C

돈은 이럴때 벌어야지

여우바지 / 걸어다니면서도 처리할수 있읍니다 / 쏵

千萬圜짜리 腦波機가 자랑

「그후 줄곧…!」
「네 그저 밤낮 남이 해온 거죠」
안하는 짓을…
「그동안의 얘기를…
「뭐 별것없어요 달라
졌다면 병원건물이 신
축됐다는 정도지…재작
년 ICA원조로
마련

「정신병을 연구하게된
동기는?」
『정신병을… 이른바
개척자 정신
「천만 환들었읍니다
리나라엔 서울대학과이
곳 단두대뿐입니다』
「선생의 하루일과는 어
떻게 시작되는지…」
「심호흡(深呼吸) 부터
…그리고 산보 식사순
三천명의 환자를 수용
할수있는 최신식시설의
정신병원이 완성되어 있
지요 미국서는 의 한人

댁하게된 정말 동기는
마나?』
아무도 그과목을 거들
떠보지않았나… 말하자면
지니고 있었다는 점에
이 끌린게죠』
「그렇게 말할수 있을

「정상적이란건은?」
「평범하다는 거죠!』
그런데
그영화의 심한단본 어
무대가 一九二七년대의
미국의 어떤 주민정신
박약한것잖아 전만
리라
그대요
천대의 미국
상상할수없던
상품국!』
히…『이건 그
해봤시나 마무다』
세프
로단스醫博 (上)

▲해봤시다
란스醫博・서울 腦大精神

서자 또
고 무인지
있는데
약속

의 마음
침실대시시
것을 돌아가
하는 것이
하면 것이미

위를 줄여드립니다 _1960년의 미래론

개이고 때때로 흐림. 영하 6도~0도

- 민의원은 김용식 대구고검장을 혁명특별법에 의한 특별검찰부장으로 선출했다. 김 부장은 검찰부를 구성하게 될 30명의 검사와 함께 2월 말까지의 공소 기간 중에 3·15 부정선거 관련자들을 기소하는 임무를 맡게 된다. 김 부장은 1922년 고등문관시험에 합격하여 법관 생활을 시작한 당 62세의 강원도 양양 출신.
- 신민당 의원 24명이 지난 연말 지방선거에 나타난 부정사례와 대일본 굴욕외교를 따지기 위해 장면 총리와 외무, 법무, 재무, 상공 장관의 직접 출석을 요구하는 긴급 동의안을 제출했다. 이에 대해 장면 총리는 자진해서 국회에 출석하여 평화선은 계속 고수될 것이며 일본 경제인의 단체 방문은 사사私事로운 시찰이라고 답변했다.

주부들 사이에 "변소 치는 값"도 오를 것 같다는 전망이 나돌면서 인심이 각박해진다. 주부는 변소 치는 값이라도 아끼기 위해 골목으로 나와 있는 화장실에 자물쇠를 단다. 이 일을 본 파고다 영감이 고안해낸 '기발한' 아이디어가 '여우바지'이다. '여우바지'는 김승옥이 만들어낸 말이다. '여우웃음', '여우상', '여우짓', '여우비', '여우볕' 등과 같이, 교활하고 날랜 '여우'의 속성에 빗대어 만든 복합어이다. 이 바지는 다리가 하나 더 있어서 용변을 보는 휴대용 변소가 된다.

129회 〈파고다 영감〉의 이야기 구조도 똑같다. 사람들이 대화를 나눈다. "내핍생활을 할 수밖에." 하지만 "이 이상 어떻게" 허리띠를 졸라맨

다는 말인가? 그래서 파고다는 더 졸라맬 허리가 없는 한국인들을 위해 '기발한' 아이디어를 생각해낸다. 이 "돈 벌" 아이디어는 극단적이다. '정형내과' 라는 신종 병원을 개설하고 위장절제술을 행하는 것이다. "위를 줄여드립니다"라는 입간판 앞에 위를 잘라내 내핍을 실천하려는 한국인들이 줄을 서 있다.

김승옥의 기발한 상상

이 슬픈 만화가 너무도 흥미로운 것은, 위장절제술이 성행할 수도 있으리라는 김승옥의 '기발한' 예측이 오늘날 역설적으로 실현되고 있기 때문이다. 오늘날 이른바 '배리아트릭Bariatric Surgery' 이라 불리는 위장절제술은 가난 때문이 아니라 너무 많이 먹어서, 즉 병적인 비만에 시달리는 '환자' 들에게 행해지고 있으며, 다이어트 강박에 걸린 여성들이 선택하는 방법이기도 하다. 이 수술은 위장의 80~90퍼센트를 잘라내 위 용적 이상의 음식을 아예 먹지 못하게 만들어버리는, 즉 강제로 음식 섭취량을 줄이는 최후·최고의 수단이다. 그 원리가 김승옥이 상상한 방법과 완전히 일치한다.

오늘날 이 수술을 받는 사람들은, 고도비만으로 당뇨나 고혈압 같은 합병증에 시달리는 '환자'들이며, 비용은 1,500만 원 가량 든다고 한다.[96] 이들은 곧 자본주의적인 병적 풍요와 필요 이상의 칼로리를 섭취하게 만드는 음식산업의 피해자들이며, 동시에 기본적으로 '부자'이다. 이 수술이 주로 행해지는 곳이 미국(연평균 8만 명의 미국인이 이 수술을 받는다.)이라는 사실이 이를 증명한다. 1961년의 한국, 혹은 오늘날 아시아-아프리카의 광대한 절대빈곤 국가에는 위장절제술을 필요로 하는 비만환자는 거의 없을 것이다.*

40년 전에 그려본 21세기 서울 풍경

미래를 상상해본다는 것은 때로 한낱 '공상'이라 치부되지만 이는 아무나 할 수 있는 일도, 헛된 망상도 아니다. 근대에 이르러 어엿한 문학·예술의 장르가 된 SF는 현실에 대한 탈주의 욕구를 바탕으로 창작되어 과학에 대한 통찰과 더불어 기발한 상상력으로 이야기를 전개해나가는데, 한낱 공상에 그치지 않고 실제 가능한 과학 발전 코스를 자극해왔다.

그런 점에서 《동아일보》 1961년 1월 1일 신년특집호 6면의 미래예측 기사는 매우 흥미롭다. 그 기사는 '지금'으로부터 40년 뒤인 서기 2000년 1월의 세상을 그려본 일종의 SF이다. 기사에 나타난 미래상은, 현재의 결핍에 대한 불만과 유토피아적 미래에 대한 희망이 버무려져 있다. 즉, 과학지식에 의거하면서도 사회적 상상력을 바탕으로 하고 있는 것이다. 따라서 이 미래상은 현재의 거울인 바, 과거에 씌어진 미래예측 글이

---

* 오늘날 하루 2달러 미만의 생활비로 살아가는 사람들이 세계 전체 64억 인구의 53퍼센트이다. 한국에서는 2003년 다이어트 목적의 위장절제술이 200여 건 이상 시술되었고, 2004년 2월 29일에는 이 수술을 받은 25세 여성이 수술 후유증으로 사망하기도 했다.

얼마나 실현되었는지를 살펴보는 일은 가슴 뭉클하게 하는 면이 있다.

동아일보 기자는 2000년 1월의 서울 풍경을 '공상'하며 다음과 같이 시작했다. 놀랍게도, 이 첫 번째 대목의 예측은 하나하나가 다 맞아떨어진다.

서울시민은 여전히 황인종이로되 정형 · 성형수술이 발달되어 백인 행세가 손쉬울 것이고 인공위성과 원자력의 힘으로 세계는 무척 좁아졌다. 스위치 하나로 방안의 전체가 「스크린」으로 변하고 각국의 텔레비전 방송을 누운 채로 볼 수 있다.

40년이면 꽤나 먼 미래인데도, 2000년대 한국사회에 만연한 성형수술과 외모의 서구화, 위성방송과 벽걸이 TV(혹은 초대형 프로젝션TV) 출현을 정확하게 예언하였다. 만연한 성형과 달라진 섭생 탓에 오늘날 한국인의 콧대는 높아졌고 눈과 키는 1961년의 서울시민과 비교할 수 없을 만큼 커졌다. 우리는 방에 누워서 손가락 하나 까딱하는 것만으로 CNN · CC-TV · NHK · BBC 등을 두루 시청하고 있지 않은가.

과학이 인류를 번영케 하리라

또한 1961년의 미래론은 인공위성과 원자력의 힘에 대한 언급으로 시작된다. 근대 인간의 미래론에서 중심적인 위치를 점하는 것은 과학과 물질문명이 변화시킬 세계상이다. 근대 이후 오늘과 다른 내일을 만드는 가장 확실하고 강력한 힘이 바로 과학이기 때문이다. 예술과 정치는, 때로 인간이란 과연 진보하는 존재인지 의심하게 만드는 데 비해, 과학기

원자력시대 개막을 알리는 원자로 기공식에 참석한 이승만 대통령(1959년 7월 14
일). 원자력은 인공위성과 함께 미래 세상의 변화를 이끌어갈 과학으로 여겨졌다.

술은 직선으로, 오로지 앞으로만 나아가는 유일한 힘이다.

그러나 엄청난 속도로 발전하는 과학을 보통 사람들은 이해하지 못하
며, 그 이해할 수 없음이 환상과 꿈을 만들어낸다. 이것이 SF를 만들어내
는 힘이기도 하다. 1961년 현재, 미래상은 과학과 물질문명이 만들어낼
'디스토피아'로까지는 아직 미치지 못한다. 과학기술이 유토피아를 만
들어주리라는 생각이 더 매력적이고도 일반적인 상식이었다.

1961년 현재, 세상의 변화를 이끌어갈 과학은 원자력과학과 인공위성

으로 대변되는 우주과학이다. 이미 1945년 수많은 일본인들을 학살하고 2차 세계대전에 종지부를 찍게 한 원자폭탄이 가공할 위력을 선보였다. 아마 한국인의 핵무기에 대한 과도한 애정(?)도 이때 시작된 것일 테다. 게다가 맥아더는 '북진통일' 직전 압록강을 넘어들어온 중공군을 몰살시키기 위해 핵폭탄을 사용하자고 주장하지 않았던가.

2차 세계대전 종전 이후에도 미국과 소련, 그리고 영국 · 프랑스 · 중국 등은 핵무기 개발과 증산에 박차를 가했다. 미국은 1954년 비키니 섬에서 악명 높은 수소폭탄 실험에 성공했고, 4 · 19가 일어난 1960년 3월에는 프랑스가 원폭실험에 성공했다.

한편으로 원자력의 '평화적 이용'에 대한 문제의식도 커지고 있었다. 1954년 6월 소련에서 세계 최초로 원자력발전소인 OBNINSK(흑연감속형원자로 : 5메가와트)가 가동되기 시작했고 1956년 10월에는 영국에서, 1957년 12월에는 미국에서 SHIPPINGPORT(가압경수형원자로 : 100메가와트)가 상용화되어 전기를 생산했다.

1957년 10월, 소련의 위성 스푸트니크Sputnik 1호가 발사되어 인류의 우주사宇宙史가 개막되었으며, 그해 11월에는 개를 실은 스푸트니크 2호가 발사되었다. 소련의 비약에 충격을 받은 미국은 1958년 1월과 3월에 각각 익스플로러Explorer 1호와 2호를 발사했다.

미래에 대한 글을 쓴 《동아일보》 기자가 '인공위성'이라는 단어를 가장 먼저 떠올린 것은, 1960년이 인공위성사史에서 중요한 한 해였기 때문이리라. 그해 3월 미국이 쏘아올린 최초의 기상위성 타이로스Tiros가 구름 사진을 찍어 지구로 전송했고, 8월에는 최초의 통신위성 에코echo 1호도 발사되어 성공적으로 임무를 수행했다.

이 글에서 또한 흥미로운 부분은 컴퓨터에 관한 것이다. 비록 기사는 '컴퓨터' 대신 '전자두뇌'라는 단어를 사용했지만, 아래와 같은 대목에서 인류의 미래, 즉 오늘날은 정확하게 예측되고 있었다.

전자두뇌가 널리 쓰이고 있다. 가장 놀라운 것은 전자번역기이다. 출판사마다 5, 6대씩 갖고 있다. 간단한 것도 20만 단어의 번역이 가능하니 2만 단어를 사용하여 대문호가 된 셰익스피어, 빅톨 위고가 무색해졌다. 출판계도 확시밀리 마이크로화일 일색이다. 신문이나 편지가 전송되는 것은 물론 한글사전이나 세계문학전집이 수첩보다도 작은 데 수록되었다.

글을 통해 팩시밀리는 이때 이미 사용되고 있었음을 알 수 있다. 전자번역기는 기사의 예상만큼 발달하지는 않았지만 '이메일과 전자책' '문헌정보의 디지털화'에 대해서는 정확히 짚어내고 있다.

이외에도 글은 과학의 힘에 대한 한없는 신뢰와 찬탄, 물질문명과 생활의 편의 증대에 대한 뜨거운 기대를 담고 있다. 예컨대 "방사선 처리"된 개량배추로 배추값이 싸져 김장 걱정이 없어지고, "방사선 처리"된 육류 덕분에 깡통이 없어지며, 위성이 보내주는 정보로 기상을 통제하여 식량 사정도 좋아질 것이라고 보았다.

"궁합을 기계로 맞추니 점장이가 녹아날 판"

지극히 가난하여 못 먹고 못 입어 생기는 실업과 김장 걱정, 연탄가스 걱정, 옷 걱정 같은 지극히 한국적이며 1960년대적인 결핍이 말끔히 해결되었으면 하는 꿈도 간절했다. '실업'이나 '연탄가스 중독'이라는 말이

21세기에는 고어사전古語辭典에서나 찾을 수 있으며, "1950년대 나일론 옷이 사치품이라 입어서는 안 된다고 떠든 일이 있었다."는 사실이 역사책에서 웃음거리가 될 것이라며 익살도 떨었다.

또한 남녀관계가 평등해지고 여자들이 살기 좋은 세상이 올 것이며, 결혼정보회사가 성행할 것이라는 예리한 예측도 내놨다.

결혼도 기계화되었다. 중매라는 괴상한 결혼이 이상적이라던 과거가 우습기만 하다. 전국의 미혼남녀가 각각 배우자 선택의 희망사항과 신상을 상세히 카드에 적는다. 전자두뇌에 넣고 스위치를 누르면 '아무 데 사는 누구'라고 가장 알맞은 상대자를 골라준다. 궁합을 기계로 맞추니 점장이가 녹아날 판이다. (중략) 이혼율이 훨씬 적어졌다. 여자들 살기 좋은 세상이다. 클레오파트라의 코가 부럽지 않은 세상에 임신 3개월로 조기분만, 인공육아쯤 예사이다. 모유 대신 인공유를 쓴다. 온도와 유량 조절이 가능한 플라스틱 유방은 실물보다 환영된다. 아이들도 빨리 자라고 평균 신장, 체중도 커졌다.

이혼율이 낮아지고, 인공육아가 가능하고, 임신 3개월 만에 아이를 낳을 수 있게 된다든지 하는 예측은 빗나갔지만, 나머지는 대체로 맞다. 인공유와 인공유방에 대한 관심은 역시 절대 빈곤선상에서 굶주리는 수많은 영·유아들에 대한 안타까움에서 비롯된 것일 테다. 1960년대까지만 해도 인공유인 분유粉乳는 '금유金乳'라고 불렸을 정도로 귀했다. 한국전쟁 후 쏟아진 미제 원조물자 가운데 탈지분유가 주요 품목의 하나였지만 누구나 먹을 수 있는 것은 아니었다. 일부 부유층이 밀수된 일제 분유나 미군 PX에서 불법 유출된 미제분유를 제 아이에게 먹였는데, 그런 분유한 통의 가격은 쌀 한 말 가격과 맞먹었다고 한다. 국내 업자에 의해 분유회사가 설립되고 본격적인 분유 생산이 시작된 것은 1965년이다.[97]

40년 후에도 통일은 없다

물질문명 생활의 발전과 과학의 힘이 풍부한 상상력으로 가득한 데 비해, 정치에 대한 이야기는 비교적 빈곤한 편이지만 여기에 시선이 이르자 글은 풍자적인 톤으로 변했다. "민주정치가 온전히 실현되는 사회"가 2000년대에 열릴 것이라면서, 지금 우리에게도 유용할 수 있는 제도를 제안했다. 즉, "국회의원 같은 말썽 많은 감투자리"는 없애버리고, 월요일마다 텔레비전으로 전국민에게 정치현안을 제시하고 즉각적으로 국민의 의사를 묻는 전자 국민투표를 실시하여 직접 민주정치를 실현한다는 것이다. 그러면서 '이번 주'의 국민투표 내용을 예시했는데 이것이 흥미롭다. 현재 실시되고 있는 주5일 근무제를 고쳐서 오는 4월 1일부터 주4일 근무제로 하자는 투표가 열린다는 것이었다.

　그런데 이 글은 결정적인 흠을 갖고 있다. 통일에 대해 한 마디도 하고 있지 않은 것이다. 아직 오지 않은 40년 후 한국의 미래에 관해 말하면서 통일을 빼놓다니.

　1961년 벽두에 '통일'은 가장 정치적인 담론이었다. 실제《동아일보》신년특집호는 '중립화 통일방안'에 대한 미국·영국·인도·뉴질랜드·네팔·태국·터키 등의 유엔 주재 대표대사의 회견을 두 면에 걸쳐 실어놓았다. '반공우방'을 중심으로 한 이들 국가의 외교관들에게《동아일보》가 얻어내고 싶었던 답은 뻔했다. 중립화 통일론이 '비현실적'이라는 대답이다.

정확히 말하면 1961년 현재, 어떤 방법으로도 통일이 될 가능성은 없었다. 어쩌면 오히려 이제 막 '분단 고착화'가 본격적으로 시작되었다고도 할 수 있다. 일본의 재등장과 중공의 부상으로 인한 새로운 냉전질서와 남북한에 각각 새롭게 등장하여 치열한 대결을 벌일 지배체제가, 더욱 단단하게 '분단체제'로 굳어질 예정이었다. 그리고 40년이 지난 지금도 남북한의 통일은 요원하다. 그래서 역설적으로, 통일에 대해 한 마디도 하지 않은 이 미래예측 기사야말로 가장 정확한 전망을 내놓은 것이라고도 할 수 있다.

2020년 'Dπ 9 기자의 어느 날'

이 특집 미래예측 기사에는 각 신문에서 시사만화를 그리던 만화가들이 기사 내용에 맞게 한 컷씩 그림을 실었다. 김승옥도 여기에 한 자리를 차지했다.

김승옥은 유명한 소설가가 된 후 SF소설을 쓰기도 했다. 1970년 《동아일보》가 창간 50주년 기념으로 김승옥에게 의뢰한 이 미래소설의 제목은 「Dπ9 기자의 어느 날」이다. 이 소설에서 2020년 한국은 이미 통일되어 있고, 부산에서 신의주까지 주파하는 고속철도 공사가 진행 중이다. 기자들은 휴대용 전화를 사용하고, 음성으로 기사를 작성하면 이것이 바로 문자로 변환되어 가정에 전송된다. 상당히 근접한 예상이 아닌가. 주인공 '준'의 코드네임이 'Dπ9'인데 그는 서울 관악산 부근의 40평짜리 아파트에 살며 국산 소형전기 자동차를 몰고 다닌다. 2020년대 한국의 골칫거리는 청소년 문제가 아니라 노인 문제이다. 문자문화 시대를 산 노인들이 텔레비전 정치를 잘 이해하지 못하고 엘리트의식에 젖어 있기

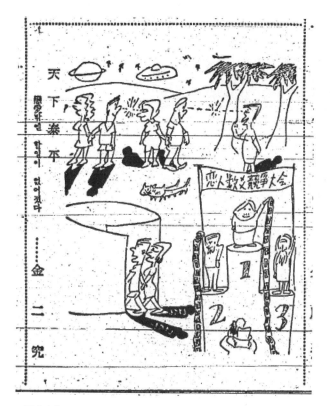

《동아일보》 1961년 1월 1일자 미래예측기사에 김승옥이 그린 삽화

때문이다. 한편 이 소설에는 'C박사'라는 인물이 등장하는데, 한국이 낳은 세계적인 우주과학자인 그는 한국 최초로 체외수정을 통해 태어난 인간이다. 인공수정에 의한 출산이 일반화될 미래를 예측한 것이다.

(115)

파고다 영감 金星煥

이럭 저럭 五·六十萬圜─

지로 유람의 길을 가야
한다. 하루에 얼마다
한 때에는 하루
三만환 내
四만환으로 계상하
여지 발는다.

三八선이라는 우리민
족의 숙명적인운타리가
나의 수입에 많은지
장요 주고있는것도 사
실이다.

그외의 수입이라고는
방송국의 녹음료라해서
하여 한달에 평균 五·
六十만환의 수입을 갓
아먹는다.

A라이라는 절대적인?
六十만환의 수입을 갓
아먹는다. (이 노고는
다고 지사람과 눈물을
것이다.)

입을본다. 이매 저매
다고 국구남독시키면서
이매서야 말년에…거
화려한 선당의 가수의
이든 대충

매달 貯蓄

기둥에 땅 六
十명은 마련하
여 금년三월에
는 공사가착
수될어마어
마한게회(?)
이니 나이四
에 첨이든
다고하겠지요.

실감 나는 싸움판 _ 민주당과 신민당의 이전투구

흐리며 한때 눈. 영하 5도~영하 1도

• 쌀값이 2만 환에 육박한 가운데 18일 대전에서는 극빈 세궁민 50여 명이 정오 사이렌에 맞춰 시청 앞 도로를 점거하고 "정부는 속히 쌀값을 조절하라" "정부미를 방출하라"는 등의 구호를 외치면서 시위를 벌였다. 이 시위로 80분간 대전 시청 앞 교통이 통제되었다. 빈민들이 식생활의 위기를 느껴 데모를 벌이기는 이번이 처음이다.

• 20일 상오 국회 민의원 본회의에서 헌법재판소법이 통과되어 역사상 최초로 헌법재판소가 설치되게 되었다. 이 법률에 의하면 모든 국민은 법률의 위헌 여부를 헌법재판소에 물을 수 있다. 헌법에 관한 최종적 해석을 책임질 이 헌법재판소는 그러나 박정희 정권 하에서는 폐지되었다가 제6공화국에 이르러서야 제대로 부활하게 된다.

1961년 새해 첫날 파고다 영감이 듣는 라디오에 등장한 정치가는 '좋은 정치'를 약속했고, 장면 총리 또한 '정국의 안정'을 전망했었다. 이처럼 자신 있는 전망은, 비록 민주당이 핵분열하고 신민당이라는 새로운 야당이 생기긴 했지만 장면 정권이 과반수가 넘는 '안정의석'을 여전히 갖고 있었기에 나올 수 있었다. 민주당 구파 인사 가운데 22명이 신민당에 가지 않고 '합작파'라는 이름으로 민주당 잔류를 결정했고 여기에 일부 무소속 의원이 가세하면서, 민주당은 재적의원 총 227석 중 126석을 차지했던 것이다.

그러나 새해 초 민주당과 장면 내각의 모습은, 이 정권이 나라를 책임질 수 없다는 불신만을 남겼다. 정치판에서는 새로운 이전투구가 계속 이어졌다. 민주당 정권이 12년간 존속했던 이승만체제의 일부일 뿐 온전히 새로운 정치구조의 산물이 아니라는 점은 점점 확실해지고 있었다.

1961년의 정쟁은 두 갈래로 진행되었다. 하나는 여야 간의 대립, 즉 정권에서 떨어져나온 구파가 만든 신민당과 민주당의 대립, 다른 하나는 민주당 내부의 소장파 대 노장파의 갈등이었다. 앞에서 쓴 대로 신민당과 민주당은 종이 한 장 차이밖에 나지 않았기에, 그들의 대립은 국민들에게 명분을 인정받지 못했다.[98] 민주당은 여당으로서 독선을 부렸고 신민당은 국민의 시선을 붙잡아두기 위해 선명성을 기치로 내걸고 정부를 계속 공격했다. 신민당이 창당대회를 열고 정식출범한 것은 2월 20일이었다. 여기에 민주당 내부의 소장파 대 노장파의 갈등이 더해졌다.

내각 구성을 둘러싼 양보 없는 싸움

115회 〈파고다 영감〉이 묘사하고 있는 1961년 1월의 이전투구는, 개각을 둘러싼 정쟁을 가리킨다. 장면 정부에는 원래 5명의 구파 장관, 즉 신민당 계보의 장관이 있었다. 여러 가지 이유로 연말부터 개각 요구가 나오고 있었는데, '거국내각'을 구성하여 위기를 타개하자는 목소리가 꽤 높았다. 민주당과 신민당은 서로 양보할 생각이 전혀 없었다.*

장면 정부는 이들과 손발이 맞지 않는다는 것으로 무능의 책임을 모면

---

* 《경향신문》은 신년호 특집에서 '거국일치내각'의 필요성 여부를 민주 · 신민 양당의 당수에게 물었다. 윤보선 대통령은 1961년 1월 12일에 열린 민 · 참의원 합동회의 치사에서 당파 간의 정쟁 휴전을 촉구하고 거국내각을 다시 구성하자는 제안을 했다.

할 작정인지, 5개 부처 장관에게 민주당 입각을 요구하였다. 사실 이들을 내각에서 쫓아내고 싶었던 것이다. 그러자 이들도 버티면서 장면 정권과 지리한 싸움을 벌였다. 결국 1월 30일 개각은 단행되었다. 장면 정부는 1960년 8월 23일 처음 조각한 이래, 불과 5개월 만에 두 번째 개각을 하게 되었다. 그때까지도 제2공화국 정부는 제대로 자리를 못잡고 있었던 것이다.

이런 과정을 겪었기에, 개각은 정쟁을 중단시키는 효과를 내지 못하고 오히려 증폭시키는 결과를 가져왔다. 이날의 개각에 대해 집권 민주당의 대변인 김대중은 "비교적 합리적으로 처리된 일"이라 논평했으나, 신민당 의원 김도연은 "다람쥐 쳇바퀴 돌리냐"며 폄하했다. 더욱이 민주당 노장파가 일방적으로 주도한 1월 30일의 개각에 대해 이철승·김준태 등의 민주당 소장파가 반발하고 나섰다. 그들은 자신의 대표격인 이철승을 국방장관이나 내무장관에 입각시킬 것을 요구했고, 신문도 이철승의 입각 가능성이 높다고 보도했지만, 믿을 만한 자신의 계보로만 내각을 짜기로 한 장면은 이마저 거부했다. 소장파는 두 명의 의원이 차관을 맡는 데 그쳤다.

정권에 치명상 입힌 중석불 사건

이철승은 1945년 '반탁전국학생총연맹' 의장으로 명성을 날린 대표적인 젊은 '반공투사'이자 민주당 내부의 군사통이었다.** 결국 이철승을 비롯한 민주당 소장파는 '신풍회'라는 조직을 통해 당내 파벌투쟁을 계속 벌여나간다. 이 신풍회를 제2공화국의 몰락을 가져온 소위 '3신新' 혹은 '4신新'의 하나로 꼽는 사람들도 있다.*** 신풍회 의원들이 '중석불 사건' 등 자기네 민주당의 어두운 구석을 폭로하는 데 앞장서, 장면 정권에 대한 국민의 지지가 더욱 낮아지는 데 일조했기 때문이다.[99]

중석은 1960년대까지 한국의 주요 수출품의 하나였던 텅스텐이며, 중석불은 텅스텐을 수출해서 생긴 달러를 말한다. 중석불 사건은 원래 1952년 7월에 발생한 이승만 정권 치하의 가장 대표적인 부정부패 사건으로, 정부에서 특혜를 받은 기업이 중석을 싼 값에 팔고 외국에서 들여온 비료와 밀가루로 폭리를 취한 뒤 이 돈의 일부를 이승만 정권의 정치자금으로 제공한 일이다.

이와 유사한 사건이 1961년 1~2월 정가를 달구었다. 1961년 대한중석주식회사는 미국과의 계약이 끝나 새로운 외국기업과 수출 계약을 맺어야 했는데, 일본의 친북한계 회사로 알려진 동경식품과 계약을 하여 비난여론이 일었다. 와중에 신풍회 소속 함종찬 의원이, 민주당 구파의 실세이자 무임소장관인 오위영이 일본 회사로부터 무려 100만 불의 커미션을 받는 데 관련되었다고 폭로하고 이 일 때문에 국회에서 난투극이 벌어진 것이다. 결국 오위영 관련설은 사실무근으로 밝혀졌지만, 오히려

** 만약 이철승이 장면 정권의 국방장관을 맡았으면 5·16 쿠데타를 저지할 수 있었으리라는 평가도 있다(강준만, 『한국현대사산책 1960년대편』 1, 인물과사상사, 2004, 199~202쪽). 한승주는 장면 정권 몰락의 가장 큰 이유로, 협소한 자신의 지지세력만으로 정권을 구성할 수밖에 없었던 한계를 꼽았다. 학생운동과 혁신당의 진출에 위협을 느껴 결국 쿠데타를 부르고 이를 지지한 보수세력의 불안을, 장면 정권이 잠재울 수 있었으리라는 평가이다. 그러나 민주당 구파가 박정희를 거세하려 했을 때 그를 적극 옹호하여 살려둔 것이 이철승이라는 증언도 있다(김준하, 〈5 16 당시 청와대 대변인이 40년 만에 털어놓은 군사쿠데타의 숨겨진 진상 5〉,《신동아》 2001년 12월호.).

*** 민주당 정권을 망하게 했다는 '4신'은 신풍회·신민당·신문·혁신계로, 신상초·김대중 같은 사람들이 주장한 내용이다(강준만, 위의 책).

대한중석과 장면의 유착관계가 불거져 장면 정권은 도덕성에 치명상을 입었다.[100]

과잉대표된 정치세력

민주당과 신민당의 여러 분파가 그렇게 명분 없는 정쟁을 벌일 수 있었던 것은, 그들 부르주아 자유주의자들이 실제 국민의 구성보다 '과잉대표' 되었기 때문이라고 말할 수 있다. 그들은 그들이 감당해야 할 지분보다 너무 많은 것을 갖고 있었다. 인구의 대다수인 농민과 도시서민의 정치세력이나 극우 정치세력을 대표할 세력은 의회 내에서 미미했기에 부르주아 자유주의자들이 스스로 단결할 필요는 현실적으로 없었다.

와중에 박정희와 그의 부하들은 쿠데타 준비를 해가고 있었다. 박정희는 1961년 초에 작성된 예편 대상 리스트에 1순위로 올라 5월 하순에는 군복을 벗어야 했고, 김종필은 이미 그해 2월에 군복을 벗었기 때문에 궁지에 몰린 쥐와 같았다. 장면 정권이 군을 좀 더 확실하게 장악하고 군 내부에 대해 권위를 가질 수 있었다면 상황은 달랐을 것이다. 그러나 2월의 군 인사에서 엉뚱하게도 이승만 정권의 부패 정치군인인 장도영이 육군참모총장이 된다.

(120)

파고다 영감 金二器

애들의 經濟的 獨立이 꿈

作曲家 李興烈

혁명과 하숙집 주인 딸 _대학생들의 생각

갰다 흐렸다. 최고기온 영하 3도

- 문교부는 18개 사범학교 중 16개 사범학교를 2년제 사범대학으로 승격하여 '교육대학'으로 개편하기로 결정했다. 이 교육대학은 순전히 국민학교 교사를 양성하는 기관으로 1960년 이후에는 이 학교를 졸업해야만 국민학교 정교사가 될 수 있었다. 그러나 예산과 교실 부족으로 인해 1960년도 사범학교 졸업자 3,968명 중 2,104명만 취직되어 취업률이 54퍼센트, 4년제 사범대학 출신은 30퍼센트, 2년제 사범대학 출신은 60퍼센트에 머물렀다.

- 11월에 있었던 비구 승려 대법원 난입사건의 첫 공판이 24일 상오에 열렸다. 사법사상 '전대미문의 대혼란'을 일으킨 이 난입사건의 피고들 전원에게는 특수건조물침입 및 특수공무방해죄가 적용되었다. 이날 법정에 선 비구승은 모두 24명으로 이중에는 만 20세가 안 된 어린 승려도 두 명이 있었다. 비구 불계의 거물과 신도들로 법정이 초만원을 이룬 가운데 피고 전원은 자신들의 혐의를 시인했다.

겨울이 깊었다. 1월 하순으로 접어든 수요일, 대학생 둘이 하숙방에서 화로를 쬐며 시국을 논하고 있다. 둘 사이에 오가는 단어들은 모두 당대의 지식인 담론에서 추출된 심각한 단어들이다. 혁명, 진보, 후진성.

4·19 이후 학생 사회는 크게 달라지고 성장했다. 사회에서는 대학생들을 '젊은 사자들'*이라는 별칭으로 높여 불렀고, 학생들 자신의 의식

---

* 이는 미국의 소설가 어윈 쇼Irwin Shaw의 소설 제목에서 따온 말이다(박태순, 「4·19의 민중과 문학」, 『4월 혁명론』, 한길사, 1983, 282쪽).

도 높아졌다. 이전까지 대학생들은 특권층의 일부로서 '전후파'로서 허무와 퇴폐를 기본 정서로 했다. 1960년 2월 28일과 3월 15일 시위를 통해 혁명을 처음 촉발한 것은 대학생들이 아니라 고등학생이지 않았던가. 4·19 이후 학생운동은 개별 대학의 학원민주화운동, 신생활운동을 거치고 결국 통일운동에 이르기까지 이념적으로 분화하고 정치적으로 의식화되어갔던 것이다. 하숙집에 앉은 평범한 대학생들이 혁명과 후진성 같은 심각한 단어를 입에 올릴 정도로, 이념은 대중화되었고 대학생문화 전반이 달라졌다.

그런데 만화에서 심각한 화제는 갑자기 바뀐다. 하숙집 딸이 등장했기 때문이다. 대학생들은 이제 한국 사회의 후진성과 혁명은 잊어버리고, 그녀들의 얼굴과 애교에 대해 열심히 논한다. 그래서 이 만화는 흥미롭다. 이 같은 반전을 통해 그 자신도 대학생이었던 김승옥은 무엇을 말하고 싶었던 것일까? 아마추어 혁명가들의 허위의식을 비꼬고 싶었을까? 아니면 가을 이후 시작된 대학생들에 대한 보수세력의 반격을 막아보고 싶었을까?

아무리 이념적이고 정치적인 급진주의자라 해도, 대학생은 20대 젊은 이들이다. 그들의 이상적이고 급진적인 견해와 행동은 그들이 가질 특권이자 기능이다. 그들은 사회의 소금이다. 에너지가 충만한 20대는 당연히 이성에게 관심을 갖는다. 따라서 하숙집 딸과 정치에 대한 관심은 둘 다 소중하다. 둘은 전혀 모순되지 않는다. 기성세대가 만들어놓은 제도와 룰에 적응하고 복종하기에 급급한 20대는, 20대로서의 가치가 없다. 기성세대에 의해 의식과 저항을 봉쇄당한 20대는 에너지를 섣부른 육체적 욕망에만 쓴다.

대학생들의 문화공간, 하숙집

이 만화는 대학생들을 혁명의 주체로서뿐만 아니라 일상의 문화적 주체로 그려놓고 있다는 점에서 흥미롭다. 또한 대학생 문화가 배태되는 중요한 터로 하숙집을 제시하고 있다는 점도 재미있다. 대학생 소설가 김승옥은 하숙집을 여러 번 등장시켜 당시 젊은이들의 문화를 그렸다. 중편소설 「60년대식」에서는 하숙집의 대학생들과 주인집 딸들 사이에 어떤 일이 일어나는지를 매우 근접한 거리에서 보여준 바 있다. 이 소설에서 딸이 무려 여덟이나 되는 '고바우 영감'은 대학가에 '고바우집'이라는 하숙집을 열고 딸들을 하나 하나 싹수 있는 하숙생들과 결혼시킬 전략을 세운다.

주인공인 대학생 도인은, 시집가자마자 이혼녀가 된 하숙집 다섯째 딸애경이와 사랑을 나눈다. 애경이 간식으로 토스트를 들고 도인의 방에 들어온 후부터다. 그가 하숙집 다섯째 딸과 '그렇고 그런' 사이가 되자 '고바우 영감'의 작전도 본격적으로 시작된다. 아침식사 때마다 도인의 밥에는 다른 하숙생들과 달리 날계란이 숨어 들어오고, 하숙집의 어린 딸들은 도인의 방에 와서 숙제를 한다. 소문은 대학 친구들 사이에도 퍼진다.[101]

만화에서 깊어가는 겨울, 느긋하게 하숙방에서 떡을 구워먹으며 '하숙집 주인 딸'을 '품평'하고 있는 만화 주인공들도 언젠가는 하숙집을 떠나게 될 것이다. 김승옥은 이들의 얼굴을 1, 2학년생이 아니라 복학생이나 졸업이 가까운 고학년생들로 그려놓았다. 더벅머리에 코 밑과 턱밑의 수염이 그러하다.

〈119〉

룸펜이 된 사자들

이들은 대학가에서는 용맹한 사자獅子일지 몰라도, 119회 〈파고다 영감〉에서처럼 대학 문밖을 나오는 순간 한낱 실업자가 될 뿐이었다. 1961년 초 경기는 나빠서 대학졸업자들이 갈 데가 없었다. 해마다 약간 명씩의 대학졸업자를 뽑아오던 대한중유, 조선기계, 대한중공업, 삼성광업, 대한제강 등의 대표적인 국영기업과 대기업이 불경기 때문에 신규 채용을 하지 않기로 결정했다. 매해 40명씩 채용하던 경전, 남전, 전업 등 3대 전기회사도 3사통합의 정부 방침으로 신규 채용이 불투명했다. 또한 신문사, 시중 은행, 외무부, 문교부, 내무부, 국방부, 교통 통신부, ICA 등도 공채인원을 점검하고 있다지만 각 회사마다 겨우 몇 십 명에서 몇 백 명 선이었다 (《조선일보》 1960년 11월 27일).

1960년도 하반기의 공채모집 시험에서 4·19 혁명의 주체들은 어느 정도의 실력을 보였을까? 어수선한 시국 탓이었을까? 결과는 저조했다. 한일은행, 한국은행, 서울은행 등의 금융기관과 언론기관의 공채모집 시험 결과 최고점이 1959년의 커트라인에도 못 미쳤다(《서울경제신문》 1960년 12월 18일). 4·19 전후의 계엄령 하에서 전국의 대학이 약 10일씩 휴강을 했고 서울대 · 연세대 · 경북대 · 한양대 등 많은 대학에서 교내 분규 사태를 겪는 등 대학들은 여느 해와는 전혀 다른 분위기로 한 해를 보냈고, 자연히 여느 해의 취업준비생들보다는 책상 앞에 앉아 있는 시간이 적었으리라.

대학이라는 보호구역을 통과하는 순간 청년들이 겪어야 하는 새로운 진입의 고통은 언제나 되풀이되지만, 이해에는 더욱 힘들었다. 119회에 그려진 것처럼 당장 연탄 한 장이 필요할 만큼 호구지책이 문제였으니. 그러나 1960년 당시 대학생들은 소수였고, 대학과는 무

《조선일보》 1960년 11월 27일. "4월의 사자들 명춘엔 어디로—쏟아져나올 새 학사 2만, 고등실업자 늘어만 갈 판"

관한 삶을 산 다른 계층의 청소년들에 비하면 사정이 나았는지도 모른다.

1961년 졸업 시즌 상급학교에 진학하지도 못하고 직업을 구하지도 못할 위기에 처한 젊은이도 무수히 많았다. 무려 38만 명의 젊은이가 초등학교, 중학교, 고등학교 문을 새로 나서고 있었다. 이를 보도하는 신문의 표현이 재미있다. 이들은 봄이 오면 "거리에 우글대며 무위도식하는 '룸펜'의 길을 걷게 될 것 같다." "27만 명의 국민학교 졸업 룸펜, 4만 명의 중학교 졸업 룸펜, 7만 명의 고등학교 졸업 룸펜"(《조선일보》 1961년 1월 29일)들이 있었던 것이다.

（121）

一等飛行士 金 光 漢

（韓國航空株式会社 金就所屬）

초등학생이 『결혼독본』을?_1960년의 독서 경향

흐리고 한때 눈. 최고기온 영하 1도

- 4·19 당시 고려대학생을 습격한 혐의로 서대문경찰서에 구속되었다가 화재로 임시 석방되었던 정치깡패 5명이 유죄를 확정받았다. 초심에서 무죄를 선고받았던 이들은 재소환되어 징역 2년 내지 2년 6개월을 선고받았다.

- 교통부에서는 구간제 요금을 없애는 대신 현행 30환인 버스요금을 60환으로 100퍼센트 인상하는 안을 국무부에 상정했다. 시민들의 반발이 예상됐지만 버스 회사의 적자가 심각해서 어쩔 수 없다는 것이 교통부의 설명이다.

어린이가 골목길에서 『결혼독본』이란 성인용 서적을 열심히 읽고 있다. 김승옥은 이 한 컷의 그림을 통해 당시의 독서문화를 함축적으로 보여준다.

『광장』과 『정협지』

4·19 혁명은 한국 사람들의 책 읽기에도 큰 영향을 미쳤다. 1961년 가장 많이 읽힌 책은 최인훈의 『광장』(정향사)이었다. 아직도 많이 읽히는 이 책은 1960년 10월부터 《새벽》지에 연재한 소설을 묶은 것이다. 혁명의 가을, 최인훈은 연재를 시작하며 "아시아적 전제의 의자를 타고 앉아

서 민중에겐 서구적 자유의 풍문만 들려줄 뿐 그 자유를 '사는 것'을 허락하지 않았던 구정권하에서라면 이런 소재가 아무리 구미에 당기더라도 감히 다루지 못하리라는 걸 생각하면서 빛나는 4월이 가져온 새 공화국에 사는 작가의 보람을 느낍니다."라는 유명한 서문을 남겼다.

그리고 1961년 화제를 불러모은 또다른 소설은 김훈의 아버지 김광주가 쓴『정협지』였다. 이는 1961년 6월 15일부터 《경향신문》에 연재된 무협소설로 위지문尉遲文이 쓴『검해고홍劍海孤鴻』의 번안이다. 원작은 50페이지에 불과했지만, 810회를 연재하는 동안 450페이지짜리 단행본 3권 분량이 되었다.[102] 김현은 1960년대 무협소설의 유행에 대해 허무주의의 부정적 표출[103]이라고 비판적으로 평가한 바 있지만,『정협지』는 한국 대중문화사의 새로운 전기를 가져온 대단한 작품이었다. 한 세대를 넘어 이어질 무협지 문화가 1961년에 시작된 것이다.

또한 4·19 이후 불어닥친 일본열풍도 한국 출판시장에 큰 영향을 미쳤다. 이승만 정권이 끝장나자 극단적인 '반일' 정책도 끝이 났고 장면 정권이 공식·비공식적으로 일본문화에 대한 문호를 개방하여 일본 책들이 홍수처럼 밀려들었다. 해방 후 15년 만의 일본열풍이었다.

일제시대 때부터 그랬지만 일본 책들은 훨씬 다양하고 품질도 높아서 한국 독자들에게 인기가 있었다. 1960년대 초에도 일본 번역서들이 독자들의 큰 호응을 얻었다. 1960년 소설 시장의 최고 베스트셀러는 고미가와 준페이의『인간의 조건』(아리랑사)이었다. 이 책은 1962년까지 계속 높은 판매고를 기록했는데, 이즈음 하라다의『만가』, 이시지카의『가정교사』등도 많이 읽혔다. 한편 1960년 '비소설 부문'에서 최고 베스트셀러 반열에 오른 책은 젊은 지성을 대표하는 스타 이어령의『지성의 오솔

길』(동양출판사)이었다.

『가정대백과』와 성교육

여기서 1960년의 가을로 돌아가보자. 오늘날처럼 그해 가을에도 문교부
주관으로 독서캠페인이 벌어졌다. 이때 나온 슬로건은 '책 들고 찾은 나
라 독서로 빛내보자', '책 속에 길이 있다 옳게 읽고 바로 가자', '한 사
람씩 권한 책이 만인을 깨우친다' 등이다(《서울경제신문》 1960년 10월 20일).
사실 이 '독서의 계절' 캠페인은, 가을철 사람들이 야외로 나가 책이 가
장 잘 팔리지 않기 때문에 생긴 운동으로, 일제시대 때 일본에서 수입된
것이다.

그러나 이런 '계몽'과 교육열에도 불구하고, 여건이 갖춰지지 않아 어
린이 독서교육에는 문제가 많았다. 1960년의 문교부 통계에 의하면 아
동도서의 판매율은 전체의 평균 10퍼센트 정도밖에는 되지 않았다. 아동
서적 전문 출판사가 거의 없었을 뿐 아니라 어린이들을 위해 출판된 도
서라고 해봐야 교양·오락물이 총 108종, 학습참고서가 315종. 중학교
입시를 위한 수련장이 그중 가장 많았다. 그리고 어린이잡지 《새벗》(새벗
사), 《만화세계》, 《만화학생》, 《소년》 등. 이를 제외하면 어린이들이 읽을
거리가 별로 없었다.

그래서였을까? 〈파고다 영감〉에 등장한 초등학생은 『결혼독본』에 심
취해 있다. 언제 누가 쓴 『결혼독본』인지는 정확히 알 수 없으되, 이런
종류의 책 또한 꽤 오랜 역사를 가지고 있다. 결혼과 관련된 이런 책들
과 '가정대백과' 류는 단지 가정 대소사를 치르는 방법이나 결혼을 잘하
기 위한 노하우만 담고 있지는 않다. 거기에는 '남성의 신체'니 '여성의

월간지 《새벗》을 읽고 있는 어린이들. 《새벗》을 비롯하여 《만화세계》 《소년》 등의 잡지
가 많이 읽혔다.

신체'니 하는 '의학적'인 내용부터 아주 구체적인 성인용 매뉴얼, 즉 '신
혼 첫날밤을 치르는 법' 같은 것이 들어 있기 마련이다.

초·중등학생들은 가정에 비치된 이런 가정대백과나 의학대백과 같은
책을 통해 성과 관련된 지식을 쌓고 조숙해진다. 파고다 영감이 초등학
생이 읽는 책을 보고 깜짝 놀라는 것도 이 때문이겠다.

학생들은 이런 책을 읽어왔다

1960년 '독서의 계절'을 맞아 《조선일보》가 초·중·고생을 대상으로
실시한 독서 설문조사를 보자. 서울시내 초등학교 2학년과 5학년 어린이
들을 조사한 결과, 선호도 1위의 책 종류는 단연 만화였다. 당시 어린이
들은 납본하지 않고 시중에 내놓는 '불량' 만화책도 많이 읽었다. 학교
앞 구멍가게나 손수레에는 울긋불긋한 표지의 만화책이 가득했다. 3~4

초등학교 앞 만화가게에서 만화책을 보고 있는 어린이들(1964).

학년쯤 된 어린이들은 책가방을 옆에 낀 채 진열대 옆에 앉아 만화를 보는 데 열중했다. 한 권 빌려보는 데 20환, 집까지 빌려가는 데는 30환. 어린이들은 아침 일찍 학교 가는 길에 들러서 만화를 보고 가거나, 하교 길에 들렀다가 해가 지는 줄도 모르고 '독서 삼매경'에 빠지곤 했다(《조선일보》 1960년 10월 20일). 어차피 학교는 오전반 아니면 오후반이어서 학교 일과는 반나절이면 끝났고(《동아일보》 1960년 10월 7일), 학교시설이 미비해서 배 아프다고 누워 있을 양호실도 제대로 갖춰지지 않았던 때였다(《동아일보》1960년 9월 18일).

만화 외에 많이 읽은 책은 2학년은 동요집과 동화집, 5학년은 위인전·과학 이야기·세계명작 등이다. 당시 어린이들이 "가장 재미있게 읽은 책"으로는, 2학년 남자 어린이는 『삼총사』·『이솝이야기』, 여자 어린이는 『울밑에선 봉선화』(권영섭 저)·『푸른 하늘 은하수』(만화)·『안델센 동화집』 등을 꼽았고 5학년 남자 어린이들은 『발명왕 에디슨』·『톰소여의 모험』, 여자 어린이들은 『모래알 고금』(마해송)·『아기 잠자리』(강소천)·『소공자』·『사랑의 학교』 등을 꼽았다(《조선일보》 1960년 10월 20일).

한편 중학생들 사이에서는 『보물선』·『칠칠단의 비밀』·『비밀의 문』·『진주탑』·『루팡』 등의 탐정소설이나 『쟌다르크』·『이순신』·『마르코포로』·『로빈손 쿠루소』 등의 전기물이 인기였다. 중학생들이 읽은 세계명작동화나 위인전은 주로 동국문화사·학원사 등에서 낸 〈세계명작선집〉, 〈세계위인전〉이나 계몽사에서 낸 〈세계소년소녀문학전집〉 등에 실린 것들이었다. 이 세계명작동화 중에서는 『안네의 일기』·『레미제라블』·『어머니를 찾아 삼만리』·『소공자』·『집 없는 아이』·『삼국지』·『얄개전』·『서유기』 등이 인기를 끌었는데, 당시 중학생 중에서 『좁은 문』·『바다와 노인』·『부활』·『대지』 등의 '고전'을 즐기는 학생은 1퍼센트 정도였다. 반면 국내 작가의 작품은 거의 없었다. 최요안이 쓴 '교양 명언집' 『마음의 샘터』, 홍성유의 장편소설 『비극은 없다』, 김래성의 『청춘극장』, 이광수의 『흙』 정도가 꼽혔다.

고교생이 읽은 책은 그래도 다양한 편이었으나 전체적으로 독서는 편식이 심한 편이었다. 설문에 의하면 이들이 감명 깊게 읽었다는 책은 『제

1960년 《소년한국일보》 창간호에 실린 계몽사의 〈세계소년소녀문학전집〉 광고. '영원히 빛날 세계명작의 걸작판 가정과 학교의 권위 있는 기본도서!' 임을 내세웠다.

인에어』, 『테스』, 『젊은 베르테르의 슬픔』, 『전원교향악』, 『북경서 온 편지』, 『의사 지바고』, 『바람과 함께 사라지다』, 『좁은 門』, 『어떤 미소』, 『챠타레이夫人의 사랑』 등 이름난 서양 문학작품이 다수였다. 고교생들은 펄벅, 헤밍웨이, 지드 등과 함께 이광수, 김래성, 심훈을 좋아하는 작가로 꼽았다. 여고생들이 소설책 외에 시집을 선호한다는 사실도 특기할 만하다(《조선일보》 1960년 10월 21일).

카뮈에 심취한 두 문학소녀의 동반자살

1960년 여름에는 문학소녀였던 여고생 두 명의 동반자살 사건이 사회에 충격을 주었다. 재동초등학교 동기동창생이었던 두 소녀의 자살 동기는 카뮈 때문이라 했다(《서울경제신문》 1960년 8월 21일).

카뮈에 심취했던 최정숙 양은 활발하고 감정이 풍부한 문학소녀로, 4·19 때 서울대학병원에 2개월 동안이나 위문을 다니며 누워 있는 부상학생들에게 하이네 시집을 읽어주었다고 한다. 정열적인 소녀였던 것이다. 그러나 최 양은 "집에만 오면 말을 잃고 카뮈의 『이방인』을 밤을 새워 읽으며" 마음에 드는 구절을 몇 번이고 되뇌었다고 한다. 겉으로는 특별할 것 없는 모범생이었던 그녀는 "죽음의 행복, 죽음의 즐거움"이란 말을 입버릇처럼 달고 다녔다고 한다.

최정숙 양과 함께 하늘로 간 최미자 양 역시 문학을 꿈꾸는 소녀였다. 최미자 양은 내성적이어서 친구들과 어울리기보다는 혼자 책 읽는 것을 좋아했다. 문학소녀였다는 점 외에 두 여고생은 첩을 둔 아버지 때문에 가정불화를 겪고 있다는 점에서 공통점이 있었다.

마침내 죽기로 결심한 날, 두 소녀는 시내 한 약국으로 향했다. 약사에게 생물반에서 사용한다면서 키니네를 주문했다. 약사는 순순히 키니네를 내주었다. 스무 알이었다. 최정숙 양은 자살 전날 아침 동급생 김 모 양에게 "죽으면 하얀 옷에 봉선화를 가슴에 꽂아다오."라는 말을 남겼고, 최미자 양은 죽기 전에 자신의 일기를 태워 없앴다.

보도기사가 두 여학생의 자살 동기를 카뮈에 둔 까닭에, 카뮈 소설이 자살을 기도하게 할 만큼 위험한 것인가 하는 의문이 제기되었다. 이에 대해 문교부 편수관 홍웅선은 "그 여학생들이 카뮈의 작품을 바르게 이해하였다면 자살에 이르지는 않았을 것"이라면서 "학교 도서실에서 책을 가릴 생각도 않고 사들이게 되니 카뮈나 사르트르가 그 속에 섞이지 말란 법이 없지 않느냐"라고도 했다(《조선일보》 1960년 9월 7일). 학생들에게 읽힐 책을 선생들이 먼저 읽고 적절히 독서지도를 해야 한다는 내용이었지만 1960년대 학교에서 따로 독서지도를 하는 경우는 거의 없었을 것이다.

앞에서 말했던 바, 전후세대에게 프랑스 산 실존주의 사상과 문학은 무척 큰 영향을 미쳤다. 이는 지적 유행이기도 했지만 한편으로 이는 당시 한국 젊은이들이 처한 상황을 반영한 것이기도 하다. 가장 감수성이 예민한 시기에 이 여고생들은 자신의 고민을 치명적인 지적 유행과 연결 지어 생각했던 것이다.

(122)

쓰는 돈은 미들 3百萬원

디자이너 金庚姬

밥 한 그릇이 모자라 _물가고와 민생

흐리며 한때 눈이 온 후 오후부터 갬. 영하 6도~영하 1도

- 정부에서 파견한 '암행어사' 일행이 부산세관을 급습해, 3백여 명의 세관 관리들의 근무 실태에 대한 일대 감사를 벌였다. 이로 인해 50여 명의 무단결근이 들통나는 등, 부산세관에서는 일대소동이 벌어졌다.

- 재무부는 달러 강세 등 환율 불안을 진정시키기 위해 은행에서 보유하고 있는 외화 1천만 달러를 방출하겠다고 발표하였다.

122회 〈파고다 영감〉에 묘사된 상황은 의아하다. 쌀값이 내렸다는 소식을 듣고 쌀을 사러 나간 임산부가, 내린 값만큼 과일을 산 후 쌀가게로 갔다가 낭패를 보아 저녁을 굶게 되었다는 것이다. 이 임산부는 분명 장바구니에 그날 신문을 넣고 집을 나섰다. 정확한 물가정보를 가지고 있었던 셈인데, 어찌 된 일일까?

쌀집 주인은, 이 임산부가 알고 있는 쌀값은 "오전 중 쌀값"이고, 오후에는 가격이 "도루" 올랐다고 말한다. 주식 시세도 아닌 쌀값이 오전, 오후 다르다니? 혹 물가 변동이 심한 현실에 만화적 과장을 더한 것일까?

111회에는 더 심한 상황이 그려진다. 파고다 영감의 밥그릇에 담긴 밥

〈111〉

의 양이 아침, 점심, 저녁으로 갈수록 줄고 있다. 영감의 부인은 쌀값이 올라서 어쩔 수 없다고 하는데, 그럼 하루에 쌀값이 두 번이나 올랐단 말인가?

오전, 오후 다른 쌀값

만화에 그려진 상황은 모두 실제 벌어지는 일들이었다. 1961년 신년이 되자마자 물가에 심상찮은 조짐이 보였다. 각종 생활필수품 가격이 뛰기 시작한 것이다. 1월 8일 현재 서울의 도매물가지수는 116.8로 일주일 전에 비해 4.6퍼센트 올랐다. 물가 상승을 이끈 것은 곡물이었는데(7.5퍼센트 상승), 그 가운데 특히 쌀값 상승이 두드러졌다.(《동아일보》 1961년 1월 8일).

사정은 거기에서 그치지 않았다. 1월 1일자 도매물가고시에서 1만4,500환 하던 쌀 한 가마 가격이 하루에도 몇 백 환씩 오르더니 1월 15일에는 1만6,700환으로 두 주 사이에 15퍼센트 이상 상승했다(《동아일보》 1961년 1월 15일)*. 바로 〈파고다 영감〉 111회가 그려지던 때였다.

---

* 이하 물가는 모두 도매물가표에 의함.

1960년 재래시장 풍경.

급기야 1월 16일에는 모두가 우려하던 일이 터지고 말았다. 바로 전날 가마당 1만6,700환 하던 쌀값이 하루 만에 1만8,000환(소매물가는 1만9,000환)으로 8퍼센트나 오른 것이다(정초 물가와 비교하면 보름 만에 25퍼센트 가량 상승한 셈이다(《동아일보》 1961년 1월 17일)). 가히 살인적인 폭등이라고 할 만했는데, 결국 이 일로 인해 17일 국회 본회의(민의원)에서는, 장면 총리와 농림부장관을 본회의에 출석시키기로 결의하게 된다(《동아일보》 1월 18일).

1월 18일 정부가 정부미를 대량방출하고 매점매석을 단속하겠다는 대책을 발표하면서 한풀 꺾이지만 며칠 안 되어 다시 오르는 등 이후에도 쌀값은 하루가 다르게 오르락내리락을 반복한다. 앞의 122회 〈파고다 영감)은 바로 이런 현실을 그린 것이다. 오전, 오후 쌀값이 정말 달랐던 것이다.

"네가 울면 쌀값 올라간다"

이런 상황에서 신맛이 당기던 이 임산부는 쌀값이 내렸다는 신문기사만 믿고 오렌지 한 개를 덜컥 사고 말았다. 임산부의 장바구니에는 오렌지

한 알이 덩그러니 그려져 있다. 당시 오렌지는, 미군부대에서 흘러나오는 물건들을 거래하는 속칭 '양키시장'에서 구경할 수 있었다. 그런데 오렌지 때문에 밥을 굶게 되었다니, 도대체 쌀을 얼마만큼 사다 먹길래 5인 가족의 한 끼 밥도 지을 수 없었을까?

쌀집 주인이 오른손에 들고 있는 것은 한눈에 됫박이라는 것을 금방 알 수 있다. 그렇다면 왼손에 들고 있는 것은 무엇일까?

한 되는 약 1.6리터로 열 홉에 해당한다. 되나 홉은 곡물뿐 아니라 술과 같은 액체 물품을 계량하는 데에도 사용되는 단위이다. 예전에는 동네에서 막걸리를 파는 가게에 주전자를 들고 가서 막걸리 한 되, 반 되씩 받아오곤 했다. 지금의 소

주병은 두 홉들이에 해당한다. 쌀 한 홉이면 한 사람의 한 끼 밥을 할 수 있다. 시골에서 농사 짓는 장정이라면 한 끼에 두 홉 쌀은 소요되었다. 따라서 5인 가족이 한 끼를 제대로 해결하려면 최소한 쌀 다섯 홉은 필요한 셈이다. 모두 어렵게 살던 이 시절, 장이 서면 홉으로 곡물을 거래하는 '홉쟁이'가 있었고, 일반 쌀집에서도 홉으로 곡물을 거래하는 일이 많았다. 만화에서 쌀집 주인이 왼손에 들고 있는 것이 바로 나무로 조그맣게 짠 '홉들이'이다.

홉으로 쌀을 살 수밖에 없는 처지에서, 쌀값의 극심한 변동은 그날 저녁밥을 먹을 수 있느냐 없느냐의 문제였다. 116회 〈파고다 영감〉에서 "네가 울면 쌀값 올라간다"는 말에 울던 아이가 울음을 뚝 그치는 것도 만화적 과장만은 아니다. '쌀값 올라간다'는 말은 '밥을 먹을 수 없다'는 말과 같은 뜻이었기 때문이다. 1961년 초, 서민들은 정말 혹독한 겨울을 나고 있었다.

(123)

파고다 영감 金星煥

國際蹴球審判　金德俊

맞는 대론이다. 은 항상 絶糧의 危機 온다.

그러나 그러한 오해 풀모면해왔다. (나는 친 그건 그냥 주머니에 물반는다는것은 「스포 오기엔 어쩐지 猶 츠·맨」으로서의 나의 太人값은 기분이 룬기 收入인 것이다. 「프라 내가 취직을 하면이 이드」가 용서할 수 없는 일이니까 나의 極히 무능한 나에게도 友邦의 審判人들과 술 도록 노력한 결심이다.

나에게는 아무런 직업 이 없으니까말이다. 그 生計의 秘密을 공개할 때로는 不定期收入이있 을 마시는데 써버린다.

그런데 나의 抱負는 장매우 인없이 어떻게 사느냐 리나라 蹴球界에 커 하는것은 사실이긴 하나 教와 最初의 「축구학 그것은 아니다. (나는 校」創立하는것과 老 아내 돈을버 주면 사례금으로 一回 年에는 권위있는 蹴球觀戰 벌이 인것은 그때뿐이 豐을 熱狂하는 밖 는 일이다.

내가 金浦空港에 내 린것은 언제나 빈 번 늘三千圜이나 온다. (전 다)

축구심판이 생기는 직장 이생긴다는것이다. (英 佛諸國에서 職業이다)

참 붓고 오기엔 어쩐지 猶 大學의 蹴球講師이다 내가 취직을 하면이 내가 즐씨

職하는 장매우 에 發表後 月까지의 여기 本誌 編輯者와 相議하야 投稿 유과 갑나 〈投稿規定〉 一, 賞金

(中略)

들을만

海外風潮

15＝재미 界의 流行 여 보시오 A(1)午6·30 주일동안의 向순 다시켜 (1)午8·00 바라이어 立群大音 立群大音 그리고 보니 지않았다

고개 숙인 '버스 운전사'들 _버스 파업과 교통 사정

흐리고 오후 한때 눈, 차차 갬. 최고기온 0도

- 1월 27일 상오 전국철도노조연맹은 요금 인상을 요구하며 전기와 통신업무 분야에 국한하여 1차 파업에 들어갔다. 철도노조는 전화와 무선업무도 보고 있었고 통신업무는 주로 여성들이 맡고 있었다. 이날 하루, 파업 참가 인원은 1,300명에 달했고 전화 3,500대 및 무선 26대 등의 통신이 완전 중단되었다.

- 재일교포 모국 방문단 1진 268명이 충남 금산항에 도착했다. 조국을 떠난 지 20년 만의 귀국이었다. 금산항에서 이들은 '과거에는 볼 수 없었던 정중한 안내'와 환영을 받은 후 각자 고향으로 향했다. 이 방문은 조총련 동포의 북송에 대항하여 기획된 일이다.

서울시내에 교통 신호등이 처음 등장한 것은 1959년이다. 그해부터는 '운전사의 날'도 제정되어 무사고 운전사를 표창하기 시작했다.[104] '대중 교통 시대'의 막이 그렇게 열렸다.

1960년 현재 서울시내에는 버스 614대, 합승 1,031대, 택시 1,987대 등 4천 대 정도의 "여객 자동차"가 운행하고 있었다(《동아일보》 1960년 6월 27일). 하지만 도로 한편에는 아직 마차가 다녔다(《조선일보》 1961년 1월 11일). 길에다 연료 찌꺼기를 쏟아내는 전근대적 운송체계를 모는 까닭에 마부들이 눈총을 받는 신세였다면, '큰 차'를 운전하는 버스 운전사들은 언제부턴가 '기사양반'이라는 점잖은 호칭까지 달고 있었다. 1960년대 초

서울시내에 첫 등장한 신호등. 현재 신호등과 달리 '가시오', '서시오' 라고 글로 써 있다.

반 버스 운전사들은 시민들에게 어떤 존재였을까?

만화에서는 '뻐스 운전사들' 에 대한 냉소가 엿보인다. 문간에서 버스 운전사들을 마주한 만화 속 인물들은 의외라는 표정을 짓고 있거나 화가 난 듯한 제스처를 보이고 있고, 왠일인지 운전사들은 풀이 죽어 보인다. 운전사들은 무엇을 잘 '부탁' 한다는 것일까?

업주들이 벌인 총파업

1961년 1월 중순 시경 관하 5백여 명의 교통경찰이 시내 버스업자들에게 수년간 거액을 수회收賄한 부정 사건이 폭로되었다. 그 몇 달 전에도 서울 교통경찰이 '합승택시' 업자들로부터 1억5천만 환이란 '거액'을 수뢰한 부정 사건이 드러나 시민들의 '감정'은 이미 안 좋은 상태였다. 이번 사건은 교통경찰의 단속에 대한 버스 운수업자 측의 '무마공작'에서 비롯되었다. 교통경찰의 단속대상 버스는 개문 발차, 주차 위반, 정차 추월, 정원 초과, 무면허, 복장 위반, 매연 등이었다. 주차 위반의 경우 "바퀴만 닿아도" 벌금을 물리고, 시간을 아끼려고 정거장에 선 차를 앞질러 출발하는 정차 추월도 엄격한 단속대상이었다. 출퇴근 시간에는 버스는 58명, 합승택시는 7명까지는 정원이 초과되어도 "넘어갔지만" 교통량이 적은 시간에는 단 한 명을 초과해도 딱지를 끊었다. 복장 위반 사항도 있어서 기사가 '런닝샤쓰' 바람으로 운전하다가는 재깍 걸린다. 운전사들은 이러한 복잡한 단속조항들에 대해 "어느 버스도 안 걸릴 수 없는 상태"라고 불만이 많았다. 마음만 먹으면 단속에 걸리지 않을 버스가 없다는 것이다(《서울경제신문》 1961년 1월 18일).

어쨌든 단속에 걸리면 원칙적으로는 즉결에 회부되어야 하지만, 회사마다 "무마공작"을 전담하는 상무가 있어 "뒷일"을 처리해주었다. 그래서 운전사는 "교통순경의 넘버"를 외워두었다가 차주에게 단속당한 일을 보고하기만 하면 되었다. 이 방법이 안 통해도 운전사는 경찰서에 "서면 출두"해서 과태료(440환~5천 환)를 물고 그냥 운행을 한다. 하루 일당 3~4만 환을 놓치지 않기 위해서다. 이 같은 일들은 관행으로 굳어진 조직적인 부정이었다.

1960~1961년에는 버스파업이 달을 걸러 계속되었는데, 1960년 6월 27일에는 서울시내를 운행하는 '여객 자동차' 회사의 차주들이 총파업을 했다. 자동차 회사들은 신규 사업면허를 발부해줄 것, 휘발유를 증배

1960년 신촌, 버스 파업으로 발이 묶인 시민들. 업주들이 주도한 버스 파업은 달을 걸러 계속되었다.

해줄 것, 세율을 인하해줄 것 등을 요구조건으로 내세웠다. 일부 운전기사들이 운행을 하려고 해도 차주들이 깡패를 동원해서 저지하는 일까지 벌어졌다(《동아일보》 1960년 6월 27일). 9월에도 휘발유 부족을 이유로 들며 버스 운송조합이 파업을 주도했다(《서울경제신문》 1960년 9월 21일). 이 파업들은 노동자인 운전사가 주도한 것이 아니라 차주들이 회사 수익구조를 개선하기 위해 정부를 대상으로 벌인 집단행동이었다. 운전사들이 벌인 파업도 없지 않았다. 1960년 10월 13일에는 삼선교에서 안국동까지 다니는 시내버스 34대의 운전사들이 임금인상을 요구하며 파업을 벌였다.

교통지옥에 시달린 사람들

1961년 2월에도 버스 차주 연합회가 버스요금을 1백 환 인상해달라며 일방적으로 파업을 '통고'하자, 정부는 차주들의 운행면허를 정지시킬 것이라고 맞섰다. 하지만 이때 임금 인상을 조건으로 철도노조도 파업을 결의하여 정부는 요금을 올려줄 방침을 세웠다 (《조선일보》 1961년 2월 4일).

125회 〈파고다 영감〉에서 "운수업이렷다. 5분 내로 안 올리면 파업이다."라는 말은, 요금 인상을 위해 파업을 하는 모든 운수업 종사자들에 대한 시민들의 정서를 나타낸다. 서울 시내버스가 파업을 하면 시민들은 전차로 몰려들어 인산인해를 이루었고, 귀가하는 교통편이 없어서 경기도까지 밤을 새워 걸어간 시민도 있었다(《동아일보》 1960년 10월 27일). 〈파고다 영감〉에 등장한 '뻐스 운전사들'은 이 모든 복잡한 상황을 대표하는 기호인 것이다.

1960년, 서울은 이미 '교통지옥'이었다.* 《서울경제신문》 1960년 10월 12일자는 "살인적인 서울의 교통지옥에 시민이 지친 지는 오래다."라고 쓰고 있다. "문 밖에만 나서면 차 때문에 생명에 위협을 느(낄)" 정도로 상황은 나빴다. 서울에서는 하루 평

(125)

파고다 영감

안마하세요

철노파 업가베?

분명히 운수업이렷다?

자네가 내 수입은 잘 알지 않나?

오분내로 인올리면 파업이다

---

* 1960년 1월부터 9월 말까지, 1700건의 사고가 있었으며, 174명이 사망, 1,990명이 중경상을 입었다(《서울경제신문》 1960년 10월 12일).

1960년 6월 전차정류장에 몰려든 시민들. 서울은 이미 교통지옥이었다.

균 8건의 교통사고가 나는데, 그중 80퍼센트가 운전사의 부주의로 인한
것이었다. 기사들의 난폭운전이 하도 심해서 시민들이 노이로제에 걸릴
지경이었다.

원성의 대상이 된 남자 차장들

버스를 이용하는 시민들이 불편해하는 또 다른 이유는 '차장'이라는
존재 때문이었다. 차장은 버스 안에서 운전사의 운행을 돕는 일을 맡
는 노동자이다. '안내양'이라고 불렀던 이들은 1985년, 이른바 '시민자
율버스'가 생기면서 사라졌다. 한데 1960년 초반 서울 시내버스에는
여성 '안내양'만큼 남성 차장이 많았고, 이들이 주된 원성의 대상이 되
었다. 《서울경제신문》 1960년 9월 21일자 기사는 "세계에서도 유례 없
으리라는 '불결'과 '횡포' ― 버스에 1,800, '합승'에 1천, 도합 2,800명

의 차장들 — 거칠은 이들에게서 시민들이 보호받을 길은 없는가?"라고 제목을 뽑았다. 이 남자 차장들은 당시 한국 사회의 최저층을 구성하고 있는 젊은이들이었다. 신문에 따르면 이들은 대부분 "6 · 25가 가져온 부랑아들"로 국졸 이하의 학력을 가진 14세~22세의 청소년들이었다. '선량한' 시민들에게 이들은, 교우관계가 불량하고 성질이 난폭하며 대개는 "이상한 스타일, 요란한 빛깔"의 옷을 입는다고 인식되었다(《서울경제신문》 1960년 9월 21일).

이처럼 깡패나 '양아치' 이미지를 가진 차장들이 돼지 멱 따는 톤으로 하는 행선지나 도착지 '안내방송'을 '선량한' 시민들은 몹시 혐오스러워했다. 특히 여성들이 가장 질색하는 것은, 푸시맨 역할을 하는 이들이 기름과 땀에 젖은 손으로 몸을 차 속으로 들이밀 때이다. 까닥하면 아침에 입고 나선 흰 옷은 "걸레가 되"며, 또한 차장들은 특히 부녀자들에게 구간요금을 더 받으려고 눈을 부라리기 일쑤였다. 손님과 자주 시비가 붙는 것은 당연지사. 말하자면 손님과 잘 싸울수록 "관록 있는 차장" 행세를 하는 것이었다(《서울경제신문》 1960년 9월 21일).

그러나 차장들의 이러한 행태는 운수업의 구조적인 모순에서 비롯된 것이었다. 차장들은 최소 하루 8시간, 심한 경우 새벽 4시부터 밤 12시 통금시간까지 무려 20시간의 노동을 강요당했다. 장시간의 격무를 치르고 난 뒤에는 차주 집 한구석의 합숙소에서 자거나, 합숙소가 싫으면 차 속에서 새우잠을 자야 했다. 운전사 노동조합도 이런 차장들의 열악한 노동환경에 대해서는 별로 관심이 없었다. 차장들은 월 6천 환에서 1만 환 정도의 임금으로 살아가고 있었다. 당시 노동자들의 월평균 생계비 (경상지출)가 98,130환(《서울경제신문》 1960년 10월 17일)이라는 점을 감안하면

이들은 결코 생활인의 범주에 들 수 있는 계층이 아니었던 것이다.

'오라잇!' 차장이 된 누이들

김승옥의 소설 「염소는 힘이 세다」(1966)[105]에는 차장이 된 누나가 등장한다. 누나는 원래 종로 거리에서 꽃을 팔았다. 서술자인 어린 '나'의 염소탕집 근처에는 합승버스 정거장이 있었고 할머니가 '이 선생'이라 부르는 마흔 살쯤 된 버스 배차계 남자가 염소탕을 자주 먹으러 왔다. '이선생'은 어느 날 헛간에서 누나를 강간했고, 그 일이 있은 뒤 누이는 차장이 되었다. 차장이 됨으로써 누나는 염소탕을 끓여 겨우겨우 생계를 유지하던 집안에 경제적인 활력을 불어넣는 존재가 된다. '나'는 취직이 된 누나에게 "더러워"라고 말하며, 누나를 강간했다는 걸 알았을 때 그 사내를 쏘아보았던 것처럼 "온 힘을 두 눈에 모으고 입을 꼭 다물고 누나를 쏘아보"았다. 그러나 '나'는 누나가 탄 분홍색 합승버스가 처음 집 앞을 지나가는 날 할머니와 함께 집 앞에서 버스를 기다렸다. 드디어 버스가 나타나고 가슴이 뛰었다. 합승버스 속에서는 "오라잇!" 하는 누나의 목소리가 들렸다.

이처럼 강해져야만 했던 어린 누이들의 이야기는 현실에서 눈물겹게 많았다. 《조선일보》 1961년 1월 13일자에는 중학교를 중퇴하고 차장이 된 또 다른 누이의 이야기가 있다. 강원도가 고향인 이 누이는 2백 환짜리 백반 한 상이나 곰탕 한 그릇으로 하루 끼니를 때우고, 서울과 강원도 사이 "하룻길에 6백 리"를 16시간에 걸쳐 왕복하면서 월급 1만5천 환을 받는다. 이렇게 모은 돈은 강원도에 있는 홀어머니의 생활비와 동생의 학비로 부친다. 「염소는 힘이 세다」에서처럼 이 누이도 '오라이'를 외치

"오라잇ㅡ!"을 외치며 능숙하게 승객들을 태우고 내리던 버스 차장.

느라 꾀꼬리 같던 목청이 "뚝배기 깨지는 소리처럼 쉬어빠졌다." 가끔은 공교롭게도 버스 안에서 서울 가는 동창을 만날 때도 있다. 서울 가는 동창이 "매일 차만 타고 좋겠네"라고 지나가는 인사말을 던지기도 한다. 그러면 "없는 사람 빈정대지 말라"고 속으로는 은근히 눈물짓지만 겉으로는 웃었다.

파고다 영감 金星煥 (124)

배고픈 쥐 몇마리를

배고픈 국민을

빈독에 넣었다가

빈방에 넣었다가

며칠후에 열어보니

며칠후에 열어보니

가장힘센놈 한마리 만 남아있었다

나라가 망해있었다

社稷

詩人 柳致環

詩한편의 고료가기
껏三천환이거나 아니면 많아서
五천환정도로 대접하고
있는 대한민국의 경우
는 더욱 그러하다.

미명당한것이다.

詩人이라고 생각한일은
한번도 없으니 詩人이
나는 물론도 아닌까닭
단게 그나마 거기에 附
에 직업이 되거나 또
는 직업이 못되는것과는 아
주하고도 남음이 있을
부런 판게도 없는 문
것이다.

그런데 내자신 내가
「詩」란건 섯사리大
量生産되는것도 아니요
또한 定期的으로 솟아
나는 물도 아닌까닭
詩人이 詩를 먹음수
따위의 維文를 때로는
없을때 그들은 할수없
이딴 직업을 갖게
되는 고료란것은 집
이마련이다. 내가 地方
의 大学에서 講教활말
다.

才가 못되는 나의 경
우는 詩의 報酬를 따
려서 거의무력한 존재
진다는 자체가 숙스런
임을 부정하지못한다.
하다못해 무슨 수필
모

의 위력과 영향력에대
하다가 대또는
거절할수없었다. 항상 무

러 이면글을 부탁한사
람에게 그 책임이 있지
않을까? (藝術院会員)

[하단 세로 텍스트]

各種化粧品
的인 努力
는 여기에도
英国의
女性들은
온데서이
勃興하고
었다.

이 運動이
一九六一年
国市場에
五周年을
그前에이미

만 있기는하나
一九二二年
브니라
英国이라
一九一二年
般秘書로
偵小説을
줄거리로하
英国女人은
女人은
다른다

다런넘으로
꿈러온다
戰役劇으로
그그까지
海役은女性
「크렇짜」
女人은齊

大국自用도

배고프다는 건 거짓말이야 _빈곤과 계급

오후부터 흐리고 낮부터 갬. 영화 5도~영상 1도

- 쟁의 중인 철도노조가 2단계 투쟁의 일환으로 '승차권 판매 보이코트'를 하기로 결정했다. 3단계는 기관차 연료 보급중지, 4단계는 각 역 구내 신호 중단, 5단계는 전면파업 등의 수순을 밟기로 했다. 철도노조는 임금 20퍼센트 인상안을 내걸고 쟁의 중인데, 사용자 측인 정부는 이들의 파업을 불법으로 규정하고 '엄정한' 처리를 다짐하였다.

- 서울고등법원 형사 2부는 28일 상오 시내 성모병원에 출장판결을 나가서 병상에 누워 있는 곽영주 전 경무대 경무관에게 징역 1년 6개월을 선고했다. 이는 4월 18일 고려대생들을 습격한 깡패들을 곽영주가 경찰에 압력을 넣어 석방하게 한 사건에 대한 것으로, 문제의 '10·8 서울지방법원 판결'보다 형량이 줄어들었다. 그러나 '원흉'의 한 사람으로 4·19 당시 발포명령에 관한 곽영주의 혐의는 혁명특별재판소에서 따로 심판을 받게 된다.

빈곤에 대한 젊은 만화가의 분노는 점점 강도가 높아가고 있다. 만화의 수사는 점점 세지고 분노는 보다 총체적인 '사회적' 인식에 이르고 있다.

124회 〈파고다 영감〉에서 김승옥은 '국민'을 쥐와 대비시켰다. 세로로 양분된 화면에서 "배고픈 쥐"와 "배고픈 국민"은 각각 극한적인 상황에 몰린다. 결국 쥐들은 서로 잡아먹고 배고픈 국민들은 함께 죽었다. 그리고 "나라가 망해 있었다." '사직社稷'이라는 대유는 비교적 낡은 것이지만 "나라가 망한다."는 비판은 아직도 유효한, 가장 극한적인 표현이다.

배고픈 국민들

한국전쟁을 겪지 않은 우리 세대도 '나라가 망' 하는 것이 무엇인지 직접 경험해서 알고 있다. 1980년대의 폭압과 IMF 경제위기와 같은 상황, 대다수 국민의 인권이 보장되지 않고, 폭압 때문에 언로가 막혀 허위가 세상을 지배하고, 가족을 책임지지 못하게 된 가장들이 넥타이로 제 목을 매러 다니는, 외세의 침탈이 없어도 '사회'가 안에서부터 스스로 무너져 내리는 상황, 그것이 나라가 망하는 것이다.

한데 〈파고다 영감〉에 묘사된 것과 같은, '대부분의' '국민'들이 겪는 절대빈곤과 치명적인 불경기가 '모든' 국민들에게 똑같이 부과되는 고통은 아니라는 점이 중요하다. 그런 고통은 노동하는 계급의 구성원 전체와 상당수의 중간 이하의 계층을 가장 먼저, 그리고 가장 철저하게 타격한다.

순환하는 경기는 중간 이하의 사회구성원들을 희생양으로 삼고, 그 과정에서 그들은 죽거나 혹은 나쁘거나, 더욱 가난해진다. 경기는 그들을 먹이로 삼아 활력을 회복하고, 희생 결과 사회의 재부는 더 한쪽으로 쏠린다. 경제위기는 기존의 부자들을 더욱 살찌우고 소수의 새로운 부자를 만들어낸다.

경제위기나 불황이 기업과 산업체들을 대량으로 도산시킬 수는 있다. 그러나 개인적 차원에서 부자와 가난뱅이의 처지는 전혀 다르다. 부자들이 경제위기나 불황 때문에 완전히 몰락하여 죽거나 혹은 나쁘거나, 자살하거나 강·절도범이 되는 경우는 많지 않다. 자본주의사회에서 부자는 가난뱅이에 비해 총체적 의미에서 강자이기 때문이다. 그들은 가난뱅이보다 다양한 인적 네트워크와 정보를 갖고 있기 때문에, 위기에 미리

대처할 수 있고 상황에도 빨리 적응한
다. 그들은 훨씬 더 튼튼한 오장육부
와 뻔뻔한 심장을 갖고 있다.

'정치가 나리'에 대한 분노

128회 〈파고다 영감〉에는 굶주려 헐
벗은 거리의 사람들과 '정치가 나리'
가 나란히 등장한다. 헙수룩한 복장에
봉두난발, 그리고 '맛이 간' 눈을 가
진 그들과 밥을 날라와 한번에 먹어보
라고 하는 굵직한 몸을 가진 인물은
화해할 수 없는 대립의 선에 놓여 있
다. 배고픔에 대해 전혀 이해하지 못
하는 이 인물이 "정치가 나리"라는 것
이 문제적이다. 민주당의 '정치'가 나
쁜 것은 그들이 단지 무능하기 때문이
아니다. 한민당에 뿌리를 둔 그들이야

말로 어떤 면에서는 이승만 정권을 구성했던 자들보다 더 심하고 교활한
착취자라는 것을 김승옥은 알고 있었기 때문이다. 이 만화는 민주당 정권
에 대한 김승옥의 불신과 분노가 어느 정도인지를 보여준다. 그리고 그의
만화가 더 오래 지속될 수 없었던 사정도 설핏 설명해준다.

(130)

파고다영감 金二星

아이들의 進…

…學父兄들을 위한…

徐 元 出교장

모든걸 兒童本位로

=父兄·담임敎師·中學校長이合心=

서울다·商校長 徐 元

아동들의 상급학교입시에 있어서 부형들이 아동을 편에 서서 이해해 주어야 될줄안다. 세어른들이란 부형되시는 분은 국민학교교사중 떠한 주의를 하여야 할 것인가·이문제는 학부형뿐아니라 세어른들이 학교 교장인데 이세어른들이 일치되는 정신으로 중학교에 간 아동의 곤란을 조금이라도 덜어주고 나아가서는 아동자신의 개성을 키우주고 장래를 발전시키는 방향으로 말기를 바란다·동을 통해서 만족시키지못지도해주어야한다·둘째 국민학교 교사들은 자기들의 영달과 이때문에 지나 명에가 되는것은 아부형들은 자녀들의재능을 반전하는데노·해받게를 위해서 아동을

살기가 어렵다는 건 거짓말이야?_양공주 이야기

갰다 흐렸다 함. 영하 3도~영상 5도

• 교통부에서 제정한 '관광의 해'를 맞아 신년부터 외국 관광객들이 쏟아져 들어
올 전망이다. 미국 여행사의 집계에 따르면 1961년 한 해 동안 미국 관광 여행
객 1만5천 명이 서울을 찾을 것이라 한다. 이외에 홍콩의 영국계 관광객 2천여
명도 한국을 방문하겠다고 KNA 항공사에 알려왔는데, 그들의 요구조건은 한국
에서 '사냥'을 할 수 있게 해달라는 것이었다.

• 서울 신문로의 구세군 본부에서는, 연말 자선냄비로 모은 기금 중 크리스마스
구호로 사용하고 남은 40여만 환으로 시내 극빈자 251세대에게 쌀 1말씩을 무
료 배급하였다.

130회 〈파고다 영감〉 첫 번째 칸에 등장하는 인물들은 '국민'의 대다수
를 차지하는 소시민 계층이다. 그들에게는 팍팍한 삶이 상당히 공평하게
배분된다. 하지만 그들은 한탄과 불만을 내뱉는 일 이상을 하지 못하고,
그럼으로써 결국 체제를 떠받드는 중추가 된다. 한편 네 번째 칸에는 서
민들의 살기 어려움을 이해하지 못하는 또 다른 두 계층이 등장한다. 삶
의 '현장'에서 서민들과 맞부딪힌 이들은 바로 양공주와 거지이다. 그들
은 "살기가 어렵다는 건 거짓말"이라 한다. 물론 과장이다.

이제는 거의 우리 눈에 잘 보이지 않게 된 그들이 '살기가 어렵지 않
다'는 것은 사실 더 빼앗길 것이 없기 때문이다. 이들은 통계로 포착되는

'국민경제'의 생산과 분배구조 바깥에서 먹고 산다.

1950~1960년대 한국 경제는 빈약한 자기 몸 바깥에 거대한 엔진을 달고 굴러가고 있다. 미국의 원조와 미군의 주둔에서 발생하는 효과가 그것이다. 1960년 현재 한국의 대미 원조액은 2억4,500만 달러였다. 양공주는 그 큰 효과를 '몸뚱아리 하나로' 뜯어먹고 사는 일군의 여성을 일컫는 명칭이었다.

사람도 아니고 동물도 아닌

1960년대 한국의 슬럼가 풍경 한 구석에는 독특한 '인종'이 있었다. 이른바 '튀기'라 불린 존재들이다. 완전한 '깜둥이'나 '흰둥이'도, 그렇다고 완전한 '우리나라 사람'도 아닌 그들은, 모두 아이들이었다. 대개는 여자가 남편도 없이 달랑 '튀기' 아이 한 명을 키우고 살았다. 한 동네에 사는 '우리나라 사람'들은 자기 아이들에게 '튀기'와는 어울려 놀지 말라고 일렀다. 그 '튀기'는 또래 동네 아이들에게 '나비'니 무어니 하는 식으로 개 혹은 고양이에게나 붙이는 이름으로 불리었다.

〈파고다 영감〉 6개월 연재분 가운데 딱 한 번, 이 130회에만 잠시 등장하는 '양공주'는 그나마 얼굴은 보이지 않고 퍼머한 뒷머리칼과 도드라진 엉덩이만 출연한다. 모두 살기 힘들다고, 먹고 살기 어려워 큰일 났다고 하던 그 시절, 이 양공주만은 "살기 어렵다는 건 거짓말이야요."라는 대사를 뱉는다. 그런 그녀를 바라보는 파고다의 시선이, '부러움'의 감정이 아닌 것은 분명하다. 그렇다. 분명 파고다의 시선은 냉소적이고, 무슨 동물 같은 것(그것도 전혀 귀엽지 않은 동물)을 바라보는 식이다. 이게 양공주를 바라보는 '보통 사람'들의 눈이었다.

양공주가 된다는 것

누가 '양洋' 자 뒤에 '공주'를 붙여, 그들에 대한 한국인들의 복잡한 심경을 표현했는지는 알 수 없다. '양공주'라는 말 외에도 반어적인 뉘앙스를 빼버리고 아예 노골적인 욕지거리로 부르는 '양갈보'라는 말도 있었다.

미군이 이 땅에 주둔하기 시작한 1945년 이래, 얼마나 많은 '양공주'들이 있었는지, 또 양공주들 속에 얼마나 다양한 종류의 양공주들이 있었는지 알 수 없다. '기지촌'이라 불린 집창촌 외에도 장교와 GI(미국 육군병사의 속칭), 백인과 유색인으로 다양하게 구성된 미군을 상대하는 '공주'들이 있었다. 〈오발탄〉의 명숙은 '고급' 양공주로 나온다. 그녀는 '펨프'(포주, 뚜쟁이를 뜻하는 영어 'pimp'에서 비롯된 속어)를 따로 두거나 포주 밑에서 미군 사병을 주로 상대하는 여자들과는 다른 방식으로, 서울 중심가의 고급 호텔 앞에서 개인적으로 '영업'을 한다. 영화 〈오발탄〉에서 명숙은 마치 만화에서처럼 사치스런 옷차림을 한 채, 자신을 경멸스레 쳐다보는 한국인 남성들의 시선을 외면하며 미군 장교의 지프차를 타고 간다.

데뷔작인 『나목』(1974)부터 최근작인 『그 남자네 집』(2004)까지, 자신의 젊은 날을 그린 박완서의 여러 소설들을 보면 1950~1960년대 한국 여성들이 '양공주'라는 존재를 어떻게 평가했는지 알 수 있다. 소설들에 나오는 '정상적인' 그리고 '자존심 있는' 한국 여성들이, 그 자신 혹은 자기 딸이 양공주가 되는 것을 얼마나 두려워하는지.

오빠들의 자괴감

양공주가 되어서는 안 된다는 것은, 곧 몸에 육박해오는 도덕의 위기를 몸으로 이겨내는 것이었다. 양공주라는 존재는 전쟁과 가난으로 균열되어 산산이 부서진 기성의 도덕, 그리고 무너진 '가족윤리'의 경계를 드러낸다. 뿐만 아니라 내셔널리티와 인종주의로 무장한 '민족'의 '성-도덕'에 대한 도전이다. 그래서 한국인 남성들은 한없는 분노와 경멸로 그들을 대한다. 자괴감 때문이다.

'보통 사람'들의 '욕망-도덕', 즉 가치평가를 행하는 두 항목인 도덕과 욕망의 모순적 결합체와 그 운동은 아주 단순하고도 보편적이다. 내가, 그리고 내 새끼나 가족이 잘 배우고 많이 버는 것, 범죄자가 되거나 창녀가 되지 않고 '제대로 된' 집안에 시집-장가가서 새끼 낳고 '잘' 사는 것이다.

그러나 1960년대 초 한국 사람들의 '욕망-도덕'은 실현되기 어려운데다 자기모순적이다. 박완서의 젊은 여자 주인공들이 '어머니'를 버팀목 삼아 간신히 버텨내는 데 비해, 어머니가 실성해버리고 애인과 결별한 〈오발탄〉의 명숙이는 양공주가 된다. 그런데 명숙에게는 오빠가 둘이나 있지 않은가. 아버지가 부재할 경우 대개 오빠들은 아버지보다 더 무섭게 아버지의 도덕을 사수하며 여동생을 속박한다. 아랍에서는 정조를 잃은 여동생을 오빠들이 때려죽이고 '명예살인'이라 강변한다던가. 그 정도는 아니라도 한국에서 '정상적인' 경우라면 양공주가 되려는 여동생에게는 오빠가 아예 없어야 한다. 바람만 나도 여동생들은 오빠에게 머리가 빡빡 깎이든지, 다리몽둥이가 부러지든지 하는 데 말이다.

그렇기에 영화 〈오발탄〉에서, '영업 중'경찰에게 단속당한 명숙을 큰

미군 부대의 '양공주'들. 양공주들과 그들이 낳은 '튀기'는 보통 사람들과는 어울리기 힘든 독특한 인종으로 간주되었다.

오빠(김진규 분)가 데리러 간 후 이어지는 일련의 장면들은 매우 의미심장하다. 경찰서에서 만난 명숙이의 오빠는 동생을 외면한 채 한 마디도 하지 못한다. 경찰서를 빠져나온 남매는 역시 한 마디도 나누지 않고 각자 갈 길로 간다. 오빠의 태도는 묵인도 거부도 아니다.

오빠는 당연히 보수적인 도덕관념을 가졌겠지만, '도덕'의 경계를 한참 넘어버린 여동생을 그저 내버려둘 수밖에 없다. 도덕은 경제에 종속되고, 경제는 새로운 도덕을 창출한다. 전에 비도덕적이었던 행위가 도덕적인 것으로 뒤바뀌기도 하고, 이 비도덕에 대해 저항할 힘도 잃어버리고 만다. 그래서 사람들은 불행해진다.

그때 그 양공주들은 어떻게 살고 있을까?

그런데 가끔은, 정말 가끔은 양갈보가 진짜 '공주'로 변하는 경우도 있었다. 이십대의 '순수한' 미군 청년이 어쩌다 그 여자를 정말 '사랑하는' 일도 있었던 것이다. 그런 청년은 여자와 살림을 차리고, 아이를 낳고, 본국에 돌아가면 꼭 부르겠다고 약속하고는 자기 나라로 떠났다. 혼자 남은 여자는 '튀기'를 키우며, 온갖 손가락질을 받으며 그렇게 살아간다. 1960년대 도시 빈민가에 보이던 바로 그들이다.

이 '양공주'들은 이후 어떻게 되었을까? 이들 중 일부는 정말 미국으로 갔다. 아니면 적어도 남자와의 사이에서 태어난 자식들이나마 '파파'에게 보낼 수 있었던, 그런 여자들도 있었다. 나머지는? 거의 알 수가 없다. 이들의 이야기는 당시 신문의 흔한 기삿거리도 되지 못했다. 도시의 또 다른 구석을 전전하며 살았을지, 그러다가 한국에도 있지 못하고, 미국으로 가지도 못하고, 어느 다른 제3국 도시 변두리에서 한국인들이 출입하는 조그만 다방이라도 열어놓고 살았을지. 소설 같은 이런 이야기는, 하지만 현실이었다.

미국에까지 건너가게 된 가장 '성공적인' 그들의 운명에 대한 절절한 뒷이야기를 한 연구서에서 그대로 옮겨본다.

1950년부터 1964년까지 6천 명 가량의 여성들이 미군의 배우자로서 미국으로 건너가게 되었다. 동일 시기에 5천 명 가량의 아동들이 전쟁고아로서, 혼혈아로서, 또는 입양아로서 미국으로 건너갔다. 위와 같은 두 부류의 이민자들이 전쟁 후 한국인 이민자의 2/3를 차지하였다. 이들에 앞선 초기 한인 이민자들이 일부 대도시에서 자신들만의 공동체를 구성하였던 것에 반해 전후의 국제결혼 여성들이나 입양아동들은 미 전역에 흩어져서 미국 가족에로 결합되었다. 이들은 아직도 한인들의 편견에 의해서 한인 이민사회로부터 단절되어 고립되고 주변적인 생활을 하고 있다.[106]

(133)

파고다 영감 金二光

이크 빚쟁인가 보다!

똑, 똑, 똑,

등기 우편이요

ㅋㅋㅋ

오늘은 기어코 갚아라·

기술이 늘었구려

◇사진＝브리지드·바르도

◇사진＝申相玉監督의「成春傳」속의「李道令」
(金振奎扮)과「成春香」(林雪娥扮)

오늘은 기어코 갚아라 _ 빚에 얽힌 이야기

맑겠으나 낮 한때 흐림. 영하 10도~영상 4도

- 한국이 일본 자본을 도입하는 데 신중할 필요가 있다고 미국 정부 관계자가 언급했다. 이 미국 관리는 한국의 무분별한 일본 자본 도입은 한국에 대한 일본의 경제적 지배를 초래할 우려가 있으며 '대동아공영권'의 재현을 가져올 수 있다고 경고했다.

- 백색 복면을 한 22세의 처녀 강도가 서울에서 검거되었다. 용의자 김 모 양은 2년 전 고향인 충남 서천에서 상경해 식모살이를 했으나, 1개월 전 그만두고 용돈이 떨어지자 범행을 계획했다고 한다. 김 양은 11일 밤 11시, 전부터 알던 배 모 씨 집에 침입하여 범행을 벌이려다 마음이 약해져 식모방을 통해 도주하려던 차에, 잠에서 깬 그 집 식모의 신고로 검거되었다.

도회지라 하더라도 전화가 몇 집 건너 겨우 하나씩 있던 시절이었다. 빚을 쓰기 위해 아쉬운 소리를 하든, 빚 갚으라고 독촉을 하든, 직접 얼굴을 맞대고 이야기할 수밖에 없었다. 그러니 빚진 사람 입장에서는, 길을 가더라도 혹여 빚쟁이를 만나지나 않을까 전전긍긍하는 건 당연하다. 만나더라도 이쪽에서 먼저 알아보고 빨리 도망갈 준비를 해야 하니 '막다른 골목'은 피해야 한다. 앞의 19회에서(92쪽 참조), 파고다 영감이 빚쟁이를 피하지 못한 건 재수 없게도 그곳이 막다른 골목이었기 때문이다.

빚쟁이도 머리를 써야……

그렇다면 빚쟁이 입장에서는 어떨까? 빚을 받기 위해 그 사람이 잘 다니는 길목 어귀를 지키고 있어야 할까? 쫓고 쫓기는 싸움, 이렇게 두 사람의 치열한 머리싸움이 시작된다.

빚쟁이가 돈을 돌려받기 위해 할 수 있는 최선이자 최고의 방법은 집

으로 찾아가는 것이었다. 빚을 진 입장에서 이런 상황은 참으로 곤혹스러운데, 빚쟁이를 피하기 위해 기약없이 집을 떠나 있을 수는 없기 때문이다. 대문을 두드리는 소리만 나도, '철렁' 하게 마련이다.

앞의 133회에서 대문 두드리는 소리에 다락으로 숨은 파고다 영감은, '등기우편'이라는 말에 도로 나왔다가 빚쟁이에게 덜미를 잡히고 만다. 빚쟁이의 수에 당한 셈이다. 94회에서는 좀 더 고도의 수법이 동원된다. '미지의 여성'에게 크리스마스 카드와 편지를 받은 파고다 영감이 여인과의 약속 장소에 나가보았더니(아마도 두근거리는 마음으로), 그 모든 것이 빚을 받기 위한 빚쟁이의 농간이었더라는 것이다.

여기에는 일종의 위트가 있다. 모든 '웃음'은 어떻게든 상황을 가볍게 만들

고 해체한다. 절박한 생활의 문제를 바라보는 스무 살 김승옥의 감각이 이렇게 가벼웠던 걸까, 아니면 정말 당시에 이렇게 우스꽝스러운 상황이 실제로 연출되었던 걸까?

그따위 수작에 넘어갈 줄 알고?

97회도 빚에 얽힌 이야기를 담고 있기는 하지만, 여기에는 다른 만화들과 조금 다른 장면이 묘사되어 있다. 눈이 펑펑 내리는 겨울날, 빚쟁이가 집으로 찾아온다. 파고다 영감의 아이가 눈사람을 만들고 있다. 아이는 그 눈사람이 빚쟁이가 "빚 안 갚아도 좋아." 하는 "멋진 장면"이라고 말한다.

'아는 집'에 빚을 받으러 가서 가장 난감한 일은 아마도 그 집 아이들 얼굴을 보는 일일 것이다. 돈이 남아돌면서도 빚을 안 갚는 악질적인 경우는 드문 터라, 채무자의 사정을 뻔히 알면서도 빚을 갚으라고 독촉할 때는 채권자도 난감하기 마련이다. 이런 심리적 문제들은 모두 채권·채무관계가 '아는 사람들' 사이에서 발생하였기에 비롯된 것이다.

이런 경우 빚쟁이는 위악적인 인간이 될 수밖에 없다. 위선이든 위악이든 일종의 위장이며, 그것은 곧 당사자가 자기 내면과 행동의 불일치를 스스로 자각하고 있음을 의미한다. 속된 말로 '안면 받치는' 데도 불구하고 빚쟁이는 악다구니를 쓸 수밖에 없다.

빚지고 있는 입장에서 이런 때 할 수 있는 일이란, 악다구니를 쓰는 빚쟁이로부터 아이들을 보호하는 것, 말하자면 이런 지옥 풍경을 아이들에게 보이지 않는 정도일 것이다. 물론 아이들이 부모들의 이런 사정을 모를 리 없다.

아이들은 어떨까? 조금 '머리 굵은' 아이들이라면, 모욕감에 혹은 속절없이 당하고만 있는 엄마·아빠를 보호하고픈 마음에 대거리를 하며 나설지도 모른다. 그렇지만 이 만화에 나오듯 어린아이들은 낭만성의 극치를 보여주기도 한다. 낭만성이란 본래 어른이 되지 못한 어떤 상태, 말하자면, 자기가 생각하는 세계가 곧 현실이라고 믿는 상태를 말한다. 빚쟁이에게 무수히 시달리는 부모의 모습을 보아온 어린아이는 눈 오는 어느 날, 자기가 꿈꾸는 모습을 눈사람으로 만들었다. 물론 이것은 현실이 아니다.

이것이 현실이 아님은, 빚쟁이가 아이 아빠더러 하는 말, "그 따위 수작에 넘어갈 줄 알았니?"에서 바로 드러난다. 아이가 눈사람을 만든 일이 정말 아빠가 꾸민 것인지는 이 만화에서 나타나 있지는 않다.

1960년 겨울의 비루한 현실

빚쟁이의 빚 받는 기술을 보여주었던, 앞선 만화들에 보이는 기발한 웃음이 여기에는 없다. 그렇지만 이 만화는 참 훌륭하다. 아이들이 나오는 장면은 사람들의 마음을 따뜻하게 만드는 무엇이 있다. 아이가 눈사람을 만든 것이 아빠의 꾀에서 나온 것이라 하더라도 그렇다. 채플린의 영화 〈키드〉에서, 아빠의 돈벌이를 위해 남의 집 멀쩡한 유리를 돌팔매질로 깨버리는 아이의 모습을 보고, 그 아이와 아빠를 비난하는 사람은 아무도 없지 않나. 여기에는 웃음이 아닌 따뜻함이 있다. 이런 따뜻함에는, 누구나 알고 있듯 슬픔이 함께 한다.

그러나 위트는 위트고 낭만은 낭만이며, 현실은 또한 현실이다. 1960년 겨울로 접어들 무렵 한 신문 사회면에는, 부인이 빚 독촉을 이기지 못해 가출한 것을 비관한 한 남자가, 딸아이를 죽이고 자기도 자살을 기도해 중태라는 기사가 실렸다. 같은 면에는 생활고를 비관해 권총자살을 기도한 한 경찰관 이야기가, 또 나이 열여섯밖에 안 된 소녀가 역시 생활고를 비관해 자살한 이야기가 동시에 실렸다(《동아일보》 1960년 11월 12일). 비일비재라는 말을 쓰기에는 이런 일이 너무 많았다. 현실은 그렇게 비루했다.

다시 봄, 그러나 겨울

차갑고 긴 겨울이 지나고 다시 봄이 움트기 시작했다. 그러나 1961년
에도 고난은 계속되었다. 장면 정권은 '반공 특별법'과 '집회와 시위에
관한 법'을 제정하려 하여 고립을 자초했다. 민주당 내부에서조차 이철
승 같은 사람이 법안의 취지에 동감하지 못한다 했고, 신민당의 김영삼
은 학생들과 연대해서 악법 저지투쟁에 나설 것을 선언했다. 정권 안보
를 위해 생각해낸 이 양대 악법은 명백히 '민주주의의 후퇴'였고 오히려
장면 정권에게 큰 부담이 되었다. 야당과 혁신계, 학생들이 속속 반민주
악법공동투쟁 기구를 결성하고 투쟁에 나섰던 것이다.

3월 18일과 21일의 대구시위에 이어, 3월 22일 정권을 크게 타격하는
대규모 시위가 서울시청 앞에서 벌어졌다. 혁신계 소속 30개 단체가 동
원한 3만 명의 군중은 이날 시위에서 "외세에 의존하는 장 정권 물러가
라", "장면 정권 타도하자", "미국놈들 물러가라", "반공보다 빵을 달라"
등의 구호를 외치며 격렬한 시위를 벌였다. 이날 밤까지 이어진 시위와

폭력진압으로 인해, 다수의 부상자가 났으며 이로 말미암아 치안책임자의 인책론이 대두되고 야당도 장면 총리의 사퇴를 거론하였다.

학생과 진보세력은 반정부시위와 통일운동으로 질주했고 진보세력과 야당의 공격 앞에서 장면은 무기력했다. 정권에 대한 국민의 저지도는 밑바닥이었다. 필요한 것은 획기적인 용단과 타협이었다.

그리고 정작 장면 정권을 실제로 엎을 수 있는, 학생과 진보세력보다 더 엄청난 잠재력을 가진 집단인 군을 제대로 장악하지 못하고 있었다. 박정희와 김종필 등은 정국의 추이를 지켜보며 쿠데타 거사 계획을 진전시켜나가고 있었는데, 장면은 장도영이라는 내부의 적에게 군을 맡겨두고 있었다. 박정희와 김종필은 사실 자신들의 쿠데타 계획을 거의 공공연하게 떠들고 다녔고, 미군도 CIA도 박정희를 제거해야 한다는 조언을 장면에게 했다. 무능하고 또 무능했던 장면은 쿠데타 계획에 대한 보고가 접수될 때마다 "미군이 있는데 어떻게 쿠데타를 하겠소."라 했고, 장도영은 장면에게 거짓말을 했다.

박정희와 그 일당을 잡아넣을 기회가 있었는데도 안일하게 대처했던 것, 그것이 장면 정권이 마지막으로 저지른 최대의 역사적 과오였다. 장면은 5월 16일 이후 미국과 장도영을 비롯한 모두에게 배신을 당했다.

결국 1960년에서 1961년에 걸친 아름다운 402일을 교살한 것은 무능한 보수주의자들의 정권, 장면 정부였고 박정희 일당은 4 · 19를 확인사살했다. 그리하여 우리의 민주주의는 참혹한 겨울을 맞아야 했고, 긴긴 세월을 돌고 돌아와야 왔다.

〈파고다 영감〉은 2월 14일 134번째의 만화가 나오고 연재가 중단되었다. 김승옥은 학교에 돌아갔다. 그리고 다시 문학청년으로 돌아가서 김현과 함께 《산문시대》를 만들고 소설 「생명연습」을 써서 이듬해에 바로 《한국일보》 신춘문예를 통해 다시 세상에 이름을 떨쳤다. 그 뒤로 다시 만화를 발표한 일은 없었다. 하지만 김승옥은 그림을 자주 그려 나름대로 이름을 얻었고 책 표지에 필요한 작가들의 캐리커처도 많이 그렸다.

그리고 소설 「차나 한잔」(1964)에 〈파고다 영감〉의 경험을 오롯이 써 두었다. 서울에 사는 사람들의 언행을 풍자하고 만화창작의 고통을 형상화한 이 작품에서 김승옥은 시사만화가인 주인공을 "국민 된 자의 공분 公憤으로서 때로는 겁나는 줄 모르고 정부를 공격하고 사회악을 비꼬던 만화가 이 아무개"라 묘사한다. 그리고 훗날 「차나 한잔」이 "유난한 애정이 가는" 소설이라 회고한다.

■ 주석

1) 김승옥, 「산문시대 이야기」, 『뜬세상 살기에』, 지식산업사, 1975, 220쪽.

2) 이상 김승옥, 위의 글 참조.

3) 한도현, 「1960년대 농촌 사회의 구조와 변화」, 『1960년대 사회변화 연구』, 백산서당, 1999, 101쪽.

4) 1955년에는 681,114M/T 1960년에는 905,715M/T를 수입했다. 이 정도의 수입량에 비해 1958년 현재 국내 중소 비료공장의 생산능력은 대구의 한국유기비료주식회사, 대포의 호남유기비료주식회사, 금산의 조선비료공업주식회사 등이 겨우 2000M/T, 삼보의 북삼화학공사 25000M/T, 서울의 동양유기비료주식회사 30000M/T, 단양석회비료공업이 50000M/T 정도였다(『충비십년사』, 충주비료주식회사, 1968, 69쪽).

5) 『충비십년사』, 충주비료주식회사, 1968 참조.

6) 한도현, 「1960년대 농촌 사회의 구조와 변화」, 『1960년대 사회변화 연구』, 백산서당, 1999, 113쪽.

7) 정화열 · 박현모 역, 『몸의 정치』, 민음사, 1999, 244쪽.

8) 「좌담 : 4월 혁명과 60년대를 다시 생각한다」, 최원식 · 임규찬 엮음, 『4월 혁명과 한국문학』, 창작과비평, 1997, 46쪽 등에서의 김승옥의 발언.

9) 김지하, 『흰 그늘의 길-김지하 회고록 1』, 학고재, 2005.

10) 『혁명재판』, 학민사, 1960 참조.

11) 박준규, 〈한미관계 15년〉, 《사상계》 제83호, 1960년 6월 참조.

12) 「좌담 : 4월 혁명과 60년대를 다시 생각한다」, 위의 책 참조.

13) '조숙한 천재'는 위의 좌담에서 염무웅의 발언이다.

14) 위의 책, 30~31쪽.

15) 국립국어연구원 편 『표준국어대사전』의 풀이.

16) '사이버국사교과서(http://arim.pe.kr)' 참조.

17) 연시중 · 김윤철, 『한국 정당정치 실록 (2)』, 지와사랑, 2001 ; 김현우, 『한국국회론』, 을유문화사, 2001 ; 이이화, 『역사는 스스로 말하지 않는다』, 산처럼, 2001 등.

18) 김현우, 『한국 정당통합운동사』, 을유문화사, 2000 ; 김현우, 『한국국회론』, 을유문화사, 2001 등을 참조.

19) 강준만, 위의 책, 76쪽.

20) 천정환, 『끝나지 않는 신드롬』, 푸른역사, 2005 참조.

21) 김동성, 「나파륜과 조선」, 1920.

22) 송건호, 『송건호 전집 7 – 한국민족주의의 탐구』, 한길사, 2002.

23) 유종호, 『나의 해방전후 1940~1949』, 민음사, 2005.

24) 「민주당 · 민주당 정권의 정치이념」(서중석), 정해구 외, 『한국정치의 지배이데올로기와 대항이데올로기』, 역사비평사, 1994 참조.

25) 부완혁, 〈혁명의 현단계와 금후〉, 《사상계》, 제83호, 1960년 6월 참조

26) 김동춘, 「민족민주운동으로서 4 · 19시기 학생운동」, 『분단과 한국 사회』, 역사비평사, 1997.

27) Donald S. MacDonald, U.S.-Korean Relations from Liberation to Self-Reliance, 『한미관계 20년사(1945~1965)』, 한국역사연구회, 한울, 2001, 133~134쪽.

28) 강창일 · 하종문, 『일본사 100장면』, 가람기획, 1999 참조.

29) 〈昭和35年 (西曆1960年)〉 http://www.fuchu.or.jp/~stock/chrono/year/1960.html.

30) W. G. 비즐리, 장인성 역, 『일본 근현대사』, 을유문화사, 2004.

31) 〈국내의 움직임 : 아이크 내한의 의의〉, 《사상계》, 제85호, 1960년 8월.

32) 김삼수, 「한국의 노동정책과 노사관계」, 『1960년대 한국의 공업화와 경제구조』, 백산서당, 1999.

33) 조일문, 〈교원노조의 성격〉, 《조선일보》, 1960년 6월 3일.

34) 이남희, 〈발굴취재 – 또 하나의 잊혀진 과거사, ‘4 · 19 교원노조’ 사건〉, 《신동아》, 2004년 10월호.

35) 이남희, 위의 글.

36) 유선영 · 박용규, 『한국시사만화』, 커뮤니케이션북스, 2000, 154쪽.

37) 김현, 「시사만화에 대한 단상」, 『김현문학전집 13』, 문학과지성사, 2001, 313쪽.

38) 김현, 「만화는 문학이다」, 위의 책, 304쪽.

39) 김현, 위의 글, 307쪽.

40) 박태순 · 김동춘, 『1960년대의 사회운동』, 까치, 1996 참조.

41) 〈자활근로대, 부랑아들을 짓밟다〉, 《한겨레 21》, 2005년 8월 21일.

42) 『한국사 19 - 자주 · 민주 · 통일을 향하여』, 한길사,

43) 윤인진, 『코리안 디아스포라』, 고려대출판부, 2004.

44) 서명원, 「한국 장로교회의 성장」, 『한국교회성장사』, 대한기독교서회,

45) 「1940년부터 1960년까지의 한국 프로테스탄트 교회의 성장」, 위의 책.

46) 조형 · 박명선, 「북한출신 월남인의 정착과정을 통해서 본 남북한 사회구조의 비교」, 『분단시대와 한국사회』, 까치.

47) 조형 · 박명선, 위의 책, 156~157쪽.

48) 《자유문학》, 1960년 3월호.

49) 《문학예술》, 1956년 9월호.

50) 국가공무원법이 법률 제1325로 제정된 것은 1963년 4월 17일이며 그 하위법인 경찰공무원이 제정된 것은 1982년이다. 현행 헌법은 제7조 2항에서 "공무원의 신분과 정치적 중립성은 법률이 정하는 바에 의하여 보장된다."고 규정하고 있다. 이것이 헌법의 직업공무원제도에 관한 헌법의 보장이다.

51) 〈대담:최근 서울대생들의 통일론과 학생운동의 조류〉, 《대학신문》, 1960년 11월 14일 : 홍석률, 위의 논문, 116~117쪽에서 재인용.

52) 이상 북한의 움직임에 대해서는 홍석률, 위의 논문 참조.

53) 홍석률, 위의 논문.

54) 외무부 외교연구원, 『통일문제연구』 371~372쪽, 1966 : 홍석률, 위의 논문 222쪽에서 재인용.

55) 홍석률, 위의 논문 223쪽에서 재인용.

56) 홍석률, 위의 논문.

57) 왜 하필 호남 출신의 지게꾼이 양산되었는지는 정확히 알 수 없다. 다만 이농인구가 급속도로 늘고 있었고 이때, '왜'가 아니고 '누가 떠났는가'를 문제삼는다면, 김동춘의 지적대로 이들은 '상속을 받지 못한 차남 이하의 사람들, 전통사회에서 차별을 받거나 전쟁중 이념대립 과정에서 동네 사람들이나 친족들과 서먹서먹한 관계를 맺게 된 사람들'이었을 것으로 짐작할 수 있다. 강인철, 「한국전쟁과 사회의식 및 문화의 변화」, 한국정신문화연구원 편, 『한국전쟁과 사회구조의 변화』, 백

산서당, 1999 참조.

58) 김민환, 『한국언론사』, 나남출판사, 2002, 445쪽.

59) 김민환, 위의 책, 440~444쪽.

60) 오영진, 〈협궤를 달리는 영화산업〉, 《사상계》, 제106호, 1962년 5월.

61) 이길성, 「1960, 70년대 상영관의 변화와 관객문화」, 『한국영화사공부』, 이채, 2004, 196쪽.

62) 이효인, 「1960년대 한국영화」, 『한국영화사공부』, 이채, 2004 참고.

63) 오영진, 위의 글 참고.

64) 《산문시대》 5집, 1964.

65) 이길성, 위의 책, 198쪽.

66) 김현, 「사랑의 재확인 -「광장」 개작에 대하여」, 최인훈, 『광장 - 최인훈 전집 1』, 문학과지성사, 1986.

67) 방민호, 『한국 전후 문학과 세대』, 향연, 2003 등 참고.

68) 『최인훈 전집 1』, 문학과지성사, 1976, 183쪽.

69) 위의 책, 185쪽.

70) 이만갑, 〈군, 침묵의 데모대〉, 《사상계》, 제83호, 1960년 6월호.

71) 박태순 · 김동춘, 위의 책, 140쪽.

72) 위의 책, 140쪽.

73) 박정희와 그 일파의 쿠데타 준비와 미국의 대응에 대해서는 박태순 · 김동춘, 위의 책 ; 강준만, 위의 책 ; 조갑제, 『내 무덤에 침을 뱉어라』, 조선일보사, 1996 등을 참고.

74) 이에 대해서는 김건우, 『사상계와 1950년대 문학』, 소명출판, 제2장의 논의를 참고.

75) 「좌담: 4월 혁명과 60년대를 다시 생각한다」, 최원식 · 임규찬 엮음, 위의 책, 34~37쪽. 이러한 《사상계》의 성격에 대해서는 《문학과 지성》의 발행인 김병익의 발언이 인상적이다.

76) 강인철, 「한국전쟁과 사회의식 및 문화의 변화」, 『한국전쟁과 사회구조의 변화』, 한국정신문화연구원 편, 백산서당, 1999.

77) 이이화, 『역사 속의 한국 불교』, 역사비평사, 2002 참조.

78) 〈다시 세운 正法당간 - 통합종단 대한불교 조계종 출범〉 34, 《불교신문》,

http://www.buddhistnews.net/news/1_152/200203041015253849.asp.

79) 위의 글,《불교신문》.

80) 김경일,「1950년대 후반의 사회이념」,『한국현대사의 재인식 4』, 오름, 1998, 47쪽.

81) 장준하,《장준하 전집 2》, 세계사, 1992년, 94쪽.

82) 박태균,「1956~1964년 한국 경제개발계획의 성립과정-경제개발론의 확산과 미국
   의 대한정책 변화를 중심으로」, 서울대 박사논문, 2000, 63쪽 등.

83) 조가경,〈정세와 자유 - 오늘의 과제 관견〉,《사상계》제97호, 1961년 8월.

84) 박태균, 위의 논문.

85) 박태균, 위의 논문, 196~8쪽.

86) 박태균 위의 논문 및 정태인 위의 책 참조.

87) 장면 박사 회고록,『한알의 밀이 죽지 않고는』, 분도출판사 ; 정해구 외,『한국정치
   의 지배이데올로기와 대항이데올로기』, 역사비평사, 1999 재인용.

88) 정헌주,〈민주당 정부는 과연 무능했는가〉,《신동아》, 1985년 4월호 268쪽 등.

89) 오석홍,『행정개혁론』, 박영사(양영각), 2003.

90) 박경수,『장준하 (민족주의자의 길)』, 돌베개, 2003.

91) 강인철,「한국전쟁과 사회의식 및 문화의 변화」,『한국전쟁과 사회구조의 변화』,
   한국정신문화연구원 편, 백산서당, 1999.

92) 토머스 루이스· 패리 애미니· 리처드 래넌, 김한영 옮김,『사랑을 위한 과학』, 사
   이언스북스, 2002, 171쪽.

93) 한편 현재 한국에서 절대빈곤 상태, 곧 최저생계비(4인 가구 102만원) 이하의 소득
   을 버는 가구 구성원은 전체 인구의 7퍼센트이다. 그리고 이보다 20퍼센트 많은
   122만원 이하의 소득을 버는 준-극빈층인 차상위계층은 약 320만명(2003년)이다.
   2004년 대한민국의 법정 최저생계비는 1인 가족 36만8천 원, 2인 가족 60만9천 원,
   3인 가족이 83만8천 원, 4인 가족은 105만5천 원이다. 신명호,〈한국 사회 빈곤의
   새로운 인식〉,《당대비평》20호, 2002년 가을, 생각의 나무:홍순영, 김범식 외, ?한
   국 경제 리포트 (2004년판)?, 삼성경제연구소, 2004 등을 참조.

94) 아래 범죄율도 모두 형법범죄율이다. 아래 통계는 대검찰청 홈페이지
   (http://spo.go.kr)의〈범죄 분석〉에서의 범죄율 통계와〈한국형사정책연구원〉홈
   페이지 자료실 및〈박철현의 범죄학강의실〉홈페이지 등에서 인용한 것이다.

95) 2000년 이후 한국의 범죄율은 1,000을 돌파하고 해마다 최고기록을 경신하고 있

다. 그래서 2003년의 형법 범죄 건수는 200여만 건으로 노태우 정권 시절 (1988~1992)의 110여만 건의 두 배 수준이다.

96) 「칼 대서 살 빼려다⋯비만치료 胃절제술 환자 숨져 死因논란」, 《동아일보》, 2004년 4월 19일.

97) 〈남양의 역사〉 남양유업 홈페이지 ; 〈한국의 장수브랜드 – 한국 어린이들 키워온 '분유의 제왕'〉, 《주간조선》, 2004년 11월 17일.

98) 《사상계》, 1960년 9월호, 〈권두언〉.

99) 정대철, 〈4.19 특집 – 張勉 최후 고백〉, 《신동아》, 1997년 4월호.

100) 임영태, 『대한민국 50년사 1』, 들녘, 1999 등을 참조.

101) 김승옥, 「60년대식」, 『김승옥 소설전집 3』, 문학동네, 1995.

102) 이임자, 『한국출판과 베스트셀러』, 경인문화사, 1998, 178~179쪽 참고.

103) 김현, 〈무협소설은 왜 읽히는가〉, 《세대》, 1969년 10월호.

104) 강인철, 「한국전쟁과 사회의식 및 문화의 변화」, 『한국전쟁과 사회구조의 변화』, 한국정신문화연구원 편, 백산서당, 1999.

105) 《자유공론(自由公論)》, 1966년 4월호.

106) 윤인진, 위의 책.

인터뷰 웹진 〈퍼슨웹〉(www.personweb.com)과 〈서교포럼〉 〈음감회〉 등의 오프라인 커뮤니티를 운영하고 있는 문화기획집단 퍼슨웹(www.personweb.co.kr)은, '지금.여기'의 사람과 삶에 대한 진지한 관심과 열정을 바탕으로, 건강한 문화와 소통을 추구하는 열린 공간입니다.

퍼슨웹과 함께 하는 분들

강삼희 · 강신욱 · 고지훈 · 고하영 · 공숙영 · 공원국 · 곽명숙 · 금현진 · 김건우 · 김기창 · 김경섭 · 김미지 · 김미진 · 김성환 · 김승관 · 김영일 · 김주희 · 김준우 · 김탁환 · 김현철 · 김현호 · 박성혜 · 박철현 · 손유경 · 송여주 · 신가영 · 신익수 · 안동선 · 안이현 · 양은주 · 이경수 · 이선엽 · 이선희 · 이용현 · 이정숙 · 이정혜 · 이정훈 · 임재서 · 정은혜 · 정철 · 조성진 · 조주은 · 조희정 · 지영균 · 채상우 · 천정환 · 최진아 · 허효영

혁명과 웃음

2005년 11월 10일 초판 1쇄 발행
2016년 11월 25일   3쇄 발행

지은이 | 천정환 · 김건우 · 이정숙
펴낸이 | 노경인 · 김주영

펴낸곳 | 도서출판 앨피
출판등록 | 2004년 11월 23일 제2011-000087호
주소 | 우)07275 서울시 영등포구 영등포로 5길 19(양평동 2가, 동아프라임밸리) 1202-1호
전화 | 02-336-2776   팩스 | 0505-115-0525
전자우편 | lpbook12@naver.com
홈페이지 | www. lpbook.co.kr

ISBN 89-956462-8-4 03900